# 一目小僧その他

柳田国男

角川文庫
17787

# 目次

# 自序

この巻に集めておく諸篇は、いずれも筆者にとって愛着の深いものばかりである。ある題目はすでに二十何年も前から興味を抱き始めて、今に半月とこれを思い起こさずに、過ぎたことはないというのもあり、あるいはかの諏訪《すわ》の出湯《いでゆ》の背の高い山伏のように、何を聞いても、とかくその方へばかり、話を持っていきたくなるものもある。全体に書いて何かに公表した当座が、自分の執心も凝り、また友だちや読者の親切もあって、かえって新しい材料の多く集まってくるのが、年来の私の経験であった。どうしてあのように急いで文章にしてしまったろうかと、いつでも後悔をする例になっているが、さりとて今日までこの問題をかかえ込んでいたならば、はたしてまとまりがついたろうかというと、それには自分がまず、もちろんとは答えることができない。

材料は今でもまだ集まってくる。たとえば「目一つ五郎考」の中に、郷里のうぶすなの社殿の矢大臣《やだいじん》が、片目は糸みたように細かったということを書いてしまうと、それからはどこのお宮に参拝しても、きまって門客人《かどまろうど》の木像に注意をせずにはいられなくなる。その木像には年を取った赤ら顔のほうの左の眼が、つぶれているのが多く、またはそうでないのもある。これを見ると私は非常に考え込むのである。隠れ里の椀貸しの口碑などは、最初はまれまれに出逢って驚くくらいであったが、去年南部の八戸《はちのへ》に行って聞くと、あの辺はいたるところの川筋に二軒、三軒の旧家が、たいていは家の昔としてこの話を伝え、また時々その借りたという椀や蓋物《ふたもの》を蔵している。そうしてその付近には、奇妙にダンズという類の地名が多いと小井川君などはいうのだが、これがまた自分をして、佐渡の隠れ里の狸の長者の名が団三郎であったり、薩摩《さつま》では狸をダンザという方言があったり、あるいは曾我《そが》の物語に出る鬼王《おにおう》・団三郎の兄弟が、遁れてきて住んだという伊予・土佐その他の深山の遺蹟などを、次々に思い出さしめるのである。

「橋姫」の話は早く書いてみようとしたものだけに、ほとんど際限もないほどの後日譚《ごじつだん》を導き出している。水の女神の「ねたみ」ということは、以前は凡庸人の近づき侮《あなど》るを許さぬ意味であった。それが嫉妬の義に解せられて、二個の女性の対立を説き、山の高さくらべの伝説などと、似かようようになったのも新しい変化でない。赤児を胸にかかえて行人に呼びかけるということも、山にあっては磐次《ばんじ》・磐三郎《ばんざぶろう》などの兄弟の狩人の物語となり、水のほとりにおいては、龍宮の嬰児《えいじ》の昔話につながっているが、いずれも素朴謹直の信者を恩賞するほうが主で、たまたまその寵命《ちょうめい》を軽視した者だけが罰せられたのである。だから豊後《ぶんご》の仁聞菩薩《にんもんぼさつ》の古伝を始めとして、そういう遺跡は崇祀せられている。それがいつのほどにか信仰を零落《れいらく》せしめて、九州の海では、ウブメはすでに船幽霊のことにさえ解せられているのである。しかしわれわれの同胞は谷や岬に立ち別れて、それぞれ自分の伝承をもり育てていた。ゆえにその例の多くを比べてみることによって、進化のあらゆる段階をきわめ、したがって端と端との連絡をも明らかにすることができるのである。遠江《とおとうみ》・三河の山間の村には、水の神から送られた小さな子が、幽界の財宝を貸しにくる口碑も多い。隠れ里の膳椀の言い伝えはその一部分が、何かの因縁をもって特段に発達したものであった。鹿の耳を切る近代の風習は、所々の神の池の片目の魚、もしくは神が目を突いたという植物のタブーとともに、生牲《いけにえ》の祭儀の名残であったことがわかったように、橋姫と椀貸しとも元においては一つの根ざしであった。これを木地屋《きじや》の信仰の基礎になった小野一族の伝道と、なにか関係のあるもののごとく推測した自分の一説だけは、あのころちょうどこの問題に深入りしていたための、考え過ぎであったように今では思っている。

「流され王」の一文は、あの当時いろいろの都合があって、すでに自分の胸に浮かんだだけの、事実のすべてを叙説することが許されなかった。それが次々に珍しい新例を追増してきて、しかも今日は率直にその委曲をつくすことが、一段と困難な世柄になっているのである。魚の物を言い飯を食ったという話なども、気をつけているためか、なおぽつぽつと現れてくる。熊谷弥惣左衛門《くまがややそうざえもん》が稲荷として祭られた話のごときも、いつの間にか津軽のご城下まで遠征しており、これと縁があるらしき飛脚狐《ひきやく》の記録にいたっては、全国を通計すれば十余か所にも及ぶであろう。これらは説きたてるに何の斟酌《しんしゃく》もいらぬことだが、その代わりそれはただ同類の例が、まだいくつかあるというだけの話で、自分はともかくも他の人には少しくうるさい。全日本の巨人が岩や草原の上に遺した足跡は、魚にも植木にも見られぬような、大小の差異があり、また成長がある。その中でもダイダラボッチの一群だけに、特に奇抜な形容があり、また滑稽な誇張があるのは、中世関東人の趣味と気風とが、もうそろそろと今日のきざしを見せていたのかもしれない。しかしそのお蔭にこの口碑などは、盛りが早く過ぎてかろうじて記憶を守るまでになっている。これに反して、いわゆる一目小僧様のほうは、今でも年ごとに武相《ぶそう》の野の村を訪れていたのであった。二月と十二月の八日節供《せっく》の前の晩に、門に目籠《めかご》を竿高々とかかげて、目の数をもって、これと拮抗してみようとしたり、もしくは茱萸《ぐみ》の木を燃やし、下駄を屋外に出しておくことを戒めて、彼にその一つの眼をもって家の内をのぞかれるのを避けんとしている。そうして必ず様づけをもってこれを呼ぶのを見ても、神と名づけていなかったというのみで、ただの路傍の叢の狸、貉《むじな》などと、同一視せられなかったことは明らかである。毎日飛行機の唸っているわれわれの青空も、今なお彼が去来の大道であったことを、つい近ごろになって私は学び知ったのである。そういう無知をもってこの長々とした伝記を書いてみようとしたことは、少なくとも彼一目小僧様に対して、恐縮の他はないのである。

ただ幸いなことには自分はまだ、何とも相すまぬというような断定はしていなかった。この「一つ目」の一篇にはかぎらず、私の書いたものにはことごとく結論が欠けている。

たまにはこうでないかという当て推量を述べてみても、後ではそれが覆ってしまうほどの、意外な新しい事実の顕われてくることを、むしろ興味をもって待ち構えているのである。しかし実際はそう大した反証というものが上がらなかった。かつて私の提出した疑問は、今でもまだ元のままに保存せられている。二十何年もかかってそんな小さな問題が、まだ解けないとはおかしいという人もあろうけれども、小さいということと問題の難易とは、少しでも関係がありはしない。それに本当は小さくないのかもしれぬのである。いずれにしても私の目的は、これがある人間の半生を費して、なお説明してしまわれない問題だということを、報告しておけばそれで達するので、もしなお注文を加うれば率直に物をいぶかる心、今まで講壇の人々に顧みられなかった社会現象は無数であり、それがことごとく何らかの意義を潜めて、きたり採る者を待っているのだという希望、もしくはこれを薪とし燈火として、ゆくゆくこの無明世界の片隅を、照らしてみることができるという楽観などを、あたうべくは少しでも多くの人に、勧説してみたいと思うだけである。答えも稲妻と雷鳴とのように、問とのあいだが遠いものほど、大きかろうとさえ考えているのである。

ただしこれらの文章を公けにしてから後に、新たに集積したいろいろの資料だけは、正直のところいかに始末してよいかに当惑をしている。いずれ索引でも設けて誰にでも利用し得るようにするの他はないが、さし当たりの方法として、いったん書いてあるものをばらばらに解きほぐし、新旧の材料をあわせてもう一度組立ててみてはどうかというと、それではもう最初の日のような楽しみはなくなってしまうだろう。この初めて旅行をしてきた小学生のような活発な話し方を、今ごろ踏襲してみることは自分には少しむつかしい。その上にこの各篇の中には、多くの故友のもう逢うこともできぬものが、卓子《テーブル》の向こう側に来て元気よく話をしている。うちの娘たちもきわめて幼い姿で、眼を円くして一目小僧の話に聞き入っている。これに対しているあいだは、私などもまだ壮者であり勇者である。それを投げ捨てて現在の左顧右眄《さこうべん》時代に戻ってくることは、理屈はなしにただ惜しいような感じがする。だから古い形のままでもよいから、まとめて本にしておいたらどうかと勧めてくれる人々は、自分は故郷の隣人のようになつかしいのである。

昭和九年五月

柳田国男識

# 一目小僧

## 一

今まで気がつかずにいたが、子供の国でも近年著しく文化が進んだようである。

自分は東京日日のために一目小僧の話を書きたいと思って、まず試みに今年九つと六つになる家の娘に、一目小僧てどんな物か知ってるかと聞いてみた。すると大きいほうは笑いながら、「目の一つあるおばけのこと」と、まるで『言海《げんかい》』にでも出ておりそうなことをいう。小さいのに至ってはその二つの目を円くするばかりで何も知らず、そのおばけは家なんかへも来やしないかと尋ねている。つまり両人とも、この怪物の山野に拠《よ》り路人をおびやかす属性を持っていたことを、もう知ってはおらぬのである。

とうとう一目小僧がこの国から、退散すべき時節が来た。按ずるに「おばけ」は化物の子供語である。化物は古くはまた「へんぐゑ」（変化）とも唱え、この世に通力ある妖鬼または魔神があって、場所ないしは場合に応じて、自在にその形を変ずるという思想に基づいている。鬼が幽霊に進化してもっぱら個人関係を穿鑿《せんさく》し、一般公衆に対して千変万化の技能を逞しゅうせぬようになると、化けるのは狐狸という評判が最も盛んになった。狐狸にはもとより定見がないから、続々新手を出して人を驚かすことを努める。したがって記録あってより以来終始一箇の眼を標榜し、同じようなところへ出現しているこの怪物のごときは、厳重なる「おばけ」の新定義にも合せず、少なくとも旧型に拘泥《こうでい》した、時代の好尚に添わぬ代物ということになる。家の子供らの消極的賢明のごときも、いわば社会の力で、これを家庭教育の功に帰することは難しいのである。

しかし昔は化物までがいたって律儀《りちぎ》で、およそ定まった形式の中にその行動をみずから制限していたこともまた事実である。もっとも相手を恐怖せしめるという単純な目的からいえば、このほうが策の得たるものであった。むやみに新規な形に出て、空想力の乏しい村の人などに、お前さんは何ですかなどと問われて説明に困るよりは、そりゃこそ例のだといわせた方が確かに有効である。つまり妖怪には茶気は禁物で、手堅くしておらぬと田舎では、この道でもやはり成り立ちにくかったのである。

自分の実父松岡約斎《やくさい》翁は、篤学にして同時に子供のような心持ちの人であった。化物の話をしてくださると必ず後でそれを絵に描いて見せられた。だから自慢ではないが自分は今時の子供みたように、ただ何ともかともいわれぬ怖い物などという、輪郭の不鮮明な妖怪は一つも知っておらぬ。一目小僧について思い出すのは、たいていは雨のしょぼしょぼと降る晩、竹の子笠を被った小さい子供が、一人で道を歩いているので、おうかわいそうに今ごろどこの子かと追いついてふり返ってみると、顔には目がたった一つで、しかも長い舌を出してみせるので、きゃっといって逃げてきたというようなことである。

この話はたぶん畿内・中国にわたった広い地域に行なわれていたものと思う。さまで古いころからのことであるまいが、二、三の画工が描き始めた狸の酒買いの図は、これから思いついたものらしい。笠の下から尻尾がちらりと見える形がおもしろいのでもてはやされ、例えば京の清水などには、いずれの店先にもその焼物を並べているほどの流行であるが、流行すればするほど、化物としてはちっともこわくない。これは要するに鳥羽僧正《とばそうじょう》のような天才でも、その霊筆をもってして生きたおばけを作り得なかったのと同じ道理で、いかに変化《へんげ》でも相応の理由がなければ出てはこず、いわんや一人や二人の万八《まんぱち》や見損いから、これだけ強力なる畏怖をひき起こし得るものでないことを証拠だてる。

自分がまさに亡びんとする一目小僧の伝統を珍重し、できる限りその由来をたどってみたいと思うのも、まったく右申すような理由からである。

## 二

一目小僧の問題について、自分が特に意味が深いと思う点は、この妖怪が常に若干の地方的相異をもって、ほとんど日本全島に行きわたっていることである。これはおいおいと読者からの注意によって分布の状況を明らかにすることと信ずるが、自分の知っている限りでも、このものの久しく農民の囲炉裏《いろり》ばたと因縁をもっていたものであって、例の物知りや旅僧によって、無造作に運搬せられたものでないことだけはわかる。

例えば飛驒《ひだ》国などには、一目小僧はおらぬが一目入道がいる。高山町の住広造氏の話に、雪の降る夜の明け方に出るもので、目が一つ足が一本の大入道である。よってこれを雪入道と称して子供が恐がるという。

一目はかねて足も一本だということはまた随分ひろく言い伝えられている。高瀬敏彦氏の話に、紀州伊都《いと》郡では雪の降り積んだ夜、ユキンボ（雪坊？）という化物が出てくる。小児のような形をして一本脚で飛んであるくものと伝えられ、雪の朝樹木の下などに円い窪みの所々にあるのを、ユキンボの足跡というそうである。

この話では小僧の眼がいくつといわぬから、普通の数と見るの他はないが、同じ紀伊国でも熊野の山中に昔住んでいた一踏鞴《ひとつたたら》という凶賊のごときは、飛驒の雪入道と同じく、また一眼一足の怪物であった。一踏鞴大力無双にして、雲取山に旅人をおびやかし、あるいは妙法山の大釣鐘を奪い去りなどしたために、三山の衆徒大いに苦しみ、狩場《かりば》刑部左衛門《ぎょうぶざえもん》という勇士を頼んでこれを退治してもらった。色川郷三千町歩の立合山は、その功によって刑部に給せられたのが根源であって、後にこの勇士を王子権現と祭ったと『紀伊国続風土記』に出ているが、土地の人は狩場刑部左衛門は実は平家の遺臣上総《かずさ》五郎忠光のことで、維盛《これもり》卿を色川の山中に住ませるため、恩賞の地を村の持《もち》にしておいたのだというよし、新宮町の小野芳彦翁は語られた。

『続風土記』の記事だけでは、一踏鞴は単にある時代に出てきた強い盗賊というまでである。しかし熊野の山中には今でも一本ダタラという怪物がいるというのを見れば、これを普通の歴史として取り扱うことはできぬ。これは南方熊楠《みなかたくまぐす》[1]氏に聞いた話であるが、一本ダタラは誰もその形を見た者はないが、しばしば積雪の上に幅一尺ばかりもある大足跡を一足ずつ、印《しる》していった跡を見るそうだ。

つまり一本脚ということは、雪の上に足跡を留めたによってこれを知り、その姿は見た者がないところから、目の一つであったか否かはこれを論議するおりを得なかったので、これから自分の列挙せんとする各地の例から類推すれば、いずれも一目小僧の系統に属せしむべき怪物であったかと考えられる。

土佐では香美《かがみ》高岡等の諸郡の山奥に、一つ足という怪物のいたことが、『土《と》佐海《さのうみ》』という書の続編に見えている。文政のころ藩命によって高岡郡大野見郷島ノ川の山中に香茸《こうたけ》を養殖していた者、往々にして雪の上にその一つの足跡を見たという。あるいは一、二間を隔てて左足の跡ばかり長く続いていることがあれば、あるいは右の足ばかりで歩いているのもあったという。

深山雪中に出てくる怪物の足が一本であったことを、その足跡だけを見て推測することは実は困難である。彼らは何かの都合上、ちんちんもがもがをして飛んでいたのでないとは断言ができない。しかし一方には、また現にこれを見たという者が、幾人もあるのだから是非に及ばぬ。

## 三

土佐の山村では山鬼《さんき》または山父《やまちち》という物、眼一つ足一つであると伝えられている。山父はまた山爺《やまじい》ともいう。すなわち他の府県にいわゆる山男と同じ物である。

宝暦元年に年四十歳でこの国土佐郡本川郷《ほんかわごう》に在勤しておった藩の御山方の役人春木次郎八という人は、その著『寺川郷談』に次のごとく記している。曰く山父は獣の類で変化の物ではない、形は七十ばかりの老人のようでよく人に似ている、身には蓑のような物を着し、眼一つ足一つである。常は人の目にかかることはないが、大雪の時、道路の上にその通った跡を見ることがある。足跡は六、七尺（約一八〇、二一〇センチ）に一足ずつあって、円い径四寸（約一二センチ）ばかりの、あたかも杵をもって押したような凹みが飛び飛びについている、越裏門《えりもん》村の忠右衛門という者の母はこれに行き逢ったという。昼間のことであったが向こうから人のようにたこりてきた。行き違ってふり返ってみると、はやその姿は見えなかった。あまり胆をつぶし家へ立ち帰り行くところへ行かず止めたり。何事もなし。昨日のことと語りしままに書き付けおくなりとある。

どうして飛んだにしても、一足に六、七尺ずつでは相応な大軀《おおがら》でなければならぬが、他の書にはまた、形人に似て長《たけ》三、四尺（約九〇、一二〇センチ）ともあって、少しく一致せぬ。

あるいはまた目は一箇にして足のほうは常体であったような記事も往々にしてある。例えば阿波の山奥において、杣《そま》のいる小屋へやってきて、よく世間に語り伝えているように、人の心の中を洞察したという山父のごときも、その目が一つであったと『阿州奇事雑話』に記している。

豊後《ぶんご》のある山村の庄屋、山中に狩する時、山上二、三尺（六〇、九〇センチ）の窪たまりの池の端に、七、八歳ばかりの小児総身赤くして一眼なる者五、六人いて、庄屋を見て龍《りゅう》ノ髭の中に隠る。これを狙い撃つにあたらず、家に帰れば妻に物憑《つ》きて狂死す。われは雷神なり、たまたま遊びに出でたるに何として打ちけるぞといいけり。これを本人より聞きたる者話すといえり。これは『落穂余談』という書の中に録せられたる記事で、今から約二百年も前ごろの話である。

また国はどこであるか知らぬが、有馬左衛門佐《さえもんのすけ》殿領分の山には、セコ子という物が住んでいた。三、四尺ほどにて目は顔のまん中にただ一つある。その外はみな人と同じ。身に毛もなく何も着ず。二、三十ずつほど連れだちありく。人これに逢えども害をなさず。大工の墨壺《すみつぼ》をことのほか欲しがれども、やれば悪しとてやらずと杣どもは語りけり。言葉は聞こえず声はヒウヒウと高くひびく由なりと、『観恵交話《かんけいこうわ》』という書に出ている。これも同じ時代のことである。

これだけ詳しく見た人が何ともいわぬのだから、足のほうはちゃんとしていたことであろう。『日東本草図彙《ほんぞうずい》』という書には画を添えて、またこんな話が出ている。上州草津の温泉は毎年十月八日になると小屋を片づけて里へ下る習いであった。ある年しまいおくれて二、三人跡に残った者、夜中酒を買いに里へ下るとて温泉のそばを通ると、湯滝の滝壺の中に白髪は銀のごとき老女がいて、いずこへ行くかおれも行こうというのをよく見ると、顔のまん中に一つしか目がなくて、その眼が灼然と照り輝いていたので、小屋へ飛んで帰って気絶した云々。この婆さんなどは湯に入っていたのだから、足の報告に及ばなかったのはもっともである。

## 四

一目が同時に一つ足であったという話はまた越中国にもある。『肯構泉達録《こうこうせんたつろく》』の巻十五に、同国婦負《ねい》郡蘇夫岳《そぶだけ》の山霊は一眼隻脚の妖怪にして、かつて炭を焼く者二人これに殺され、少し水ある蘆茅《あしかや》の中に投げ捨ててあり、また麓の桂原という里の者夫妻、薪を採りに登りて殺さる。脳を吸うと見えて頂に大いなる穴が明いていたとある。誰か喰い残されて見届けた者があったのでなければ、とうてい怪物の正体が右のごとく世に伝わる道理はないのである。

さらに不思議なのは、江州比叡山《ごうしゅうひえいざん》にも一眼一足という化物久しく住み、常は西谷と東谷のあいだにおいて人はこれに行き逢うが、何の害をもせぬゆえに知っている物はこれを恐れないという話がある。『万世百物語』にはこのことを載せて、さらにある法師が一夜月光のくまなき時、図《はか》らずこの物を見たという話を録し、そうして「前の山を足早に駆け降るを見れば云々」といっている。足早に駆け降るなどということは、足が二本以上ある者にして初めて望み得べきことである

話が岐路に入るが、ついでに言うておく。右の叡山の一眼一足についてはこう書いてある。いわく「十五六にも見ゆる喝食《かっしき》の、顔はめでたけれども目一つなるが、廁の口に近寄りてそとたたずむ。こは如何にと見れば足も亦一なり云々」。喝食とはまだ知っている人も多かろうが、大寺の僧に随従して給仕慰藉《いしゃ》を一つの任務とした一種の宗教的少年である。大入道にはことを欠かぬ比叡山にあって、特に一目をこの種の子供だと言い伝えたのは、これも上方《かみがた》一帯にわたっての俗信と関連するところがあるのかも知れぬ。自分としてもこの化物が老婆だ老翁だと聞いてはちょっと合点《がてん》が行かぬ気がする。ただし目が一つであるのに「顔はめでたけれども」は、いかに興味を主とする物語でもあんまりだと思う。

それよりもなおいっそう始末の悪いのは足の方である。いやしくも深山に出没しようと

いう妖怪が肝腎の足がただ一本ではどうなるものか。これが文字通りの変化の物であって、何なりとも入用な形に身を変えて出る先生であったとすれば、物ずきにもそんな不自由な支度をしてくるはずがない。しかるにこの妖怪ばかりは久しいあいだ、よく民間の言い伝えた通りを遵守していたのである。それには何か相当の理由があったことと考える。その理由の見つからぬかぎりは、せっかく今の時世にはやらぬ化物の話をしようという人も、やはり鍔目《つばめ》があわぬと嘲《あざけ》られるのは厭だから、つい足のところは略してしまうようなことになる。

自分の判断はいつも無造作であるが、これほど無理な一本足の話が、あっちでもこっちでも語り伝えられているという事実は、すでにそれ自身においてよくよく深い因縁の存することを暗示すると思う。土佐では一眼一足を山鬼また山爺などというほかにまた片足神と称する神様が所々に祀られてあった。例えば安芸《あき》郡室戸《むろと》元《もと》村船戸の片足神などは、巌窟《がんくつ》の中に社があって、この神は片足なりと信じ、半金剛の片足を寄進するのが古来の風であると『南路志《なんろし》』に見えている。東日本の田舎でも、神に捧げる沓草履《くつぞうり》がただ片一方だけであるる場合は多い。何ゆえということは知らぬようになったが、あるいは同じ意味に基づいているのかも分からぬ。長山源雄君の話によれば、南伊予の吉田地方では正月の十六日には必ず直径一尺五、六寸（約一五、一八センチ）もある足半草履《あしなかぞうり》をただ片方だけ造り、これに祈禱札《きとうふだ》を添えて村はずれ、または古来妖怪の出るという場所においてくる。わが村にはこの草履をはくくらいの人がいるから、何が来てもだめだということを示す趣旨であるという。

そうしてみれば一つ足でよく走るという不思議も、われわれの祖先にはそれだから神だ、それだから妖怪だというように、むしろ畏敬を加える種となっていたのかもしれぬ。奇怪千万などという語が、詰責《きつせき》の時に用いられるようでは、もはや世の中も化物の天下ではない。

## 五

一目小僧の目のありどころについても、考えてみればまた考える余地がある。通例絵に描くのは前額の正面に羽織の紋などのようについており、自分もまたそう思っているが、それではあまり人間ばなれがして、物をいったとか笑ったとかいう話と打ち合わぬのみならず、第一に目といえば目頭と目尻があるはずであるが、左右どちらを向けてよいかもわからぬ。それだからなみはずれてまん円《まる》な目を絵などには描くのであろうが、それにしても長い舌に始まって鼻筋の真通りに、一直線に連なっていては顔の格好をなさぬ。

近世あるいはこの点を苦にした人もあったかとみえて、『南路志続編稿草』の中に抄録せられた『怪談集』というものに、また土佐の人の談として次のごとき説がある。山爺という者は土佐の山中では見た人が多い。形は人に似て長《たけ》三、四尺（約九〇、一二〇センチ）、総身に鼠色の短い毛がある。一眼ははなはだ大にして光あり、他の一眼ははなはだ小さい。ちょっと見れば一眼とも見えるゆえに、人多くはこれを知らずして一眼一足などというのである。いたって歯の強い物で猪、猿などの首を人が大根類を喰う通りにたべるそうだ。狼はこの者をはなはだ恐れるゆえに、猟師はこの山爺を懐《なず》けて獣の骨などを与え、小屋にかけておく獣の皮を、狼が夜分に盗みにくるのを防がせる云々。いくら片方が小さくとも、ちょっと見ては一目にまちがうという二目はないと思うが、これならばまず一目というは、きわめて人間の眇者《すがめ》に近似した者だということになってかたがつく。

そうしてこの話は、決していい加減に笑って看過すべき話ではないのである。自分は主として一目の怪が、山奥においてその威力を逞しくしている事実に着眼して、実は最初にこれと昔の山の神の信仰との関係を、探ってみたいと思っているところなのである。

かく申せば何か神を軽しめて、一方には妖怪に対し寛大に失するように評する人があるか知らぬが、いずれの民族を問わず、古い信仰が新しい信仰に圧迫せられて敗退する節には、その神はみな零落して妖怪となるものである。妖怪はいわば公認せられざる神である。

この推定を後援する材料はいくつかある。高木誠一君の話によれば、磐城《いわき》の平町《たいらまち》近傍ではこういうことをいう。旧暦九月の二十八日には神々様が出雲《いずも》の大社へ行かれるので、この日は朝早く小豆飯を上げて戸を明けはらう。また十月朔日《ついたち》にお立ちになる神もある。出雲でいろいろの相談をなされて十月二十八日から霜月朔日までのあいだにお帰りになる。

ただその中で山神はかんかちで夷様《えびす》は骨なしで、ともに外聞が悪いといって出雲へ行かれぬゆえに、十月中に行なうのは山神講と夷講とだけである云々。このカンカチは火傷《やけど》の瘢《はん》痕《こん》のことだと今は解せられているが、常陸《ひたち》の方へ来るとかんちすなわち片目のことだという者がある。

次に信州の松本平では、山神を跛者《びっこ》だと言うているということは、平瀬《ひらせ》麦雨《ばくう》君がこれを報ぜられた。この地方では何でも物の高低あるものを見ると、これを山の神と呼び、その極端なる適用にしてしかも普通に行なわれているのは、稲草の成育が肥料の加減などで著しく高低のある場合にこの田はえらく山の神ができたなどというそうである。これから推測すると、一本ダタラその他の足の一つということも、眇者《かんち》を目が一つというほど自然ではないが、やはりまた元は松本地方で考えているように、跛者を意味していたのではなかろうか。そうしてこの地方でも土佐の片足神などと同じく、山の神に上げる草履類は常に片足だけだそうである。

## 六

今もし両眼の一つを盲しているのを名づけて一目《ひとつめ》というたとすれば、神様の一目も決して珍しい話ではない。また確とした社もないような山神様のみにはかぎらぬのである。

もちろんこんなことは神社の記録に出ているわけでもなく、また国学院でも出られたほどの神官ならば、必ずこれを否認せられるに相異ないが、いかんせん氏子がそういうのである。氏子の中でも一層神と親しい老人たちがいうのだから仕方があるまい。そうしてまた、それを聞書きした書物などもだんだん残っている。

自分の郷里などでも、何村の氏神さんはかんちじゃそうなという類の話を、幼少のおりにしばしば聞いている。それが多くは最初からそうだとは言わず、不思議なことには隣村の鎮守と喧嘩をして石を打たれたためというように、いずれもある時怪我《けが》をしてそうなったということになっている。

この点をこれから少し考えてみたいと思う。おことわりをするまでもないが、自分は決してこの類の言い伝えある村々の神をもって、かの一目入道らの徒党だと論ずるのではない。ただ妖怪だからどんな顔をしていてもよいようなものの、人間の形である以上は、額のまん中に円が一つということはあるまじきように思われ、ことによると以前はこれも山神の眷属《けんぞく》にして、眇目《すがめ》ということを一つの特徴とした神の、なれの果てではないかと推測し、他の方面にも神の片目という例はないかどうか、あるならどういう様子かということを、参考のために調べてみるだけである。気楽だけれども、これも一つの学問には相異ないのである。

神様が一方の目を怪我なされたというのは、存外に数多い話である。失礼ながら読者の中にはまだそれをわが在所だけの珍話だと、思っておられる人があるかもしれぬ。

さてこれをどう解釈してよいかは、まずいくつかの同じような例を列《なら》べてみた後にしたほうが便利であろう。自分の得た例は信州のものが最も多かった。同じく平瀬君の報告によると、松本市宮淵にある勢伊多賀《せいたか》神社の氏子たちは、この神降臨のとき栗の毬《いが》でお目を突かれたといい、それゆえに村内には栗樹決して生ぜず、栽《う》えてもし生長すれば、それと反比例にその家が衰微すると信じて今でもこれを栽えず、東筑摩《ちくま》郡島立村の三の宮沙田《いさごだ》神社の氏子には、この神様松で目を傷つけられたというを理由として、正月に門松を立てぬ家が少なくないそうである。

神が目を突かれたという植物は、他の例では妙に農作物が多い。小林乙作君の話に、同じ信州の小県《ちいさがた》郡浦里村大字当郷字管社の鎮守様に合祀せられてある神様は、昔京都からこの地へお入りの時に、胡瓜《きゅうり》の蔓に引っ掛かってころんで、胡麻《ごま》の茎でお目を突いた。それからして胡麻を作ることは禁制で、今も百七十戸の部落が一戸もこれを栽える者がない。この付近にはなお五、六か所までも胡麻を氏子に作らせぬ社がある。その神様は一々違うが、お目を突いたという話だけはみな一様である云々。

## 七

これが米、麦の類であったらそれこそ大事《おおごと》であるが、幸いにも多くはそれ以外の農作物で、物堅い氏子の家で今もって栽培を禁じているものが各地にある。その理由を聞くと、単に鎮守様がお嫌いなさるからというばかりで、どうしてお嫌いになったかは忘れてしまったものもずいぶん多いが、たまたまそのわけはこうこうというのを聞けば、すなわちみな言い合わせたようなお目の怪我である。

東上総《かずさ》では一帯に、小高姓の家で大根を作らなかったと、『房総志料』という書に見えている。また同続編には夷隅《いすみ》郡小高村の小高明神の氏子、ならびに同郡東小高村の鎮守大明神の氏子の者ことごとく大根を作らぬとある。この風習は今日までもずっと継続しているということで、内田医学士の著わされた『南総之俚俗《なんそうのりぞく》』によれば、その理由というのがやはりほぼ同じであった。昔小高区の鎮守様は大根につまずいてころんで、茶の木で目を突かれたから、それゆえに部落中一戸も残らず、大根は作らぬのみならず、まれに道側に自生しているものを見つけても大騒ぎで、村中集まってご祈禱をするくらいであると書いてある。

信州の胡麻《ごま》と胡瓜《きゅうり》の類例から推せば、第一にけしからぬのは茶の木でなければならぬのに、上総ではもっぱら大根のほうを責めているのはどうしたものであるか。一見して理屈が通らぬように思われるが、そこがまた自分らの眼をつけるところで、一眼の怪の同時に一足であったごとく、目の怪我にはまた足の失敗を伴うという点に、何か共通の理由が潜んでいるのかもしれぬとして考えてみたいのである。

里内勝治郎氏の通信によれば、近江栗太《くりた》郡笠縫《かさぬい》村では一村今もって麻を植えず、植えても生育せぬ。その仔細は大昔この地に二柱の神降臨ありし時、付近に麻があって神これをもって目を傷つけたまう。それよりしてこの郡の天神宮のご神体も、今にお目より涙をお出しなされるという。これは甲の神が眼を痛めて乙の神の目から涙が出た例であるか、はたまた神ご自身のお怪我が、御霊代たる御像に移ったというのか、今一応尋ねてみなければ精確でない。

美濃《みの》加茂《かも》郡大田町では、五月五日の日に粽《ちまき》を作ってはならぬ風習がある。その由来というのは、今は郷社加茂県《あがたぬし》主神社と称する加茂様が、大昔騎馬で戦に行かれた時、誤って馬から落ちて、薄《すすき》の葉で片目を怪我なされた。粽は薄の葉で包む物であるから、それで今に粽をこしらえぬのであるという。怪我をなされた神様が馬に乗っておられた一例である。戦というのは騎馬とあるのから出た話と見るのほかはない。これは林魁一《はやしかいいち》君の報告である。

はるかにかけ離れて伯耆《ほうき》日野郡の印賀《いんが》村では、同じ理由をもって全村竹を栽えないそうだ。原田翁輔氏の話に、昔この村の楽福《ささふく》神社の祭神、竹で眼を突いて一眼を失われたという言い伝えでそのために竹はいっさい国境を越えて、出雲能義《いずものぎ》郡の山村から、供給を仰ぐことになっているということである。

この最後の例で注意すべきことは、楽福神社は日野郡ではほとんど各村に祀られたまう社で、しかも印賀村のがその本社というのではない。加茂でも天神でも同じことかも知れぬが、一つの神様が五か所も八か所にも勧請《かんじょう》せられてある場合に、その内の一社でのみ眼を怪我せられたというのは、どういう結果になるのであろうか。

## 八

村の人という者は、思い違いはしても虚誕《うそ》はつかぬ者と自分などは思っている。ことにころんだの目を突いたのと、少々はわが神のご威信にも関わることを、皆が口を揃えていうのにはわけがなくてはならぬ。今時の人の空想にてんから浮かびそうもない、いわゆるおもしろくもない話を、かりに誰かが思いついたとしても、まに受けられる道理がない。誤解は必ずあるであろうが、何か基づくところのあったものと見るのが至当である。

そうなると今少し細かくこの話を分析してみる必要が生じてくる。第一に問題になるのは片目を怪我せられたのは果して神様かということである。怪我は人間界の事実で神は超人間であるが、二者はいかにして相結合するのであるか。

あるいはこのでき事をもって、神がまだただの人間としてこの浮世に生きてござった時代に起こったものと解するであろう。それにも都合のよい例はないではない。例えば武州妻沼《めぬま》町の有名な聖天《しょうてん》様は、昔松の葉で眼球を突かれたというので、妻沼十三郷の人民は松を忌むことはなはだしく、庭にも山にもこの木を栽えぬはもちろん、門松の代わりには榊《さかき》を立て、什器《じゅうき》衣服の模様にも一切松を用いず、屋号にも人名にもこの文字をさえ避けるという。これは足利の丸山瓦全君その他の人の話であるが、また一説には眼を突いた人はご本尊ではなくして、この聖天様を護持仏としていた斎藤別当実盛《さねもり》であるともいう由《よし》、三村竹清氏は語られた。実盛は人も知るごとく中世の勇士で、死して後その霊が稲の害虫となったと伝えらるる人である。白髪を染め錦の直垂《ひたたれ》を着て加賀の篠原で討死をした時には、首実検があったようだが、別に眇目《すがめ》の沙汰もなかったのを見ると全快であろう。妻沼では雉子《きじ》が来てその目の傷をなめたゆえに、爾来《じらい》今に至るまでこの鳥を大切にするという口碑もある。

雉子から連想せられるのは、この地からさほど遠くない下野安蘇《しもつけあそ》郡戸室《とむろ》の鞍掛《くらかけ》大明神は、足利中宮亮有綱《あしかがちゅうぐうのすけありつな》の霊を祀ると伝えられている。有綱遺恨のことあって足利矢田判官と赤見山に戦いし時、山鳥の羽をはいだる流矢一つ飛び来って左の目にあたる。有綱はその痛手を忍んで戸室郷まで落ちのび、山崎という地でその目の傷を洗い、ついにそれから二、三町（約二一八、三二七メートル）西手のところで自害して果てた。しかるにこの地方でも入彦間《いりひこま》という村などでは、足利忠綱が山鳥の羽の矢で射られたと称して、人民が山鳥を食うことを忌んでいる。この話は『安蘇史』という書に出ている。

この郡には今一つ驚くような類例がある。それは旗川村大字小中の人丸大明神に関するもので、『安蘇史』の記すところによれば、昔柿本人丸という人、手傷を負うてこの里へ落ちて来て、小中の黍畑《きびばた》に逃げ込んで敵をやりすごし難を免れたが、その節黍殻《きびがら》の尖りで片目をつぶし、しばらくこの地に留っていたことがある。その縁をもって土人人丸の霊を社に祀り、柿本人丸大明神と称し、以来この村では黍を作るのを禁ずることになったという。歌の聖《ひじり》の柿本人丸が目一つであったということは、他の記録にはないから、ことによるとこの落人は偽名かもわからぬが、それでも将来に向かって永く作物の制限を命令しているのである。

こういう話ばかりを見ていると、神が眼を傷つけたというのも在世中の一つの逸話で、人間としてならば気の毒でこそあれ怪我《けが》は怪しむにたらず、なお進んではそのような壮烈な傷をしたために、一段と敬慕の情を強めたものと見られぬことはない。

## 九

神に祀られた古今の英雄の中でも、ほとんど片目を傷ついたためばかりに祭られるようになったかとまで考えられるのは、鎌倉権五郎景政《かまくらごんごろうかげまさ》という武士である。この人の猛勇は自分としてもさらさら疑ってはおらぬが、ただその事蹟として生年わずかに十六歳の時、鳥海弥三郎《とりのうみやさぶろう》なる者に戦場において左の目を射貫かれ、その矢も抜かぬうちに答《とう》の矢を射返して相手を殺したことと、これに関連して友人が顔に足をかけて目の矢を抜こうとしたのを、怒ったという話が残っているだけであるのに、九州の南の端から始まって出羽の奥まで、二所、三所ずつこの人を祀った社のない国がないほどなのは、全体どうしたわけであろうか。

それはなお後の問題として、自分がまず疑うのは片目の怪我は神の在世中の出来事なりとする断定である。これは明らかにすべての神はもとみな人であったという説から出発しているが、大いに危ないものである。大蛇を祀った、鳥を祀ったというのはかりに無学者どもの造説であるとしても、しからば淵を家とし森を住居としたまう水神、山神はいかがか。神代巻の大昔からすでに神の名をもって仰がれてござった方々に、そのようなあわただしい人間生活がかつてあったと見られるか。少なくとも後世の者にそのようなことを想像させる余地があるか。ことに一柱にして数十の村々に祭られたまう御神が、ただ一社においてのみこのことを伝えられたまうは何と説明するか。その説明ができぬものだから、話の全体を合わせてすべて虚誕だといいたがる。困ったものである。

　自分らの見るところは至って簡単である。これはもと祭のおりに、ある一人を定めて神主とし神の名代として祭の礼を享《う》けさせた時、その人間について起こった出来事にほかならぬ。生の魚鳥や野菜などの、われわれ風情ですら台所へ回して半日も待たねば口にしあたわぬような品物を、高机に載せておすすめ申すごとき新式の祭典ばかりを見た人には分かるまいが、昔は御饌《みけ》といえば飯も汁もみな調理がしてあった。今とても昔風を保ち得る田舎の社ではそうしている。それを潔斎した清い童男または童女が、その日ばかり神になって神としてこれを食したのである。尸童《よりまし》[2]を神と見る信仰の堅かった時代には、同時にいろいろの願いや問いを申して、その口から神意を聞いたのである。神様が片目をつぶされたという事実は、その御代理の身上にあったことと思う。

第二に問題とすべき点は神のお怪我ということである。神または行末は神と祀られようという方々に、かくのごとき粗相のしばしばあり得べからざるはもちろん、一日一時の間なりとも身に神の憑《よ》っている人間にして、とうてい怪我などがあろうとは考えられぬ。これは未来を洞察したまう神のお力が曇ったものと解せられて、尊信の念を根底よりくつがえすべき大事件であるがゆえに、そう推定するばかりではなく、偶然の出来事にしてはあまりに同じ例が国々に数あるところからまず疑うのである。

甲地から乙地へ移し、または模倣した証跡がなくして、同じ例が方々にあれば風習と見るより外はない。風習は中絶して少しく年を経れば動機が不明になる。原因が不明で事柄のみの記憶が残れば、時代相応、智力相応の説明が案出せられるのは当然である。

そんならいかなる風習が昔あって、それがかくのごとき奇抜にして、しかも普通なる伝説を生ずるにいたったかというと、これも無造作に失する断定と評せられるか知らぬが、自分などはある時代まで、祭の日に選ばれて神主となる者が、特にそのために片目を傷つけつぶされる定めであったからで、口碑はすなわちその痕跡であろうと思っている。

## 一〇

神様が何々の植物をお嫌いなさるという類の言い伝えは、多くは忌みという語の意味の取り違えにもとづくものと思われる。神聖な祭の式にあずかる人々は、一定の期間喪を訪い病を問うなどの不吉な用向はもちろん、世間普通の交際にもたずさわってはならぬ。ある村においてはこれがためにいっさいの外来者を謝絶し、またある社では妻子眷属までも遠ざけて、いわゆる別火《べっか》ということをする。これは今日でも物忌みと称えて通用している。それと同じ理由で、祭のために用いられる霊地は注連《しめ》を張りあるいは斎垣《いがき》をめぐらして、平日でも人のこれを常務に使うことを禁じ、また祭の供物や用具の類は、特に神物であることを表示して他の品との混同を戒める。その規則をもまた忌みと名づけていたことは、今では忘れてしまった人が多い。

忘れるくらいであるから忌みの制裁ははなはだしくゆるんでいる。しかし僅々八十年か百年の前に戻って考えてみても、いわゆる宵宮《よいみや》の晩の厳重さ加減はなかなか一通りではなかった。いわんやそのまた昔の世に、由緒あって神の祭の最も緊要なる部分に用いられきたった草なり木なりが、いたって重い忌みの一つに数えられていたとしても、ちっとも不思議はないのである。

しかるに漢字の忌みという語が、日本のイミという語に、ぴたりと合っておらぬためでもあろうか。忌むといえば避ける、嫌うというのと似た意味に取られ、何か縁起の悪い物ででもあるかのごとくいうようにもなったが、それは明らかに本の趣意ではない。神様の方から見れば、忌みはすなわち独占である。あまりにありがたく、あまりに浄いから、ただの人の用には使わせぬのである。忌みを犯せば犯した人に罰があたるのを、始めから有害であるから障らぬもののように考え出した。それからして神もお嫌いだという想像が起こり、ついにお怪我《けが》などという説明が捻出せらるるに至ったのである。

この類の祭式にある一種の植物のみがかぎって用いられるのは常のことである。御一物《おひとつもの》と名づけて尸童《よりまし》が手に持ちまたは腰に挿すものは、しばしば笹薄または葦であった。また眼を突くという風習と何かの関係があろうと想われる初春の歩射《ぶしゃ》の神事に、的《まと》を射た矢は梅、桃、柳、桑などの枝を用いた社が多く、また葦の茎で作るを例としていたものもあった。必ず一種の植物と定めてあったところを見ると、その始めに当たっては深い理由のあったことと思うが、遺憾なことにはいずれも不明に帰しているのである。

ただしこれらの社において、かりに氏子が柳なり桑なりを栽えぬ風習があったとしても、おそらくは神もお嫌いという説は起こり得まいと思う。現にある二、三の神社ではご神体を刻んである材が桑であるために、桑樹を栽えぬというものがある。これなどももとより同じ忌みであるがまちがいの種がないので単に恐れ多いからという風に説明している。山城伏見の三栖《みす》神社などは昔大水で御香宮《ごこうのみや》の神輿《みこし》が流れた時、この神これを拾おうとして葦で目を突かれたと伝えている。しかもその理由をもって今も十二月十二日の御出祭《おいでまつり》の夜は、葦をもって大小二本の大松明《たいまつ》を作って、御出の路を照らすのを慣例としている。神ご自身の用には全く忌まなかった明白なる一証である。

二

議論は別席ですることにして早く話に戻らねばならぬが、その前になお一つだけいいたいのは、何がゆえに祭の中心人物たる神主の眼を、わざわざ手数をかけて突きつぶす必要があったかということである。自分とてもこれを明確に答えることはできぬ。昔の人の心持ちにはまだどうしても解らぬ点が大分ある上に、当人たちにも根本の理由は呑み込めずして、昔からこうだといって続けていたことも少なからぬはずである。片目にしたからとて別に賢くも浄くも恐ろしくもなったと考えられるわけはないと思うが、あるいは消極的の側から、そうしなければ神様がその神主の身にお依《よ》りなされぬ、すなわち一目でなければ神の代表者たる資格がないという風に、信ぜられていたのかも知れぬ。

右のごとく推定を下して進むと、さらに今一つ以前の時代の信仰状態をも窺《うかが》い得るような気がする。それをいたって淡泊な言葉でいい現すと、ずっと昔の大昔には、祭のたびごとに一人ずつの神主を殺す風習があって、その用にあてらるべき神主は前年度の祭の時から、籤《くじ》または神託によって定まっており、これを常の人と弁別せしむるために、片目だけ傷つけておいたのではないか。この神聖なる役を勤める人には、ある限りの款待《かんたい》と尊敬をつくし、当人もまた心が純一になっているために、よく神意宣伝の任を果し得たところから、人智が進んで殺伐な祭式を廃して後までも、わざわざ片目にした人でなければ神の霊知を映出し得ぬもののごとく、見られていたのではないかというのである。

この推測にはある程度までの根拠があるつもりであるが、なおその当否は一通り証拠材料を見た上で決せられたい。実はあまり大胆な説であるから、むしろ反証が十分にあって、打消されてみたいようにも私は思うのである。

話は再び神様の御眼の怪我という口碑にもどるが、この場合には往々にして神がその傷の眼を洗われたという話を伴のうている。例えば野州鞍掛《くらかけ》大明神の神は、自害するにさきだって山崎という地で目を洗ったといい、信州沙田《いさごた》神社の御神も同じくで、その地を今に御目沢と呼ぶそうである。羽前・羽後には鎌倉権五郎目洗いの故跡と称する清水が、いくつかあったように記憶する。

この類の多くの例の中で、一つ自分が珍しいと思っているものが東京の近くにある。十方庵の『遊歴雑記』の中に見えている。今の埼玉県南埼玉郡荻島《おぎしま》村の大字野島の浄山寺に、慈覚大師《じかくだいし》一刀三礼《さんらい》の御作と伝うる延命地蔵尊があった。信心の者は請状を入れて、小児をこの地蔵の奉公人にしておくと、丈夫に育つというので有名な本尊である。俗にまた片目地蔵とも御名を申し、ある時茶畑に入って御目を突かせたまい、これを洗わんとして門外なる池の水を掬《むす》びたまいしより、今にいたるまでその池に住む魚はすべて片目であるという不思議が語り伝えられている。

魚の片目ということは動物学者の方では必ず認められぬ話で、現にどこの標本室にも陳列せられていることを聞かぬにもかかわらず、少々の品こそかわれ、そんな魚の住むという池川は全国に二か所や三か所ではない。ことに池中の魚が皆その通りと称し、右のごとき因縁を談ずるにいたっては、その説の帰納法によらざりしものなることは最も明白である。

## 三

ついてはこれより右の一目の魚という小怪物の正体も、ついでにざっと調査しておきたいと思う。

池の中の魚どもが、目の傷を洗ったという神仏にかぶれて、永遠に片目になってしまったというのは、いかにも奇怪なる取沙汰には相違ないが、これがまたよく聞く例である。こういう場合には社家社僧輩の旧記には、普通「其因縁を以て」とか、「此の如き謂れあれば也」とか書くのであるが、考えてみればそれはいたって不精密なる語で、神道仏法いずれの教理から推論しても、そんな変妙なる伝染作用が起こり得る余地はない。強いていえば昔の大事件を記憶せしめんがために、そういう噂を残しておいたとでも見られようか。とにかく空な話であるだけに、初めてこれを言い出した人々の心持ちが、いかにもおもしろくかつ意味深く想われる次第である。

岡山県勝田郡吉野村大字美野の白壁の池に、片目の鰻《うなぎ》というのが住んでいたことは、

『東作誌《とうさくし》』という地誌に出ている。昔一人の片目男があって、馬に茶臼をつけて池の側を通るとて、水中におちて死んだ。その因縁で池の鰻の目は一つとなり、なお雨の降る日などは水の底に茶臼の音が聞こえたという。ただしこれだけではどうして水に落ちたかという点が不明になっている。

　江州伊香《いか》郡での古い言い伝えに、昔郡内の某川に大きな穴ができて川の水を吸い込み、沿岸の農村ことごとく田の水の欠乏を患いていたとき、井上弾正《いのうえだんじょう》なる者の娘、志願してその潭《ふち》に飛び込み、蛇体となって姿を隠すや、たちまち岸崩れて、その穴を埋め、水は豊かに田に流れ入るようになった云々。すなわち弟橘媛《おとたちばなひめ》の物語以来久しく行なわるる、水の神に美しい生牲《いけにえ》を奉ったという話の部類ではあるが、なおこの地ではその娘が片目であったといい、そのゆえにこの川の鯉には今でも一尾だけは必ず一つしか目がないと言うている。一尾だけといわれては、全部捕りつくしてみるまで証拠が上がらぬから、少しく始末が悪い。

　越後中頸城《なかくびき》郡青柳村の星月宮、俗に万年堂ともいう社の池にも、片目の魚がいるという話がある。昔この池の主が艶かなる美女に化けて、月次《つきなみ》の市へ買物に出たところを、この国安塚の城主に杢太《もくた》と称する武士あってこれを見そめ、恋慕やみがたくしてその跡を追い、ついにおのれもこの池に入ってしまった。杢太は片目であったゆえに、池の群魚今もなお片目であるという。ただしこの分は誰か実験してみた人でもあったものか、『越後国式内神社案内』という書にこのことを記して後、片目ではなくして一方の眼に曇りがあるのだと訂正しているが、そうすると杢太の悲劇はとんと冴《さ》えぬものになってしまう。

大蛇が白羽の矢を立てて、いわゆる人身御供《ひとみごくう》に美しい女を要求し、あるいは人の娘のところへ押しかけ聟《むこ》にやって来たなどという類の話は、ほとんど古い池や沼の数だけくらいあるようだが、自分は必ずしも祭に人を殺した旧慣があったという証拠に、そんなものを応用せんとするのではない。ただ祭の時、神と人との仲に立って意思の疏通を計った特殊の神主が、農業にとっては一番利害関係の大なる水の神の祭に、比較的ひろくかつ久しく用いられていたらしいことと、飲食音楽以外の方法で神の御心をやわらげ申すという、今日の人にはややにがにがしく感ぜられる思想が、特にこの方面に永く残っていたらしいことは、まずこれで明らかになったように思うので、この目的のために指定せられた男女の一目であったことがただではあるまいと思い、さらにその話が魚の片目と若干の関係を有することを、意外な好材料と認めるのである。

## 一三

われわれは沼川を穿鑿《せんさく》して片目の魚の実否を確かめる前に、まず土地の人たちがそういう魚に対して、いかなる態度を取っていたかを見る必要があるように思う。

越後ではまた北魚沼郡堀之内にもこの種の不思議の池があった。この駅の上手に当たって俗に出入変わりの山と呼ぶ山があった。いかに目標を設けて入っても、どうしても元の路からは出ることができぬという一種の魔所である。この山の麓にあって宿の用水の水源をなしている古奈和沢《こなわざわ》の池は、いわゆる底なし池であって、しかもここに住む魚類は残らず片目であった。捕えてこれを殺すときは必ず祟りがあり、また家へ持って来て器の中に放しておいても、その晩のうちに元の池に帰るということである。さすればめったにとらえて眼を検査した者もないわけである。

同国長岡市の神田町民家の北裏手には、もと三盃池と称する小さな池があった。サンバイとはたぶん田の神のことであろう。この池にいた魚鼈《ぎょべつ》もすべてまた片目であって、食えば毒ありと言い伝えて、これを捕える者がなかったそうだ。

同じく古志《こし》郡上組村大字宮内の一王《いちおう》神社でも、社殿の東の方三国《みくに》街道を少し隔てた田の中に、十坪ばかりのわずかな沼があった。明治十七、八年のころに開墾せられ、今は全部田になってしまったが、以前はこの池の魚もやはり片目という評判であった。最後に片づけた人々はこれを確かめたかどうか知らぬ。この地は元来一王神の春秋の祭に、生牲《いけにえ》を供えたという御加持《おかじ》ケ池の跡であった。以上の三件はいずれも明治二十二、三年ごろに出た「温故之栞《おんこのしおり》」という雑誌の中に見えている。

これだけの実例を見ても、片目の魚は噂ばかり高くても、常に捕ってはよくないという俗信によって掩護《えんご》せられ、十分に正体を現したものでないことはわかる。毒があるなどというのもつまり神様と縁が絶えて、何ゆえに悪いかが不明になった結果で、おそらくはみな最初は神物なるがために平民に手をつけさせなかったので、右のごとき不確かな説を伝え始めたものであろう。

上州では北甘楽《かんら》郡富岡町大字曾木に片目の鰻のいるところがあったことが、『山吹日記』という紀行に見えている。すなわち村の鎮守高垣明神社の境内なる清水の流れで、わずか一町（約百九メートル）ほど下の方で川にそそいでいるが、川に入ってからは一匹も片目のものなどはなく、ただこの間に住む鰻だけがそうだということで、しかもこの村の氏子どもは、片目と否とにかかわらず、いっさい鰻を口にしなかったという話である。

大田清君の説によれば、名古屋市正木町の八幡宮は鎮西《ちんぜい》八郎為朝の建立などと伝え、以前は大きな森で森の中に池があり、その池に例の片目の鮒がいた。『尾張年中行事抄』には、この鮒を請い受けて瘧《おこり》を病む者が呪禁《まじない》に用いたと記してある。お礼には別に二尾の鮒を持参してこの池に放つとあるそうだが、その新参の鮒も、ほどなく片目になるのかどうかは明瞭でない。

これを要するに魚もまた片目のものは常に神物である。伊勢では河芸《かわげ》郡矢橋《やばせ》村のお池、備後《びんご》では世羅《せら》郡吉原の魚ケ池など、単に片目の魚がいるというのみで宗教的関係を伝えぬものも、前者は池の名によって、後者はその淵が旱魃に雨を禱《いの》る霊場であって、魚ケ石と称する大きな石の水に臨んであるというによって、神の祭にこの生牲を供えた遺跡であることが察せられる。

## 一四

片目の魚の由来については、さらに一箇の奇抜なる口碑が伝えられている。伊予の松山の七不思議の一つに、山越の片目の鮒ということがある。昔弘法大師《こうぼうだいし》諸国遍歴の時に、この地にきて法施《ほうせ》を求められたところ、里人に貧困にして志深き者あって、わが食事のために支度《したく》した一尾の鮒の、片身だけ焼きかけたものを取って御僧に進《まい》らせた。大師その志をめで受けてかたわらなる井手に放されると、鮒はたちまち蘇生して泳ぎ去り、それよりしてこの水に棲《す》む鮒は今に至るまでみな片目である云々。

せっかく法力で助けられた動物が、目にかぎって恢復《かいふく》しあたわず、しかも累《るい》を子孫に及ぼすというのは七不思議以上であるが、これがまたとんだ類例の多い出来事であった。例えば『摂陽群談《せつようぐんだん》』等の書に、昆陽池《こやのいけ》に片目の金魚あって古来有名なりとある。行基菩薩《ぎょうきぼさつ》かつてこの地に来って病者の魚を欲するを憐れと見たまい、みずから長州浜に出でて魚を求め、これを料理してその病者に食わしめ、残った半分を池の水に投ぜられると、たちまちにして化して目一つの金魚となった云々。金魚とはあるが実はやはり鮒であった。浜で買ってきたというからには海魚らしいが、池に放されて繁殖したので、仕方なしに「化して」などと伝えたのであろう。これも食うと癩病《らいびょう》になるというわけで、土人この池に釣もせず網もせぬと述べている。

行基はまたその故郷なる和泉《いずみ》国家原《えはら》寺《じ》の放生池《ほうじょういけ》に、ほとんどこれと同種類の魚の種を残された。ある時この村の若者ども、池の堤に集まって魚を捕え、これを肴に酒盛をしているところへ、ちょうど行基菩薩が帰ってござったので、戯れに魚の膾《なます》をこの高僧に強いたところが、拒《こば》みもせずにむしゃむしゃと食ってしまい、後で池に向かってこれを吐き出すと、その膾はみな小魚となって水の上に遊びたり。それよりして今にこの池には片目の魚ありと、『和泉名所図会《いずみめいしょずえ》』の中に見えている。池の名の放生池は生けるを放つであるから、膾を吐いたのでは少々理屈が悪いが、まあざっと、これほどまでに偉い坊様であったのである。

ところがまた越後の方にはこんな話もある。中蒲原《なかかんばら》郡曾野木村大字合子《ごうし》ヶ作《さく》は、旧名は「合子ヶ酒」である。その昔親鸞《しんらん》上人この地ご通行の折しも、里人その徳を慕って家々より手製の酒を持参し、村の山王神社の境内において、これを合わせて上人にすすめたによってこの名がある。その時酒の肴に取添えた焼鮒を、親鸞は少しばかり食べて余りを社頭の池の中に投ぜられた。その結果として今でも山王様の古池に住む鮒は、残らず腹に焼焦げの痕がある。それのみならず池のかたわらなる上人法衣掛の榎という古木は、伐ってみると木目に必ず鮒の形が現れるというので、この地を親鸞上人焼鮒の旧跡と名づけ、永く信徒に随喜の涙を揮《ふる》わしめている。

片目とは言わないこちらの話が、比較的もっともらしいようにちょっと見えるが、考えてみるとちっともそうでない。元来この種の因縁話は親鸞上人ではさほどでないが、戒律の正しかった如法僧《にょほうそう》としては、どうしてもこうしても殺生戒を破らせられることができなかったという結論に導くつもりであろう。しかしそれほどの親切があるなら眼はどうしたものか、腹の痣《あざ》はどうしたものぞ。ことにその鮒の何十代かの後裔にまで難渋《なんじゅう》を遺伝させるのは、それこそ生殺しではないか。それというのがその辺にあり合わせの口碑をむやみに取り込んで、わが寺の縁起にしようとするから木に竹の不手際になるので、むしろ先輩の徳を害し、しかも山王様始め多くの社の伝説を紊《みだ》している。

## 一五

いわゆる放生会《ほうじょうえ》の御式の最も盛んであったのは、八月十五日の八幡様の祭であった。これも男山[3]の社僧たちにいわせると、神が仏教の感化をお受けなされて、慈悲の恵みを非類の物にまで及ぼしたまうなりなどと説くであろうが、また明白に中古以来のこじつけである。まことそのご趣意であったならば、わざわざ江湖に悠遊している物をとらえてきて、窮屈千万なる小池の中に放せと仰せられるはずがない。これは疑いもなく祭に生牲《いけにえ》を屠《ほふ》るの行為のみは、僧徒の干渉によって廃止しても、これに供すべき魚類を一か年前から用意しておく儀式の方は、害がないからそのまま残り、後に理由が不明になって、右のようにありがたがらせようとしたのである。石清水《いわしみず》などでは、この日の祭の行列は喪を送るの式によく似たいで立ちであったそうである。ずっと以前に魚よりも一段と重い生牲を捧げた痕跡と見なければ、おそらくは満足な説明をなし得る者はないであろう。

来年の生牲の片目を抜いておくという直接の証拠はまだ見出さぬが、これを想像せしむるに十分なる例はあるのである。近江坂田郡入江村大字磯の磯崎大明神では、毎年の例祭卯月八日、網を湖中に下して二尾の鮒を獲て、その一つを神饌《しんせん》に供える。他の一尾は片鱗を取って湖中に放しておくと、翌年の四月七日に網にかかるものは必然としてその鮒であったと、『近江国輿地誌略《よちしりやく》』に載せてある。すなわち前年度しるしをつけておいた分を神に供えるとともに、次年度の分をきめていったん放し飼いにするというのである。琵琶湖のごとき広い水面にあっても、神徳によって指定せられた魚は外の用にはあてられなかったとすれば、わずかばかりの御手洗《みたらし》の池に入れた魚などは、別に一目にしておくにも及ばなかったろうと思う。そうすれば片目も片鱗も、さてはまた前にあげた行基・弘法の片身の魚なども、要するにみな話であって、実際その通りであったか否かを穿鑿《せんさく》するまでの必要はなかろう。

魚属が鱗を剝がれて一年も活きていられるか否かはまず大いに疑わしい。これは何でも事情のあるべきことで、多分は片身または片焼の鮒などとともに片目では物たらないところからの誇張であろうと思う。

近江には今一つ似たような話がある。東浅井郡上草野村大字高山の安明淵《あんめいぶち》というところでは、昔頼朝《よりとも》がこの淵において鯉を捕り、その片身の鱗を拭いて再び放したゆえに、今でも草野川の流れには一方に鱗のない鯉が住んでいるということである。この淵の上には何か文字を彫刻した岩があるが、苔すでに滑かにしてこれを読むことはできぬともある。何のために頼朝がこのような川へ来て鯉を取ったかは想像に及ばぬが、祭の行列に出てくる馬に乗った児を、誤って頼朝と呼んでいる村は、近江にもまた他の国にも少なくなかったのである。

遠州横須賀の人渡辺三平君の話によれば、あの地方では御一新前よく天狗様が出られて、夜分は天狗の殺生に出かけられる火というのを、しばしば見たと老人たちはそう言うている。まるで松明《たいまつ》のようであるが、今田圃の上にあるかと思うと、すぐに大きな松の木に現れるなど出没自在であった。その時分には田や溝に片目の泥鰌《どじょう》がいくらもいたもので、それはみな天狗が殺生に出られて、抜き取っていかれるのだと言うていたそうだ云々。

これらの話を考えあわせると、片目の魚の噂の起りは、とらえてたしかめた人の報告に基づいておらぬことは確かである。当初は境内の池の魚は捕ってはならぬという戒めと、片目の魚は食うまじきものだという教えと二つであったのが、恐らくは縁が近いために合併したので、ともに生牲をある期間放し飼いにした慣習の痕跡と見るべきものである。

一六

神社によっては必ずしもまる一か年というような永い期間でなかったかも知れぬが、大祭が春か秋か、とにかく年に一度であって、いろいろのむつかしい儀式はその物忌みの間に挙行するのが例であったゆえに、生牲《いけにえ》の魚の進献と放養も、やはり一年前にするものが多かったことと自分は思う。少なくとも八幡宮においてこの式を放生会などと誤り伝えるにいたった原因は、その日が前の年の同じ日であったこと、かの近江の磯崎大明神などの通りであったからに相異ない。また放養の期間がかくのごとく永かったために、片目の魚が住んでいるという噂ばかりが、独立して人に記憶せられる結果にもなったのであろう。

それならばどういう理由で捕りたての新しい魚類を即時に調理して差し上げなかったかというと、これは後々の説明では「今まで何を食っていたかわからぬから」というたであろうと思う。われわれの勝手もとでも、鰌《どじょう》や貝類などは一晩泥を吐かせるがいいというが、人間とは比べ物にならぬほど清浄潔白なる神様の御体の一部になるべき品であれば、それだけの用意のあるは当然である。しかし自分の見るところでは、右のごとき思想もまた一朝にして起こったものでなく、さらに一段と悠遠なるところに由来をもっているようである。

前にあげた片目の鮒を請けて帰って瘧《おこり》のまじないにしたという話でも、やや察せられるが、ある地方では生牲に指定せられた魚をもって、単純なるご食料とのみは見ず、これを神の従属者ないしは代表者のごとく考えて崇敬していた形跡がある。これなどはとうてい鮒のような微々たる動物について、新たにいい始めたものでないことは明らかである。すなわち生牲は一方に神の御心を取るべき礼物であったと同時に、他方氏子などに向かっては、はかりがたい霊界の消息を通信する機関でもあったゆえに、少しでも永い期間これをかこうておく必要があったことと思う。

各府県の府県社郷社の古伝を集めた『明治神社誌料』という書に、つぎのごとき話が載っている。日向《ひゅうが》国児湯《こゆ》郡下穂北村大字妻《つま》の県社都万神社においては、宮の御手洗《みたらい》の花玉川の流れに今も片目の魚を生じ、あるいは片目の魚をもって神のご眷属《けんぞく》と称えている。それは大昔祭神の木花開耶姫尊《このはなさくやひめのみこと》が、この川に出てお遊びなされた時、神の御装いの玉の紐が水中に落ちて鮒の目を貫いた。片目の魚のいるのはそのためで、それゆえにまたこの地においては、玉紐落の三字を書いて布那《ふな》と訓《よ》ませている云々。すなわちかすかながらもこの口碑から窺われるのは、魚の目一つは神業であったことと、目を傷つけたがために神霊界に入ることを得たこととである。

同じ書にはまたこんな話もある。加賀国河北郡高松村大字横山字亀山の県社賀茂神社は、大同二年に現在の社地に遷座せられたといっているが、その理由はいたって不思議な話である。ある日この社の御神、鮒に身を現じて御手洗川《みたらいがわ》に遊びたまう時、にわかに風吹き立って汀《みぎわ》の桃水中に落ち、その鮒の目にあたったところが、たちまちにして四面暗黒となり人みなこれを怪しんでいると、その夜霊夢のお告げがあって、ついに社を今の場所に移すこととなった云々。それだけでは何だか桃が落ちておけがをなされたのに御憤りあって、前の社地を引き払えと仰せられたようにも解せられるが、それは大根につまずいておころびなされたという話と共に、桃の木を忌む風習の説明を誤った結果であって、要領はかえって片目の生牲を介して、神意を知り得たという点にあるのであろう。神がお身を鮒に託せられたという点は、日向の話よりもさらに一段進んでいる。

いらぬ講釈かも知らぬが、右の二件の伝説に、神が遊びに出られたというのは祭典のことである。祭の日、祭場へお降りなさるのがすなわち神遊びであって、人間のように暇があるから遊びにお出でなさるということは神様にはないことである。鮒の目の傷の偶然でなかったことはこれからでもわかる。

## 一七

生牲の鯉鮒の片目ということが、決して単独に発明せられたる便法ではなくして、前代の神祭に一眼を重んじていた余習であるらしいという説の根拠として、このつぎには蛇の片目の話を一くさり述べてみようと思う。

徳島の人河野芳太郎氏の話に、阿波の富岡町の東に当たって福村というところに、周回三十町（約三千メートル）ほどの池あり、その池の中に周九丈（約二十七メートル）高さ一丈（約三メートル）ばかりの岩があるのを、土地では蛇の枕と呼んでいる。この池の魚族は鯉鮒はもとより小さな雑魚《ざこ》にいたるまで、一尾として両眼を具えているものはない。伝えいう、昔この池に大蛇の住んでいたのを、月輪兵部《つきのわひょうぶ》という勇士狙い寄って放った矢、その左の眼を射貫いて頭の半分を射くだき、おろちは苦痛に堪えずこの岩の上で悶え死す。その怨み後に残って月輪殿の一家を祟り殺し、それでもたらなかったか、池の魚までをことごとく片目にしてしまったというそうである。

この言い伝えを全部誤りのないものとするためには、まず第一に蛇の巨大なものは水の中でも生息し得るということを認めねばならぬが、それがちょっと困難である。田舎へ出ればきっと聞く古い池沼の主の話は、まれには牛だ犀《さい》だとも言うが、十中八九まで蛇体ということになっている。恐らくは仏教の龍王などから出た想像上の動物で、単に水神の仮の形と見ておいてよいであろう。それよりも、ここで問題になるのは、話の中でもさほど重きをおかれておらぬ水中の岩である。この類の孤岩は水に洗われて、世の穢《けが》れから遠ざかっているのをめでたものか、ほとんど常に祭場に用いられている。ことにまた魚の生牲を供える場合に、こういう岩の上を使っている。備後吉原村の魚ケ石などは多くある例の一つに他ならぬ。こうすると右の月輪兵部の冒険談のごときも、その戯曲的分子を取りのけて考察すれば、やはり前にあげた片目の男女を水に投じた話とともに、魚を一目にしたのは神の意志に基づくといおうか、一目の尸童《よりまし》の託宣に従ったといおうか、さらに今一段の臆測を加味すれば、新たに魚を代用として、人の眼を突く式をやめたことを暗示しているともいわれるのである。

蛇の片目の話はまた佐渡にもあるが、あるいはその原因をこの島の歴史中で最も大きな御人、すなわち順徳天皇の御逸話と結びつけている。茅原鉄蔵老人がこのことを報ぜられた。ある時、帝、金北山へご参詣の山路に蛇をご覧なされ、かかる島でも蛇は眼が二つあるかと仰せられたところ、それより後この地の蛇はみな片目になってしまった。土地の字を御蛇河内《おへびこうち》というはそのためである云々。すなわちまた片目の蛇がいたずらに片目であるのではないことを示し、神に対して極端に従順であったゆえに、その蛇にも十分の尊敬を払いきたったのであることは、地名がこれを伝えている。

近ごろ刊行せられた『岐阜県益田郡志』を見ると、飛騨には今いっそう神に接近した片目の蛇の話が遺っている。この郡萩原町の諏訪神社の社地は、中世しばらくのあいだ国主金森家の出城になっていたことがある。金森氏の家臣佐藤六左衛門なる者、命を受けてその工事を指揮し、神霊を上村というところへ帰さんとするに、神輿が重くなってどうしても動かぬ。よって六左衛門梅の枝をもって神輿を打ち、かろうじて遷座を終わることができた。また一説には、この時一匹の青大将が社地にわだかまっていかにすれども動かぬのを、六左怒って梅の枝で蛇の頭を打ち、蛇は左の眼を傷ついてついにその地を去ったともいう。その後六左衛門は大阪陣におもむいて討死をしたゆえ、村民これを機として土木を中止し神社を旧の地へもどしたが、今にいたるまで境内に梅の木成長せず、また時として片目の蛇を見ることがある。これをば諏訪明神のお使として崇敬しているという。

蛇はもとより生牲として神に進ずべきものでないから、鯉鮒と同列に論ずることはできぬ。しかも加州横山の賀茂様の鮒のごとく、魚の方にもまた神を代表して一目になっていた例はあるのである。ゆえにその片目をもって一概に熨斗《のし》や水引の意味と見ることはできぬのである。

## 一八

伊豆地方には富士愛鷹《あしたか》から海上の島々にかけて、神戦《かみいくさ》の神話が比較的うぶな形で古くより伝えられていた。よくありがちな歴史上の事蹟人物との混同もなく、神々たちが鳥と蛇との形を現じて水陸をはせ廻られたことになっている。尾佐竹猛《おさたけたけし》君が近年島に渡って聞いてこられたのも、その一節の少し変化したものである。いわく大昔新島の白鳩を大蛇が追いかけて、鳩は差地山《さしじやま》の躑躅《つつじ》で目を突いて飛べなくなったのを、大蛇が殺して三宅島へ逃げようとした。新島の神様の大三皇子、母神兄神と力を合わせて大蛇を退治し、その屍《しかばね》を三つに分けて八丈と三宅と新島との三つの島に埋められた。それよりして新島の蛇は人に喰いつかず、三宅島には蛇住まず、また差地山の躑躅は神の怒りに触れて花が咲かなくなったという。ただし三宅島でも躑躅平《つつじたいら》という地の躑躅は花が咲かず、やはりこれと同じ口碑を存しているそうである。

　ある大きな神様の眷属または使令と称する鳥なり蛇なり、または魚なりが、躑躅または梅の枝または玉の紐でそれぞれ眼を傷つけたという話は、たとえどのくらい他の説明に相異があっても、基づくところは一つなりと認めねばなるまい。ことに三者地を隔て神を異にし結論を同じくせぬ事実は、明らかに後世の伝播でない証拠である。自分がこれをもってことごとく生牲の眼を抜いた風習の反映であるごとく考えるのは、あるいは用心深い老輩諸氏の同意を得がたいかも知らぬが、少なくとも神の眷顧《けんこ》が特に一目の者に厚かったこと、したがって神人の仲介者にはなるべくこんな顔の人を選ぶ習いのあったことだけは、推論してもあまり無茶とはいわれまいと思う。

　伊勢桑名郡の国幣大社多度神社の摂社に、古来一目連《いちもくれん》の社という神のおわしますことは人のよく知るところである。当世の記録には本社の祭神喜津《あまつ》日《ひ》子根命《こねのみこと》の御子で、『姓氏《しょうじ》録《ろく》』[4]に桑名首《おびと》の祖天久之《あめのくし》比《び》乃命《のみこと》とある御神のことだといい『古語拾遺』[5]に伊勢の斎部《いんべ》の祖神天目一箇命《あまのまひとつのみこと》とあるのも同じお方であると称えている。自分らはもちろん神の御系図に暗いから賛成も反対もできぬが、関東の各地にも右の一目連を祀った祠の多かったことと、伊勢の本社においても特に俗人の信仰を受けておられて、いろいろありがたい奇瑞《きずい》のあったことと、そのお名前がお目の一つだったことを意味していることだけは受けあってもよいのである。また同名の神がもし他にないとすれば、天目一箇命は金工の始祖である。

話がこれまで進んでくると、どうしても今一度鎌倉権五郎のことを考えてみねばならぬ。権五郎を神に祀ったと称する宮は、もちろん鎌倉長谷《はせ》の御霊《ごりよう》神社が一番古い。大阪の御霊社などは、近世鎌倉から勧請《かんじよう》したことが分かっているが、九州の南にある諸社のごときはおそらくは同様で、鎌倉がまだ政権の中心であった時代にでも、往来の武家が迎え下ったのであろう、鶴岡八幡と併置せられた御霊社が少なくない。

権五郎景政が神に斎《いわ》われたということは、その左の眼を射られたという話とともに、『保元物語』の中にちゃんと出ているが、この本には未だ御霊社がその社だとは書いてないのである。ところが鎌倉の御霊社は頼朝公の時からすでに相応に重い社であったこと、『吾妻鏡《あずまかがみ》』6などを見ても明らかであって、家来筋の景政を尊信するにはあまり年代が近過ぎるように思われる上に、京都に今もりっぱにある上下の御霊社のごときは、権五郎の生まれるより二百年も前ごろから祭っていた神であり、ひとり京都ばかりの御霊でなく、諸国に御霊社を置くようにという勅令が、それよりもまた六十何年か前に出ているのである。もっともこの社の祭神は早くから曖昧ではあったが、それにしても鎌倉ばかりが中ごろから土地出身の英傑を推薦して、神の交迭《こうてつ》をあえてしたとは考えられぬ。

一九

『鎌倉攬勝考《かまくらんしょうこう》』にはいわゆる権五郎社に関して次のような説をかかげている。この社もとは鎌倉の西北なる梶原村《かじわら》にあった。幕府で崇敬していたというのもその時分のことである。権五郎殿の一門に梶原権守《ごんのかみ》景成という人、平氏の始祖葛原《くずはら》親王を神に斎《いわ》い、これを葛原の宮とも御霊の社とも称えていたのが始まりである。その後鎌倉権八郎景経という人があって、この社に先代の権五郎景政を合わせ祀ることになったために、かえって権五郎の社をもって呼ばれるようになったが、これは正しくない云々。

自分はこんな言訳みたいな由来談に対しては、容易にそうですかを言わぬのである。また無造作な新説ではあるが、御霊は昔から神とか社とかの語を添えずに呼ぶのが常である。しからば鎌倉の御霊殿を、鎌倉権五郎殿と聞き誤り覚え誤ったとしても、平民などなら、いささかも不思議はないではないか。とにかく両方ともえらいお方なのだから、願をかけたら聞いて下さるだろうとありがたく思ったのである。

御霊を五郎とまちがえていた例はいくらもある。岩代耶麻《いわしろやま》郡三宮の三島神社境内の五郎神社は加納五郎の霊を祀ると言い、中山道美濃の落合五郎兼行の霊社あり、信州高遠《たかとお》の五郎山には仁科《にしな》五郎信盛の首なき屍を埋めたと伝えて、そこにある祠を五郎の宮と称し、昔の城主なのに呼び捨てにしている。さらに南して同じ上伊那郡赤穂《あかほ》の美女森の社の神を五郎姫神といい、すなわち日本武尊《やまとたけるのみこと》に侍《かしず》かれた熱田の宮簀姫《みやずひめ》の御事だと申しているが、これなどは姫神を五郎というのでことに珍しく感ぜられる。

また何の五郎であったか知らぬが、作州勝田郡池ヶ原の熊野権現の山に義経大明神という社があって、しかもこの地は義経が平家の残党五郎丸なる者を攻めた陣場の跡と伝えている。近江甲賀郡松尾村には五郎王様という社あり、俗に瘧の神様だというのはおもしろい。尾張では東春日井郡桜佐村の五竜社を、俗に五郎宮というと『張州府志』にあり、また知多《ちた》郡藪《やぶ》村には弓取塚と称して小さな弓矢を奉納して瘧《おこり》の平癒を禱る塚を、人のために殺された花井惣五郎という者の首を埋めたところと、伝えていたことは有名な話である。花井というは泉の傍で神を祭った風習を暗示する名称であるかと思う。

下総《しもうさ》ではあるいは御霊を千葉五郎というありそうな勇士の名に託した例もあるが、『印旛郡誌』を見ると同郡千代田村大字飯重《いいしげ》の旧無格社五郎神社等、祭神を曾我五郎の霊とするものが二、三ある。相模足柄下《あしがらしも》郡の曾我谷津村の五郎社のごときも、本場であるからむろん祭神は曾我五郎になっている。曾我兄弟の祠または石塔は縁もなさそうな遠国に何十か所もある。あるいは大磯の虎尼となって回国し、あるいは鬼王団三郎来り住むなどといって、何とかして本源を究めようと土地の人たちは骨折っているが、あまり数が多いのでいつも思うようにいかぬ。これも御霊が双神であると伝えた場合に、そんなら五郎十郎の兄弟かということになったので、大磯の虎というのも実は御霊にかしずいたただの尼様だろうと私は思っている。

下総のついでにいえば、あの佐倉惣五郎などもだいぶんこちらへ近いものである。堀田様こそよい迷惑で、だんだん聞いてみると大勢で作り上げたただの話であるようだ。略縁起には霊堂に父子五人の霊像を安置すといい、境内別に五霊堂あり、宗吾とことをともにして追放の刑に処せられた五人の庄屋たちの像を本尊としているともいうが、しかも嘉永五年の二百回忌という時の位牌を見ると、父と一緒に殺されなかった娘までの名を加えて五人にしている。もちろん信徒たちが聞いたら何か反証があろうから、自分はただまず「らしい」とまで言っておく。

## 二〇

御霊が五郎にまちがったのにはなお仔細がある。御霊は文字の示すごとくミタマであって、人の霊魂を意味している。われわれの祖先はその中でも若くて不自然に死んだ人のミタマをことに恐れ、打ち棄てておくと人間に疫病その他の災害を加える者と考え、年々御霊会という祭をして、なるだけ遠方へ送るように努めたが、人の力だけでは十分でないところから、ある種の神様に御霊の統御と管理とをご依頼申しておった。後世にいたっては祇園《ぎおん》の牛頭《ごず》天王《てんのう》[7]がその方の専門のようになってしまわれたが、古くは天神も八幡も、それぞれこの任務の一部分をお引受けなされたのである。

天神は人も知るごとく、ご自身がすでに御霊の有力なるものであったからもっともと思うが、八幡様の方は今の思想では何ゆえということがわからない。しかも石清水のごときは、その京都まで上ってこられた当初の形式が、いかにもよく紫野今宮の御霊の神などと似ていたのみならず、近いころまで疫神《やくじん》参りと称して、正月十五日にこの山の下の院へ参拝する風があったのを見ると、何か仔細のあったことと思われる。また若宮今宮などと称して非業に死んだ勇士の霊を八幡に祭ったという例は往々にあるが、熊野や諏訪や白山などではそのような話を聞かぬのを見れば、この神に限ってよく御霊を指導して、内にはやさしく外に対しては烈しく、その厲威《れいい》を働かしめるご神徳を昔は備えられたのであろう。

もしかりとすれば鎌倉の権五郎、八幡太郎の家来で左の眼を矢で傷ついたという話のある人を、鎌倉の御霊で八幡様の摂社で、八幡の統御の下に立つ亡霊を祭った社の神とまちがえても、必ずしも無学のいたすところとは言われず、諸国の同名の社がなるほどと言ってこの説に従ったのもしかたがなかったと見ねばならぬ。

後三年役[8]の古戦場と主張する羽後仙北郡の金沢においては、流れに住む眇《すがめ》の魚をもって権五郎景政が魂を残したものと伝うる由、『黒甜瑣語《こくてんさこ》』という秋田人の随筆に見えている。伊勢の神戸《かんべ》町の南方矢橋《やばせ》の御池という池に片目の魚のいたことは前にも述べたが、『参宮名所図会』を見ると、この村にも一箇の鎌倉権五郎景政の塚が、田中の森の中にあったように記してあるから、池と塚とおそらく関係があったのであろう。権五郎の塚というのはまた右の羽後金沢にもあった。東京近くでは品川東海寺の寺中春雨菴にもあった。今は社を営み氏神のごとしと百年前の『遊歴雑記』にある。昔から戦場で目を射られた武士もずいぶん多かったろうに、何がゆえに景政ばかりが、かくのごとくもてはやされたかという問には、自慢ではないが自分が答えた以外には、まるまる答えないという方法しかあるまいと思う。

つまり記録上の御霊には戦場か刑場か牢獄の中で死んだという人ばかりだが、その今一つ前の時代の文化の幼かった社会では、入用に臨んで特に御霊を製造したらしいことは、片目の突き傷という点からも想像し得られるのである。

甲州では権五郎の代わりに山本勘助《やまもとかんすけ》をもって片目神の旧伝を保存させていた。山梨県の商業学校で近年生徒に集めさせた口碑集の中に、甲府の北方にある武田家の古城の濠に住む泥鰌《どじょう》は、山本勘助に似てみな片目だという話が載せてある。久しく甲府に住んでおられた山中笑翁の説によれば、かの地の奥村某という家は山本勘助の子孫であるそうで、代々の主人必ず片目であるとのことである。

この類例にはさらに二箇の新しい暗示を含んでいる。その一つには山本勘助という郷土英雄が、単に権五郎のごとく一目であったのみでなく、なお信州松本辺の山の神と同じく、いわゆる片足であったことで、自分が解釈ができぬものだからそっとしておいた一眼一足の脚の部分に、一道の光を投じている。第二の点は虚誕《うそ》にもせよ、片目を世襲しているという噂である。

自分が神主を殺すの目をつぶすのといったために、ぎょっとせられた祠官たちがあるいはあるか知らぬが、ご安心めされ、祠官は多くの場合には神主ではなかった。神主すなわち神の依坐《よりまし》となる重い職分は、頭屋《とうや》ともいいあるいは一年神主とも一時上﨟《ひとときじょうろう》とも唱えて、特定の氏子の中から順番に出たり、もしくは卜食《うらはみ》によってきめたりするものと、一戸二戸の家筋の者に限って出て勤める、いわゆる鍵取りなるものとがあったのである。そうして山本勘助の後裔という方はその第二種に属している。

# 二

さて自分は不満足ながら今まで並べた材料だけで、一目小僧の断案を下すのである。断案といってももちろん反対ご勝手次第の仮定説である。

いわく、一目小僧は多くの「おばけ」と同じく、本拠を離れ系統を失った昔の小さい神である。見た人がしだいに少なくなって、文字通りの一目にかくようにはなったが、実は一方の目をつぶされた神である。大昔いつの代にか、神様の眷属《けんぞく》にするつもりで、神様の祭の日に人を殺す風習があった。おそらくは最初は逃げてもすぐつかまるように、その候補者の片目をつぶし足を一本折っておいた。そうして非常にその人を優遇しかつ尊敬した。犠牲者の方でも、死んだら神になるという確信がその心を高尚にし、よく神託予言を宣明することを得たので勢力を生じ、しかもたぶんは本能のしからしむるところ、殺すには及ばぬという託宣もしたかも知れぬ。とにかくいつの間にかそれがやんで、ただ目をつぶす式だけがのこり、栗の毬《いが》や松の葉、さては矢に矧《は》いで左の目を射た麻、胡麻《ごま》その他の草木に忌みが掛かり、これを神聖にして手触るべからざるものと考えた。目を一つにする手続きもおいおい無用とする時代はきたが、人以外の動物に向かっては大分後代までなお行なわれ、一方にはまた以前の御霊の片目であったことを永く記憶するので、その神が主神の統御を離れてしまって、山野道路を漂泊することになると、恐ろしいことこの上なしとせざるを得なかったのである。

右の自分の説に反対して起こるべき最大の勁敵《けいてき》は、そのようなことを言っては国の辱だという名論である。一言だけ予防線を張っておきたい。

第一自分は人の殺し方如何とその数量で、文明の深さは測られるものとは思わぬ。戦いもすれば自殺もする文明人が、かくのごとき考えをもつはずがないからである。しかしそれが悪いとしても、人を供えて神を祭ったのは、近年の政治家が責任を負いうるような時代のことではない。人もいうごとく日本国民はいろいろの分子からなっている。千二、三百年前まではまだいわゆる不順国神《まつろわぬくにつかみ》が多かった。国神の後裔にはわからぬ人も随分あったことは、大祓《おおはらい》の国津罪《くにつつみ》の列挙を見ても察せられる。それでもいかぬというなら、この島へは方々の人が後から後から渡ってきている。そうして信仰上の記憶はいたって永く残るものである。彼らがまだ日本という国の一部分をなさぬ前、どこかある地においての生活経歴を伝えているのだとも見られる。

まだそれでもいかぬとならば是非がない。どうかこの説は採るにたらぬものとしていただきましょう。実はこの研究がまるでだめだとしても、自分はなお一つよいことをしているのである。すなわち民間の俗信と伝説とに対して、最も真摯でかつ親切な態度をもって臨んでみたのである。これは今日まで他に誰も範を示した人がなかった。

先ごろこの新聞でも各大学のよき青年に依嘱して、地方伝説の蒐集《しゅうしゅう》旅行をしてもらった。あれはちょっと結構みたいな企てであったが、不幸にして学生諸君がそれぞれ非凡な文才をもっておられたために、大正年代の文芸をもって伝説に念入りの装飾をしてしまい、とうとう少しばかり伝説の香のするはなはだ甘い物に作り上げたことは、あたかも柿、葡《ぶ》萄《どう》をもって柿羊羹《かきようかん》、葡萄羊羹《ぶどうようかん》をこしらえたごとくである。伝説というものはそんなことをして食べるものではない。

またそれほど無用なものでもないのである。歴史家が帳面の陰から一歩でも踏出すことをあぶながり、考古学者が塚穴の寸尺に屈託しているような場合に、たった一人がお手伝いに出て、無名無伝の前代平民らが目に見えぬ足跡をもとめ、彼ら何事を恐れ何を患い何を考えていたかを少しでも明らかにしたのが、この自分の研究である。とにかく人の作った習慣俗信伝説であれば、人間的に意味がなければならぬ。今の人の目に無意味と見えるだけ、それだけ深いものが潜んでいるので、いわばわれわれは得べき知識をまだ得ておらぬのである。昔の人の行為と考え方にはゆかしく優しいことが多い。あるいはまた古くなり遠ざかるからそう感ぜられるのかも知れぬ。しかもそれがエチオピヤ人でもなければパタゴニヤ人でもなく、われわれが袖をとらえて縋りつきたいほど懐しく思う、亡親《なきおや》の親の親の親の親たちの生活の痕ではないか。

## 補遺

▽この三週間に新たに現れた材料を一括して、今一度自分の説の強いか弱いかをしらべてみようと思う。材料の一半は親切な読者の注意によるものである。

▽本年三月刊行の加藤咄堂氏編『日本風俗志』上の巻の一六三頁に、四種の怪物の図が出ている。出処を明らかにしてないが、江戸時代の初期より古い絵ではないようである。その中の「山わろ」という物は半裸形の童形で、両手に樹枝を持ち腰に蓑《みの》様のものをまとい、顔のまん中にまん丸な目が一つである。すなわち土佐などで山爺を一眼というのと合致する。ただし脚はりっぱに二本ついている。

▽小石川金富町の鳥居強衛君から、『朝鮮の迷信と俗伝』と題する一書を贈られ、その中にトッカギイあるいはトッケビイという独脚の鬼の記事があることを注意せられた。大正二年十月刊行、楢木末実という人の著である。自分はこの半島の独脚鬼についてはまだ何ほども調べてはおらぬ。支那でも『山海経《せんがいきょう》』9に独脚鬼のことを記し、あるいは『本草《ほんぞう》』に

山魈《さんそう》は一足にして反踵《はんしゅ》などとあるそうだが、他の方面にもよくよくの類似点がないかぎりは、三国一元というような推定には進まぬつもりである。したがって、ただ参考品としてのみ陳列しておくが、この書の記すところによれば、トッケビイは通例樹蔭深きところに出没し、色は最も黒く好んで婦女にたわむれ、あるいは人に禍福を授けると伝えられる。そうして目はいつでも両箇を備えている。

▽磐城平《いわきたいら》の出身なる木田某氏の注意に、自分がかの地方で「山の神はカンカチで外聞が悪いと言って十月に出雲へ行かれぬ」といっているそのカンカチを、眇目《すがめ》のことに解していたのは誤りだとのことである。平町付近でも眇目は他地方と同様にメッカチまたはカンチといい、カンカチというのは火傷《やけど》の瘢《あと》のことを意味する。これは山神が山の精で山に住んでいるためにおりおり山火事に会い火傷をするのだと説明せられているそうである。自分は一知半解の早合点で、カンチともメッカチともいうからカンカチも片目のことだろうと思って大失敗をした。もとより第一の報告者の高木誠一君がそう言われたのでないが、念のためさらに同君に聞き合わせてみると、その返事もまったく同様であった。これで自分の一目小僧の話を書く動機になった好材料の一つが空になったわけであるがどうも仕方がない。そのために山の神の祭に関する一部分の話は中途から見合わせることにした。

▽高木君はこのついでをもって十年前に亡くなられたお祖父《じい》様から聞いたという話を一つ報ぜられた。石城《いわき》郡草野村大字水品《みずしな》の苗取山に水品神社という社がある。もと三宝荒神《さんぼうこうじん》様

と称し五、六十年前まではものすごい森であって、天狗が住んでいて大きな音をさせるともいい、また一目小僧がいるともいって誰もこわがる場所であった。ある晩この社の宮守をしている法印様が便所に行って、足を取られてびっくりして用もたさずに帰ってきたことがある。明くる朝早く起きて行ってみると、古狸が引込み時を忘れてまだそこにおった。古狸は一目小僧に化けるものだとお祖父《じい》様がいわれた云々。また木田氏のはがきにはこういうことが書いてあった。この地方の一目は大入道の姿で出る。足のことは何ともいわぬが眼は丸々としたのが額のまん中に一つあり、暗い夜白い衣物で出るものと子供の時に毎度聞いていた云々。すなわちこの点がすでに全然朝鮮のトッケビイと共通でない。

▽信州松本地方の一目もまた小僧ではなくて入道である。これは貉《むじな》の化けるものと伝えられている由、平瀬麦雨君から新たに報ぜられた。ただし飛驒の高山のように、雪降りの晩に出るとはいわず、こちらは別に雪降り入道、雨降り入道などがあって、山から出てくるともいうが、これには一眼または一足の沙汰はないそうである。同君またいわく、何でも物の高低あるものを山の神というと書いたのは、いささか精確でない、むしろ高さのひとしかるべき物が不揃いになったのをそういうと言うべきである。通例の適用としては下駄と草履と片方ずつ履いたことを、履物を山の神に履いたというなどである云々。

▽一眼一足というような珍しい話が、かけ離れた東西の田舎に分布して存するのは意外だといって、青森県中津軽郡新和《しんわ》村大字種市の竹浪熊太郎氏が、その少年時代に聞いておら

れた次のような話を報ぜられた。この地方の山神祭は旧暦十二月の十二日である。この日は昔からたいてい吹雪が激しく、かつ野原に出ると山神に捕えられるといって、特に半日の休日になっている。山神はこの吹雪を幸いとして、背には大きな叺《かます》を負い、人間、ことに小児を捕えに里に出てくるという。これを見たという人はまだ聞いたことがないが、古い人たちの話ではやはり眼が一つで足が一本である。山神祭にはいずれも長さ二尺以上もある大きな草鞋《わらじ》または草履を片足だけ作って、村の宮の鳥居の柱に結びつけておくのである。これを見てもその一本の足というのがよほど大きなものと想像せられていたことがよく分かる。ただし今日ではこの風習もおいおい廃《すた》っていくようだとのことである。この話は南伊予の正月十五日の大草履片足の由来を推定せしめる材料である。すなわち山の神の一目というものが信ぜられていた一つの例証にはなるので、ただ残念ながら一目とはメッカチのことだという方の意見に対しては、何らの援助も得られないのである。

▽国書刊行会の某役員から、一目小僧の記事がこの八月かの会出版の『百家随筆』第一の五〇五頁「落栗物語」の中に出ているが知っているかとの注意であった。さっそく出して読んでみたがその大要はこうである。雲州の殿様がある時親しい者に今夜は化物の振舞いをするからこいと招かれたので、一同いかなる趣向かと行ってみると、淋しい離座敷に通され、やがて茶を持って出たのは面色赤く醜くして大きな眼の額のまん中に一つある小法師であった。次に出た給仕は身長七尺（約二一〇センチ）あまりの小姓であった。後で聞

いてみると後者は出羽から出た釈迦という相撲で十七歳で七尺三寸（約二一九センチ）ある少年、前者は侯の領内の山村に住んでいた片輪者で、こんな者が二人まで見つかったのでこの催しをせられたのであるという。珍しい話ではあるがこの材料は自分の手に合わぬ。どうしたことかを考える前に確かな話か否かを正してみねばならぬ。この書は京都の人の聞書であるというから、だいぶん多勢の好事家の耳口を経てきたものと思われる。

▽神様が眼を突かれたという話も、またその後三つ四つ集まってきた。小石川原町の沼田頼輔氏の知らせに、同氏の郷里相模国愛甲《あいこう》郡宮瀬村の村社熊野神社は、熊野様であるにもかかわらず、祭神が柚子《ゆず》の樹の刺《とげ》で眼を突かれたという伝説があり、それゆえに村内には柚子を栽えぬこととしてあり、また植えても実を結ばぬと申しているという。

▽信州小県《ちいさがた》郡長久保新町の石合又一氏の報道によれば、同地鎮座の郷社松尾神社でも、氏子の者が一般に胡麻を作らず、もし作ると必ず家族に病人ができるといい伝え、今でもこの禁を破る者がない。つい近ごろも他より寄留している者が、この説を信ぜずして胡麻を栽え、眼病にかかった例があるという。これは同郡浦里村の小林君が、他にもいくつか例があるといわれた一つであろうと思うが、すでに何ゆえにという点が不明になっていると見える。

▽また福島県三春町の神田基治郎氏からは同県岩瀬郡三城目《さんじょうのめ》村に竹の育たぬ理由を報ぜられた。昔鎌倉権五郎という武将が、竹の矢で目を射られようやくにしてこれを引き抜い

た。それ以来この村では、いかに他方面から移植してきても竹は成育せぬ。同氏も数回行ってよく知っているが、隣村にはあるのにこの村だけには竹を見ぬという。あるいは鳥海《とりのうみ》弥三郎と戦ったところはこの村だとでもいっているのであろう。単に御霊社があるだけでかくのごとき結果になるのでは、矢はまず竹だから、東北などでは竹を産せぬ地方が非常に多くなる都合である。

▽武州野島村の片目地蔵と同系の話が、東京のごく近くに今一つあった。これも十方菴の百年前の紀行に出ているが、東小松川村の善通寺は本尊阿弥陀如来、ある時里の鶏、小児に追われて堂に飛び込み、爪をもって御像の眼を傷つけた。それよりして今にこの阿弥陀の片目より、涙の流れた痕が拝せられる云々。これとても木仏金仏が人間同様の感覚を具えていたという以上に、格別霊験のたしにもならぬことを伝えるには、別に隠れたる理由があるものと解するのが相当である。これには仏様の中に特に子供がお好きで、子供のしたことはいっさい咎められぬお方があることを、考え合わせてみねばならぬ。

▽本多林学博士の編集せられた『日本老樹名木誌』の中には、また次のような例もある。土佐長岡郡西豊永村の薬師堂の逆《さか》さ杉は、もと行基菩薩の突き立てた杖であったという伝説がある。しかるにある時ある名僧がこの山に登ってきて、この杉の枝で片目を突き、それゆえにその霊がこの杉に宿って、今でも眼病の者が願掛けをすると効験があると称し、「め」の字の絵馬が樹の根元にたくさん納めてある由。ところが薬師如来はこんなことが

なくても、もとより眼の病を祈る仏様である。
▽仏教の方のご本尊に片目の話があっても、それを本国から携えてきたものとは言われぬ。名ばかり仏であり僧であっても、信仰の内容は全然日本式になってしまったものは、これのみではないのである。ことに地蔵尊がそうであるように自分は思う。
▽近江神崎《かんざき》郡山上村の大字に佐目という部落がある。以前は左目と書いていたようである。逆真上人という人の左の眼が流れてきて止まったところなるがゆえに左目というと、『近江国輿地誌略』巻七十一に出ている。逆真はいかなる人であったか、まだ自分はすこしも知らぬが、やはり土佐の山の名僧の一類であろう。
▽片目の魚の例もいくつか増加した。伊勢の津の四天王寺の七不思議の一つとして有名な片目の魚の池を、どういうわけで落としたかと「津の人」から注意せられた。自分は確かに知っている分だけを列記したので、この外にも無数に同じ話のあるべきを信じていた。津の話も由来等をもっと詳しく聞きたいものである。
▽作州久米《くめ》郡稲岡の誕生寺、すなわち法然上人の生地と伝うる霊場にも、片目の魚の話があったようだと、あの国生まれの黒田氏は語られた。
▽相良《さがら》子爵の旧領肥後の人吉《ひとよし》の城下の北に、一つの祇園《ぎおん》社があってまた片目の魚のいる池があった。祇園様が片目だから魚も片目だといっていたそうである。なおこれより上流上《かみ》球磨《くま》の田代川間《こうま》というところには、斑魚《まだらうお》という魚の口が二つあるものがいるとも伝えられ

た。参考のために取調べをさせ、なおできるなら右二種の魚の干物を取寄せてやろうと、同子爵はいわれた。

▽鰹魚《かつお》のすきな田村三治君が、かつて東海岸のある漁師から聞かれたところでは、鰹魚は南の方からだんだん上ってきて奥州金華山の沖までくるあいだはみな片目である。金華山の御燈明《おとうみよう》の火を拝んで初めて目は二つになるので、一同これまでは必ずやってくるといった。これは同じ方向にばかり続けて泳ぐので、光線の加減か何かで一方の目に異状を呈するのであろうと、今までは思っておられたそうである。

▽中村弼《たすく》氏は越後高田の人である。その話に、青柳の池の龍女に恋慕した杢太《もくた》という人のいた安塚の城は、高田から四、五里の地で、青柳村もまたその付近である。この青柳の池の水と地の底で通っているという話で、杢太は池に入って池の主となって後も、この水を伝ってしばしば善導寺の和尚の説経を聴聞《ちようもん》に来た。ただの片目の田舎爺の姿で来たそうである。どうやら見なれぬ爺だと思っていると、帰った後で本堂の畳が一所ぬれていたということである。

▽まだすこし残っているが、あまり長くなるようだからそれは第二の機会まで貯えておく考えである。ああつまらない話だったといわれなければよいがと思う。

（大正六年八月『東京日日新聞』）

# 目一つ五郎考

## 多度の龍神

加藤博士の新説に勇気づけられて、[10]自分のまだ完成せざる小研究を公表する。けだしこの仮定たるや、将来の事実蒐集者によって、だんだんと支援せられていく望みがあるとともに、たった一つの反証によってすら、根こそげ覆えされるかも知れぬいたって不完全なるものではあるが、すでに『民族』[11]誌上の問題となった以上は、早晩最も正しい解決に導かずにはおかぬであろう。そうして民俗学のすみやかなる成長は、自分たちの切なる祈願であるゆえに、これに向かってはいかなる犠牲でも惜しいとは思わぬのである。

上古の神の名に意外の暗示があるということは、前代多数の国学者によって承認せられている。もし他には一つも解説の手がかりがないというような場合には、あるいは微々たる語音の分析を試みてまでも、いわゆる言霊《ことだま》の神秘を尋ねる必要があるかも知れぬ。単に古人が謎詞《なぞことば》をもって露骨を避けたろうという想像だけなら、宗教行為の自然にも合したことであって、加藤氏の方法は要領を得ているのであろう。ただ天目一箇命《あめのまひとつのみこと》の問題については、別に若干の捜査を費やすべき粗雑な資料が保存せられている。大正五、六年の交、自分はその資料の著明なる一部分を、雑誌と新聞とに陳列しておいたことがある（一）。それはいずれもありふれた刊本に散見したものを、拾い上げただけの手数に過ぎなかったが、少なくとも神に目の一つなる神があることを、人が信じていた時代が久しいということだけは、いろいろの方面から証拠だてておいたつもりである。ゆえに例えば『播磨《はりま》風土記』の一つの神名[12]を、生殖信仰の暗示とする前か後には、明らかにこれと両立し得ない他の多くの言い伝えを、一応は始末しなければならなかったのである。しかし忙しい専門家にそんな手数を望むのは無理だ。ゆえに自分のごとき前からの行きがかりある者が、料理番、給仕人の役目をするのは是非ないことである。

できるだけ単純に物を考えてみようと努めるのがよいと思う。まず最初に天目一箇神が古今ただ一柱しかなかったという考えは、実は根拠がないからやめなければならぬ。時とところとを異にした二つの伝承が、同じ系統の家族によって、しかも内容を改めて録進せられたということは、極端に想像しがたいことだからである。すなわちある種の神様にはそういう御名をたてまつる風、もしくは神みずからしか名のりたまう風が、ややひろく行なわれていたと解すべき史料である。それではいかなる特徴に基づいて、その名が発生したとするかというと、第一次にはこの日本語の正面の意味、すなわちお目が一つだからマヒトツと称えたものと解して、それでは理屈に合わぬか否かを、吟味してみるの他はあるまい。わが民族にはかぎらぬ話だが、神が一つ目だという信仰は、少しずつ形を変えて今日まで伝わっている。信仰そのものを否認せぬ以上、それは珍しくも怪しくもない現象であった。

主として日本の手近の実例を挙げてみるならば、伊勢桑名郡多度山《たどさん》の権現様、近世江戸人の多くの著述に一目連《いちもくれん》と記すところの神は、雨をたまう霊徳今なお最も顕著であって、正しくお目一箇なるがゆえに、この名ありと信ぜられている。現在は式内多度神社の別宮であるが、かつては本社の相殿に祭られて、往々にして主神と混同する者があった。新しい社伝には祭神を天目一箇命とある。すなわちまた神代史の作金者と同一視せんとする例であって、この推測にはすこしの根拠はあったが、（二）雨乞いに参詣する近国の農人たちは少なくともそうは考えていなかった。神は大蛇であるゆえにこれを一目龍といい、（三）昔山くずれがあった後、熊手の先が当たって片目龍となり、それから今の権現池に入れたてまつって祭ることになったなどというそうである。（四）とにかく畏《かしこ》き荒神であって、大なる火の玉となって出でて遊行し、時としては暴風をおこして海陸に災いした。（五）すなわち雨師というよりも元は風伯《ふうはく》として、船人たちに崇敬せられていたらしいのである。（六）最初はおそらくは海上を行く者が、はるかにこの山の峰に雲のかかるをながめて、疾風雷雨を予知したのに始まり、後次第に平和の目的に利用するようになったのであろう。そうするとこういう威力のある神の名を、目一つと呼ぶに至った理由は、もとよりファリシズムではなかったのである。

(一)『郷土研究』四巻八号「一眼一足の怪」、同十一号「片目の魚」、同十二号「一目小僧」など、ならびに『東京日日新聞』大正六年八月下旬以後、二十余回に連載した「一目小僧」談の中に、おのおの「目一つ神」の古今いくつかの記事を引用しておいた。

(二)『姓氏録《しょうじろく》』右京神別下に、「桑名首《おびと》は天津彦根命《あまつひこねのみこと》の男、天久之比命《あめのくしびのみこと》の後也」とあるのを、郡名同じきによってただちにこの社の神とし、それから転じてまたの御名天目一箇命ともいうのであるが、社家以外の者には諒解しがたい理論である。主神を天津彦根命とした最初の事情も明らかでないが、あるいは古い口伝でもあったと見るべきであろうか。しかも父子別神ということすら山下の民は考えていないのである。

(三)『市井雑談集』上に、「此山の龍片目の由。依之一目龍といふべきを土俗一目連と呼び来れり云々」。

(四)『民族』一巻一一六頁、沢田四郎作君の報告による。

(五)「上社の扉開くを望んで、一目連の遊行を知る」という話があり(『周遊奇談』四)、または扉はなくして簾《すだれ》のみを懸け、神出遊の際にはその簾が飛び散るという伝えなどもあった(『緘石録《かんせきろく》』三)。

(六)北国地方でも不時の暴風を一目連というと『閑田次筆』巻一にあり、『市井雑談集』には「物の一斉に疾《と》く倒るゝを一目連といふ」とある。

## 神蛇一眼の由来

社伝と土地の口碑とがあい入れざる場合に、一方は文書の形を具え他方は空に行なわれているために、あるいはまた強いて公けに争おうとしなかったゆえに、後者を負けとするのが今までは普通の例であった。しかしこの類の民間の風説は、かりに巧みに作為する者があったとしても、ひろくこれを信じかつ記憶せしめることは容易でない。ことにその内容において必ずしも愉快ならず、単に信者の悔恨と畏怖とを要求するがごとき物語が、地を隔てかつ若干の細部の相異をもって、所々に流伝する場合にあっては、少なくともこれを一つの社会現象として、その起源を尋ねてみた上でないと、そういう速断はできぬはずである。そればかりでなく文書は通例後代のものであって、はたして確かなる根拠があるか否かを、検討せられなかった例が多い。多度別宮の祭神のごときも、わずかに『古語拾遺』の註に、「天目一箇命は筑紫伊勢両国の忌部《いんべ》が祖なり」とあるのが、おそらくはただ一つの証跡であって、もし前に一目龍の言い伝えがなかったら、これをこのお社の神に帰することも、むつかしかったろうとさえ考えられる。（一）しこうしていわゆる伊勢忌部《いせいんべ》のいかなる部曲《かきべ》であったかは、まだ何人《なんぴと》も説明し得ないことだが、はたして同族の一学者斎部広《いんべのひろ》成《なり》氏の説くところが正しかったとすれば、いわゆる片目の龍の言い伝えも、また彼らが後《こう》裔《えい》の記憶から出たものと、想像することができるのである。

播磨で天目一箇命を始祖とした家の言い伝えには、神が蛇形を現じたまうということは説かなかったが、同じ系統の賀茂の神話にあっては、別雷神《わけいかずちのかみ》の名によって御父の雷神であったことを知り、同じく箸塚《はしづか》の物語においては、御諸《みもろ》山の大神は美麗小蛇となって、姫の櫛笥《くしげ》の中にいたまうを見たとあるのである（三）。ゆえにもし伊勢にもこの類の由緒をもって、天神の御筋を誇らんとする者がいたならば、それが記憶せられて現今の口碑の元をなしたとも考え得るのである。蛇を祭り狐を拝むという信仰の本源は、もう少し親切な態度をもって考察せられねばならぬ。巫覡《ふげき》代表の力がすでに衰えて後は、人はしばしば幻に、人の形を示したまう神を見るようになったが、それは元来凡俗に許されざることであった。すなわち神がいろいろの物の姿をかりて、現れたまうと説明せられたゆえんであって、同時にまた生牲《いけにえ》の儀式の最初の動機が、近世の思想によって解し難い理由であろうと思う。

　神が次々に霊の宿りを移したまう場合には、それを同種の木石虫魚鳥獣等の、きわめて尋常なるものと差別すべく、外部に現れたる何らかの象徴がなければならなかった。あるいは単なる状況の奇瑞《きずい》もあったろうが、通例はその形について奇異とすべき点が見出され、それがやがては神の名となって、永く伝えられたもののようである。目一つという神が一方に天岩屋戸《あまのいわやど》の金工でもなく、忌部祖神の一つでもなく、また神龍の本体でもなかったなら、あるいは文字に基づいてどんな自由なる推測もできるか知らぬが、久しい年代にわたってわれわれが神を隻眼と考えた事例はあまりに多く、しかもその説明は制限せられていたのである。ゆえにまず古今の比較によって、どうしてそのような想像がひろく行なわれたかを、尋ねてみる必要が大いにあったのである。

多度の一目連がもと地中の蟄龍《ちつりよう》であって、たまたま土工の熊手の先に触れて、片目を傷つけたという説は荒唐である。あるいは神代に熊手があったという証拠を示せなどと、難題をかけられぬともかぎらぬが、不思議にこれに似た話は国々の神蛇譚に多い。その二、三をいえば飛驒《ひだ》の萩原の諏訪《すわ》神社は、佐藤六左衛門なる者金森法印の命を受けて、社を遷して城を築かんとした時に霊蛇出現して路にあたって動かなかったので、梅の折枝を揮《ふる》ってこれを打つと、蛇は眼を傷つけて退き去ったとあって、今もって氏子は梅の木を栽えることを忌んでいる。（三）阿波の福村の池の大蛇は、月輪兵部《つきのわひょうぶ》に左の眼を射られ、その霊、祟《たた》りをなして池の魚今もことごとく片目である。（四）駿河の足久保と水見色《みずみいろ》との境の山には、一つの池があって三輪同系の伝説をもっていた。昔水見色の杉橋長者が娘に、夜な夜な通う男があって、栲《たく》の糸を襟に縫いつけてその跡を繋ぎ、ついにこの池の主であることを知った。長者憤《いきどお》りにたえずして多くの巨石を水中に投じ、蛇はそれがために一眼を失い、その縁によって今も池の魚が片目であるという。（五）すなわち神ならば自然にかくのごとしといって、少しも疑う者はなかったろうに、いずれも特に人間の手によって、後に形を改めて目一つになったというのが、注意すべき要点ではないかと思う。佐渡の金北山の御《お》蛇河内《へびこうち》において、順徳院上皇御幸の時、山路に蛇を御覧なされ、こんなところでも蛇の眼はなお二つあるかと仰せられたゆえに、それ以後この地の蛇はみな片目になったという（六）などもその例外とはいうことができぬ。誤解にもせよそれは思し召しに基づき、土地の名をさえ御蛇の河内と呼んでいるからである。

（一）現に『神名帳考証』には鈴鹿郡の天一鍬田神《あまのひとくわたがみ》をもって、この忌部の祖神とし、多度の一目連はまた別の神だと説いている。

（二）雷神受胎談の国々の変化については、『民族』一巻六七五頁以下に説いておいた。ゆえにここには主として、その一、二の例が目一つ神であった点を説明したいと思う。

（三）『益田郡誌』四一九頁及び五六七頁。

（四）『郷土研究』一巻九号五七頁。

（五）『安倍郡誌』七九三頁。

（六）茅原鉄蔵老人話。

## 一つ目と片目

雷を一つ目と想像した近世の例は、『落穂余談』の五の巻に一つある。豊後《ぶんご》国のある山村の庄屋、山に入って猟をする時、山上の小さな水たまりのはしに、年のころ七、八歳の小児の、総身赤くして一眼なる者が五、六人おって、庄屋を見てリュウノヒゲの中に隠れた。これを狙い撃つにあたらず、家に帰って見ると女房に物が憑《つ》いて恐ろしいことを口走って狂い死んだ。われは雷神である。たまたま出て遊んでいたのに、何としてわれを撃つぞといったということを、その庄屋から聞いた者がある云々。いわゆる別雷少童の信仰がすでに改まって後に、こういう幻がなお民間に残っていたのは珍しいが、それが偶然でなかったということを確かめるには、さらに他の多くの類例を待たねばならぬのである。

山に住む神の目一つであったことだけならば、挙げ切れぬほどの記録があるのだが、その信仰は早く壊れてしまって、これを神話の神々と同一視することを許されなくなった。しかし単なる妖怪変化とても、由緒なしにはかくまでひろく、人心を支配することはできなかったはずである。あるいは外国の空想を借用したかのごとく臆断していた人も、一たびその類例の多くが山に属し、久しい変遷を重ねて終始常民の生活と交渉したことを知るならば、後には態度を改めて彼とこれと、かつて何らかの脈絡のあったことを、考えてみずにはおられまいと思う。目一つの鬼の最も古い記事は、『出雲風土記』の阿用《あよ》郷の条にあって、これは田作る人の鬼に食わるるとて、アヨアヨと叫んだという地名説話になっている。その次に私の知っているのは近江の安義《あぎ》橋で旅人を追っかけたという『今昔』の物語[13]、面は朱の色にて円座のごとく、広くして目一つあり、長《たけ》は九尺（約二七〇センチ）ばかりにて手の指三つ、爪は五寸（約一五センチ）ばかりにて云々とあるもの、それからまた『宇治拾遺』の方は、児童もよく知る瘤《こぶ》取りの話の他に、今一つは越前の人、伊良縁《いらえ》の世恒《よつね》、毘沙門《びしゃもん》を信じて福を得た話がある。神より授かったる一通の下し文に、米二斗を渡すべしとあるを持って、教えのままに高き峰に登り、大声にナリタと呼ばわれば、ただ見る額に角ありて目一つある物、赤き犢鼻褌《たふさぎ》をして忽然として彼が前に現れ、下し文の面について米の袋を渡す。その袋はいわゆる取れども尽きぬ宝であったとある。(一) この類の化物《ばけもの》は常に仏法にうとまれ、光なき谷の奥に押しやられていながら、何か人間に奇瑞《きずい》の必要ある場合ばかり、こうして傭《やと》われてきて空想の隙間をみたしたので、その物語のいかにも付きが悪く、何か説明の届かぬように見える部分があるのは、おそらくは古い記憶の断片なるがゆえであろう。

中古以来の百鬼夜行画巻などは、またこれよりもいっそう自由なる空想の所産であるが、なおかつ暗々裏にこれを導いて、おおよそ世人の信ぜんとするところに向かわしめた何物かがあったらしい。中でも目一つは記述描写がことに区々《まちまち》であって、名まず存して形は後に案じたかとみえるにもかかわらず、ある種の約束のその行動を限定するものがあったのである。例えば川童《かわわらわ》は常に眼が二つであるのに、山童《やまわらわ》になると一つに描いており、(二) 阿波土佐その他の山中において、山人または山父と称し、よく人の意中を知るなどという霊物も、一眼にしてまた一足であるといっていた。(三) 何ゆえにひとり山に住む異形のみが、そのような特徴をもってひろく知られていたかは、必ずしも気まぐれなる小さい問題でない。気力ある若い学者ならば、幸いに日本にばかり豊富に残留した資料を処理して、これによってギリシア・北欧の神話にも共通した、神秘の謎を解き得る望みさえあるのである。この希望があるゆえに、かりに当分は明晰なる結論に達することはできずとも、自分だけは今少し辛抱強く考えていきたいのである。

片眼と片足との関係についても、四国の山神は二者をかね、東国一帯においては主として一本脚のみが伝えられ、また他の地方には目だけの不具を説いている。この地方的変化は確かに比較の価値があると思うが、それは長くなるゆえに別に一章にたてた方がよい。差しあたり自分のすこしく研究してみたいのは、目一つが単なる妖怪とまで零落して来た経路である。出雲の阿用郷の鬼の話はあるが、現在でもまだ一般にはこの化物の害悪というものが説かれてはおらぬ。単に目が一つで恐ろしいからおびえた。何をするか知れぬと思って逃げたというまでで、魔神の段階としてはいたって初期に属するのみならず、なお時としては好人に好意を送り、あるいは懇請を聴許したという例さえある。すなわち出現の目的はむしろ信じ得ざる者を信ぜしめ、礼なき者を威嚇するにあったとみても差しつかえなく、かつてはまた当然の崇敬を受けていた時代のあったことも、ほぼ想像し得られるのである。江戸では近世に入って一目小僧と称し、狸などの変化《へんげ》してしばらくその相を示すようにいう人もあったが、もちろん証拠を挙げ得べき事柄でもない。小僧というといかにも軽々しいけれども、一つ前にはまた目一つ坊ともいった(四)。奥州ではヒトツマナグ(五)、日向ではメヒトツゴロというのが同じものである(六)。この最後の名称は、特に自分の注意して原由を考えんとするところであるが、その分布区域は思いの外ひろく、現に『長崎方言集覧』にも目一つの怪物を目一つ五郎、肥後でも球磨《くま》川水域では、それが山に住み谷の崖路などに現れる妖怪の名である(七)。五郎にはあるいは深い意味はないのかも知れぬ。鹿児島県のごときはことに何にでも五郎をつけ、一つ眼をメヒトツゴロ、川童をヘジゴロと呼ぶ以外に、兎はウサンゴロ、眼玉が大なればメンゴロ、朝寝をすればアサネゴロ、無精者は、フユシゴロ、はにかみ屋はイメゴロである（八）。大分県でもむだ口をシナ、むだ口をきく者をシナゴロという土地がある。唖を中国辺でオシゴロまたはウシゴロ、それを単にゴロとのみいうのも、根源は一つらしい。すなわち五郎は最も平凡なる男子の通称であったゆえに、こうして綽名《あだな》の台に用いたことは、かの助兵衛土左衛門の同類とも考えられる。しかしそれにしたところが、これを堂々たる目一つの妖魔に付与するに至ったのは、相応の理由がなくてはならぬ。その上に目一つの神を五郎と呼んだ例は別にまだいろいろとあるのである。

それを説くに先だって一言付加しておくことは、化物の目一つは顔の中ほどに恐ろしく大きいのが始めから一つあり、一方に多度の龍神などは傷ついて片目になったのである。二者を混同するのはやはり、また名に囚われたという非難を受けそうであるが、これは想像の成長として説明することができると思っている。信州の須坂辺で欅《けやき》の大木の株から、額に眼の穴一つある髑髏《どくろ》を発掘した話があり（九）、あるいはまれには畸形児が生まれたという話もあるから（一〇）、そのような想像は強められたかと思うが、元来、姿を人間として眼だけまん中に一つと考えることは、あまりにも現実から遠くなる。ゆえに土佐の山爺に関しても、あるいは説明して実は一眼に非ず、ただ一眼ははなはだ大にして光あり、他の一眼ははなはだ小さし。ゆえにちょっと見れば一眼と見えるので、人誤ってこれを一眼一足というなりなどと説明をした者もあったが、（一一）これもまたよほどむつかしい話であった。ところがこのような珍しい考え方にもなお類型がありまた伝統があった。金田一氏の調べておらるるアイヌラックルの物語の中に、強い神の形容として、一つの目は山椒《さんしょ》粒のごとく他の一つは皿のごとくという句がしばしば出て来るということである。野州足利《あしかが》の鑁阿《ばんな》寺《じ》の文書に、この寺の願主足利義兼、臨終に身より血を出して、つぎのような記文を手書したと伝えている。いわく予神となってこの寺の鎮守となるべし、まさに一眼を開き一眼を閉じんとする。一眼を開くはこの寺の繁昌を見んがため、一眼を閉ずるのはこの寺の衰微を見ざらんがため云々（一二）。これはよっぽど無茶な理由ではあるが、たぶんはそういう面相をした木像などが、永くこの寺に伝わっていたからであろう。どうしてまたそんな姿を遺したかというと、自分の仮定では、左右両眼の大きさの著しい相異が、神と崇められもしくは大神に奉仕する者の、大切なる要件であった時代がかつてあったのかと思っている。そのことをできるならば、証明してみたいと思う。

（一一）　詳しくは『宇治拾遺物語』巻一五。この最後の一話の固有名詞には、何か暗示があるらしく思うが、自分はまだこれを看破るの力がない。また強いてそうするにも及ばぬと思う。

（一二）　『日本風俗志』上巻に転載した妖怪古図などはその一例である。これはただし一手一足で、両手で樹枝を持っている。

（三）これにはたくさんの実験談らしきものが記録せられている。日本では奇妙に手のことだけは注意せず、「目一つ足一つ」に手も一本であったという話を聞かぬ。これが西洋のと異った要点である。
（四）例えば『嬉遊笑覧《きゆうしようらん》』巻三の引用した浄土双陸の絵など。
（五）『遠野方言誌』。
（六）『民族』二巻五九一頁。
（七）小山勝清君談。
（八）『鹿児島方言集』による。
（九）『信濃奇勝録』巻五。
（一〇）『本朝世紀』久安六年十一月九日の条に例一つ、『宗祇《そうぎ》諸国物語』巻五にも一つ。
（一一）『南路志続篇稿草』の巻二三、怪談抄。
（一二）『大日本史料』四編巻六、正治元年三月八日足利義兼入滅の条。

## 神片目

眼の左右に大小ある人はもとより多いが、それの特に顕著でありまた一般的である場合には、いわゆるアヤカリをもって説明せられる。例えば福島県石城《いわき》郡大森の庭渡《にわたり》神社などは、以前の本地仏《ほんじぶつ》庭渡地蔵尊の像、美容にして片目を小さく造ってあった。それゆえに大森の人はみな片目が小さいといい、しかも美人の生まれぬのも鎮守様が器量よしだからといっていた（一）。自分の生まれ在所では村の氏神と隣村の氏神と、谷川を隔てて石合戦をなされ、あちらは眼にあたって傷つかれたゆえに、今でも隣村の人は片目が小さいといったが、しかもこちらの社の門客神《かどまろうどがみ》、いわゆる矢大臣がまた片目を閉じた木像である。幼小のころからこれを不思議に思って、今も引続いて理由を知りたいと願っている。片方の目は一文字にふさいで、他の一方は尋常に見開いているのが、二体ある像の向かって右手の年とった方だけであったように記憶する。今でもまだあろうから確かめることはできる（二）。もちろんこの彫刻は定まった様式に従ったままで、特にこの社のみにかぎられたことではなかろうが、他の実例はあの地方ではまだ心づかぬ。

ところが数百里を隔てた東部日本の田舎に、かえって早く知られていた片目の木像がある。例えば福島の市から西の山、信夫《しのぶ》の土湯村の太子堂には、太子御自作と称する本尊がそれであった。この像もと鳥渡《とりわた》村の松塚という地に安置せられたのが、後にみずから飛行して土湯村の沢のあいだに隠れていた。一人の猟夫かつてこの地を過ぐるとき、われを山上に負い行き守護したてまつれという声が草の中から聞こえたので、驚きもとめてこの像を発見した。すなわち恐懼《きょうく》してこれを負い高原の平地に移したというのである。それにつけ加えた大不可思議は、この際猟人が大角豆《ささげ》の蔓に蹴つまずき倒れ、胡麻《ごま》の稈《から》で尊像の眼を突き傷つけたという古伝であって、現に近世までもお目から血の流れた痕があり、また当村の人はいずれも片目が細かった。その上に太子の御印判と名づけて、村民ことごとく身体に痣《あざ》があるとさえいったのである。（三）これは太子がみずから不具の像を作りたまうということが言えないために、こういう風に語り伝えることになったのであろうが、像が傷ついたか、はた傷ついた像であったかは、一見して区別し得たはずである。御目より血流るといえば、恐らくは眼の部分が破損していたのではなく、最初から片目を閉じて作られてあったのを、生人と同じく後に相貌を変じたもののごとく信じていたらしいのである。

　すなわち片目の神像は、別に何かそのように彫刻せらるべき理由があったのである。上州伊勢崎に近い宮下の五郎宮、一名御霊宮また五料宮とも称する社の神体は、狩衣《かりぎぬ》、風折《かざおり》烏帽子《えぼし》の壮士の像であって、また左の一眼を閉じて作られてあった。その理由ははなはだ不明で、氏子たちはそう古くからのものとも考えていなかったらしいが、一方に賀茂の丹《に》塗矢《ぬりのや》と少し似かようた社伝があるために、私にとって相応に重要な資料である。昔利根川がこの近くを流れていたころ、一本の矢が流れて来て村の人がこれを拾い上げた。後にしばしば霊異を現じたので、それを祭って鎮守の神とした。その矢、人に盗まれて今の木像を安置することになったというのだが、（四）二つのでき事のあいだには今少し深い関係があったかと思われる。もしこのお姿が古伝によって作られたものならば、この矢はまたおそらくは多度《たど》の一目龍の熊手にあたるものである。

　けだし偶像をもって神体とする慣行が、単なる仏法の模倣ともいわれないのは、それが数多く旧社に保存せられて、何か別途の目的に利用せられていたのではないかと、思うような形状を具えているからである。そうして社殿に人形を置くべき必要はいろいろあり、その人形は同時に霊物であったから、これを別のところに安置すれば、優に一座の小神として、拝祀するにたりたわけである。御霊が古今を通じて一方には独立して崇める神、他の一方には大社の主神に臣属して、統制を受ける神であったことを考えると、特に木像神体の習わしが、この方面に始まったことは想像してもよい。単に想像に止まらず、その例証も少しばかりはあるのである。

諸国に分布するところのたくさんの御霊《ごりよう》神社が、鎌倉権五郎景政を祀るという説は、もと片目の木像の存在によってその信用を強めたのであるが、すでに上州伊勢崎のような五郎宮もある以上、今一度その像のはたして彼の伝記に基づいたものか否かを、突き止めておく必要がある。景政年わずかに十六歳にして出陣し、片方の眼を冑《かぶと》の鉢付《はちつき》の板まで射貫かれて、そのまま答《とう》の矢に敵を射殺したという恐ろしい話を、最初に述べたてたのは『保元物語』の大庭《おおば》兄弟であるが、実際かの兄弟がわが先祖の事蹟として、そう信じていたかどうか。この物語の成立が古くても鎌倉時代を上らず、今ある各異本の親本が、どれだけの口承変化を経て文字に写し取られたかも確かでない以上は、疑う余地は十分にある。(五)しかも一方には南北朝期にできたという『後三年合戦記』が、おおよそ同じ形をもって同じことを書き記しながら、おかしいことは彼には左の眼、これには右の眼を射られたことになっているのである。(六)

京では上下の八所御霊が、主として冤厲祟《えんれいたた》りをなす人々を祀ったと認められたにかかわらず、鎌倉の御霊だけは別にめでたく長命した勇士を祭るといったのも、ずいぶん古くからのことであるらしい。『尊卑分脈』に鎌倉権守景成の子同じく権五郎景正、御霊大明神これなりとあるのは、（七）ことによると後の攙入《ざんにゅう》と見た方がよいかも知れぬが、すでに鎌倉幕府の初期において、景政という名前が御霊の社と関連して、世に知られていたことは注意に値する。『吾妻鏡《あずまかがみ》』を見ると、文治二年の夏秋にかけて、しきりにこの社の怪異が申告せられ、人心はすこぶる動揺しておった。ところがその年も暮れに近くなって、下野《しもつけ》の局という女房が夢の中に、景政と号する老翁きたって将軍に申す。讃岐《さぬき》院《いん》天下に祟りをなさしめたまうを、われ制止し申すといえどもかなわず、若宮の別当に申さるべしといった。夢覚めてこれを言上するや、武家は若宮別当法眼房に命を下して、国土無為の祈を行なわしめたとあるのである。鎌倉の若宮も諸国の同名の社と同じく、御霊の祟りを鎮めるために、本宮にさきだって鶴ケ岡に祭られた神であった。そうしてこの老翁の景政はみずからその助手のごとき地位におろうとしている。それがはたして大庭・梶原らの先祖であり、また後三年役の武勲者のことであったか否かは、夢の記事だけに確かめようもないが、とにかくにその後鎌倉の御霊社を目して、鎌倉権五郎を祀るとした説の、基づくところは久しいのであった。ただここで問題となるはその神の片目は、その伝説の原因であるか、はたまた結果であるかである。

（一）高木誠一君報。『民族』二巻二号、また『土の鈴』一〇号。

（二）土地を精確に記せば、兵庫県神崎《かんざき》郡田原村大字西田原字辻川の鈴の森神社である。

（三）『信達一統誌《しんたついっとうし》』に『信達古語』という書を引用して、なおこの外に鹿落沢・尋沢・塩野川・荒井川などの地名伝説を記述している。太子信仰の聖徳太子以前からのものらしいことは、他日片足神の研究のついでにこれを細説する必要がある。

（四）『上野《こうずけ》志料集成』第一編に載録した『伊勢崎風土記』下巻。寛政十年の自序はあるが、それ以後の追記も多い。神の矢を盗まれたのは六十余年前とあるのみで、確かな時は知れない。

（五）『前太平記』の類の演義文学が、『保元物語』の文辞を踏襲しつつ、末に「今は神と斎《い》はれたる鎌倉権五郎」の一句を付加しているのは、物語成長の一実例であろう。『保元物語』は二条院の御時、多武峰《とうのみね》の公喩僧正、因縁舞の児のために作るという一説は、もとより現存の詞草に筆を下したことを意味しなかったと思う。

（六）『康富記《やすとみき》』文安元年閏六月二十三日の条を見ると、少なくともあの時の『奥州後三年記』は内容が現行の『後三年記』と同一である。池田家には貞和三年の玄慧法師端書ある異本を蔵するという。それも右の眼を射貫かれたとあるか否かを尋ねてみたい。それより以前にも『後三年合戦絵』のあったことは、『台記《たいき》』承安四年の条にある。いつころから景政眼を射らるる話が入ったかが興味ある将来の問題である。なお『源平盛衰記』石橋山の条にもこの話があって、これは右の眼の方に属している。国々の景政木像の片目が右か左か、これを統計してみるのもおもしろかろう。

（七）『続群書類従』の系図部などを見ても、景政の父祖の名は家ごとに区々である。それからたいていはその子孫の名が見えておらぬ。注意すべきことである。

## 御霊の後裔

何人《なんぴと》も今まで深く注意しなかったことは、御霊景政説が鎌倉の本元において、かえって必ずしも強く主張せられないことである。したがって諸国の御霊社の、現に鎌倉から勧請《かんじよう》したと称するものも、なお意外なるいろいろの由緒を存し、さらにまたその外にもこれと独立して、珍しい信仰と伝説とがある、これをことごとくかつて鎌倉に始まって遠く流布したものと見ることは困難なようである。そこで実地の比較を試みると、地方によって無論若干の異同はあるが、大体つぎのごとき諸点が、今日の社記や口碑の特徴として数えられる。そうしてその大部分は鎌倉の本社の与《あずか》り知らなかったことであるらしい。

第一には主として奥羽地方でいう片目清水、すなわち権五郎が戦場からの帰途に霊泉に浴して矢の傷を治したという伝説である。例えば羽前東村山郡高擶《たかだま》の八幡神社にも、景政の来り浴したという清池があり、その折鎌倉より奉じ来った八幡の鋳像を、岸の樛木（ヌルデ?）にかけておいたら、霊異があったのでこの社を建立したと称し、今も境内社の一つに御霊社がある。（一）羽後の飽海《あくみ》郡平田村の矢流川も、景政射られたる片目をこの水に洗うと称して八幡の社がある。川に住む黄顙魚《かじか》はこれによってみな片目なりといっている。（二）同じ山形県の名所の山寺にも、景政堂があった。土地の虫追祭にこの堂から鉦《かね》、太鼓を鳴らして追えば、虫たちまち去るといったのは正しく悪霊退治の信仰だが、ここにも景政の目洗い池、片目の魚の話があり、この山すなわち鳥海の柵址《さくあと》とさえいう者があった。（三）それから嶺を越えて福島の平野に下ると、城下の近くの信夫《しのぶ》郡矢野目村は、景政眼の傷を洗って平癒したゆえに村の名ができたといい南矢野目にはまた片目清水がある。後世池中の小魚ことごとく左の目眇《すがめ》であるのは、傷の血が流れてこの清水にまじったからというそうである。（四）宮城県では亘理《わたり》郡田沢村柳沢というところに、景政を祭るという五郎宮、一名五郎権現があった。柳沢本来は矢抽沢《やぬきさわ》であり、祭神が鏃《やじり》を抜き棄てたゆえにこの名があると説明せられた。（五）こういう実例は多くなるほど証拠としては弱くなるが、それでもまだ奥州路ならば、ここだけは本物とも強弁することができる。よくよく説明のむつかしいのは、信州伊那の雲彩寺などの、やはり権五郎来って眼の傷を洗ったと伝うる故跡である。池の名を恨《うらみ》の池と呼んでいるのは、恐らくは別に同名の異人があって、その記憶を誤ったことを意味するかと思うが、ここでもその水にいる蠑螈《いもり》は、今にいたるまで左の眼がつぶれているといっている。（六）要するに伝説の景政は単に超人的勇猛をもって世を驚かすのみで満足せず、一応は必ず霊泉の滸《ほとり》に来て、神徳を魚虫の生活に裏書することになっていたのである。（七）これに基づく信仰が一転して眼病の祈願となり、例えば武州橘樹《たちばな》郡芝生村の洪福寺に、景政の守り本尊、聖徳太子の御作という薬師坐像を、目洗い薬師と名づけて崇敬したなどというのは、いたって自然なる推移であった。

第二の特徴として注意すべきは、景政が神を祭り仏堂を建立し神木を栽えまた塚を築いたという口碑が、北は奥羽から南は九州にも及んでいることである。すなわちこの人の神に祀られるに至った主たる理由は、自身がまず非常に信心深く、より大なる神に仕えて最も敬虔であったゆえに、その余徳をもって配祀を受けたというものの多いことである。これにもたくさんの例をあげ得るが、先を急ぐから省略する。奥羽の方面の例は前に述べたが、九州においてもやはり主神を八幡とし、男山石清水《おとこやまいわしみず》を勧請《かんじよう》したという場合が多く、たいてい今は相殿《あいどの》の一座を占め、そうでなければ境内の主要なる一社であることが、若宮八幡との関係によく似ている。(八)十六歳の時に眼を射られて全治したという以外に、これという逸話もなかった権五郎としては、実際主人の八幡太郎と縁の深かった八幡神の関係を除いては、かようにひろく祭られる理由は考えようがないわけである。

第三の特徴は、この神が常に託宣によって、神徳を発揮したらしきことである。品川の東海寺にある鎮守の御霊社は、長《たけ》一尺四寸（約四二センチ）、幅三寸（約九センチ）あまりの板を神体とするが、これはかつて当時門前の海岸に漂着したものであった。これを祀った小丘を景政塚といい、景政の塚はこれだといっていたが、(九)突然にそんなことの知れたのは神の告げであったろう。告げを信じたのは祟りがあったからかと思う。もっと明白なのは福島郡仁井田の滑川《なめかわ》神社の御霊である。景政征奥の途次この地において水難に会い、村の人に助けられて謝礼の歌を短冊《たんざく》に書いて残したというものが、四百十余年後の文明三年に、初めて神体としてこの地に祭られたのである。それからまた九十年後にも、領主の滑川修理《しゅり》が新館を築く際に託宣があって、旧恩を謝するためにこの地に鎮護せんと告げた。そうして今日まで八幡天神と合祀せられているのである。（一〇）こういう隠れたる事由がなかったなら、多くの御霊社の口碑は実は虚妄になるのであった。記録の証跡はなくとも由来談は自由に成長して、聞く人のこれを疑い得なかったというのは信仰である。最初いたって不明であった権五郎の事蹟が、世をおうて次第に精《くわ》しくなったのはこの結果と見るの他はない。したがって古くは『吾妻鏡』に記すところの、鎌倉の女房の夢に見えた景政なども、あるいは間接に今日の御霊社社伝に参与しているのかも知らぬ。ただ問題はいかにしてそのような夢が、語られることになったかに帰着するのである。

　最後に一番重要なる特徴は、諸国に景政の後裔のだんだんに顕われてきたことである。その中で目ぼしきものは上州白井の長尾氏、これは系図にも景政の後と書いて、熱心に御霊を祀っていた。（一一）信州南安曇《あずみ》の温《ゆたか》村にもその一派が居住し、後に越後に移って謙信を出したのである。（一二）奥州二本松領の多田野村において、御霊を祀ったのも長尾氏であった。只野、油井などの苗字に分かれて、今もかの地方に栄えている。子孫五流ありという説なども彼らから出たのである。（一三）長州藩の名家香川氏もまた景政の後といい、その郷里安芸《あき》の沼田郡八木村には景政社があった。近世改修して眇目《すがめ》の木像が神体として安置せられてあった。（一四）

野州芳賀《はが》郡七井村大沢の御霊神社なども、神主の大沢氏はもと別当山伏であって、寺を景政寺と称し梶原景時の裔《すえ》といっていた。景時この地を領する時に建立したと伝えるが、社は八幡三所を主神としてこれに権五郎を配し、さらに今では日本武尊《やまとたけるのみこと》の御事蹟を語るところから、その従臣の大伴武日尊《おおともたけひのみこと》をさえ合祀しているのである。（一五）その他能登では鳳至《ふげし》郡谷《や》内《ち》村、打越の与兵衛という百姓が、鎌倉権五郎の子孫であり、（一六）東国にもたしか同じ言い伝えを持つ農民があった。

自分は今に及んで彼らが系譜の真偽を鑑定せんとするような、念の入りすぎた史学には左《さ》祖《たん》する気はない。真にせよ偽にせよ、はた巫覡《ふげき》の夢語りにせよ、何ゆえに当初かようなことを信ずべき必要があり、それがまた地を隔ててこの通り一致したか。別の言葉でいえば、景政を先祖にもつということの意義如何《いかん》。所領相伝の証拠にもならず、ないしは血筋の尊貴を誇るべき動機でもなしに、なおこの類の由緒を大切にしたゆえんのものは、別に何か目の一つしかない人の子孫であることが、特に神寵《しんちょう》をもっぱらにすべき隠れたる法則があったのではないか。陸前小野郷の永江氏のごときは、鬱然たる一郡の巨姓であって、必ずしも御霊の信仰に衣食した者でないにもかかわらず、寺を興し社を崇敬して、すこぶるかの地方の景政遺跡を史実化した形がある。白井の長尾氏、芸州の香川氏などもその通りで、これはむしろ家の祖神の言い伝えの中に、偶然に眼を傷つけたる物語が保存せられていたために、進んで解釈を著名の勇士に近づけた結果かも知れぬ。そうすればまた源にさかのぼって、鎌倉の御霊に奉仕した梶原その他の近郷の名族が、かえって今ある『保元物語』の奇談の種を、世上に供給するに至った事情もわかるのである。(一七) ただしいかなる場合にも、伝説の原因は単純でないのが常である。ことにその発生が古ければ、いっそうこれを分析することが面倒である。長たらしくなるがこのついででないと、こんな問題を取り扱うことはできぬゆえに、今少しく辛抱して神と片目との関係を考えていこうと思う。

(一)『明治神社誌料』による。
(二)『荘内可成談《なるべしだん》』。『和漢三才図会』巻六五に、鳥海山の麓の某川とあるのも同じところのことらしい。
(三)『行脚《あんぎや》随筆』上巻。
(四)『信達二郡村誌』巻一〇下。および『信達一統誌』巻六。
(五)『封内名蹟誌』巻五。『封内風土記』巻八。
(六)岩崎清美君編『伝説の下伊那』。
(七)ひとり魚やいもりだけでなく、安積《あさか》郡の多田野村などでは、村に御霊社があるために、この地に生まれた者は一方の目が少しく眇すとさえいわれている。
(八)『民族』二巻一号「人を神に祀る風習」を参照せられたし。
(九)『新編武蔵風土記稿』巻四六。
(一〇)『北野誌』首巻付録二八三頁。
(一一)『上毛伝説雑記』巻九に御霊宮縁起を伝え、この神九歳の時力成人に超え、十歳より戦場に出たなどと述べている。すなわちまた神みずからの言葉を書きとどめたものであろう。

（一二）『南安曇郡誌』による。
（一三）『相生集』巻二、巻一〇など。
（一四）『芸藩通志』巻七、『陰徳太平記』の著者香川宣阿。歌人香川景樹の家などもこの一門の末で、御霊は鎌倉のを拝むべき人々であった。
（一五）『下野神社沿革誌』巻六。
（一六）『能登国名跡志』上巻。
（一七）権五郎景政が信心の士であったことは、『吾妻鏡』巻一五、建久六年十一月十九日の条に見えている。後世かの一門を御霊社と結びつける力にはなっていたかと思う。いわば彼はわれわれの立場から見ても、なおその片目を傷つけらるるにたる人であった。

## 神人目を奉る

九州の一つ目信仰には、まだいろいろと考えてみるべき点が残っている。薩摩では日置《ひおき》郡吉利《よしとし》村の御霊神社、神体は木の坐像が八軀《く》であって、なお権五郎景政を祭ると伝えている。当村鳩野門《はとのもん》に居住する農民某、これを鎌倉より奉じ下る者の苗裔《びょうえい》と称して、今でもこの神社の祭典に与かっているが、その家の主人は代々片目である。（一）代々片目ということはよほど想像しにくい話だが、こんなことにまで遠方の一致があった。甲州では古府中《こふちゅう》の奥村氏、山本勘助の子孫と称して、代々の主人が片目であった。（二）山本勘助ははたして実在の人物か否かさえ問題となっているが、その生地と称する三州の牛窪《うしくぼ》では、左甚五郎もここから出たと伝えている。これが同国横山の白鳥六所大明神において、この神片目なるゆえに村に片目の者が多いという話(三)、もしくは前にあげた自分の郷里の隣村などの例と、源頭一つであることは想像してよかろう。

そうすると次に問題になるのは、何ゆえに神にそのようなおぼしめしがあるかということであるが、これは単に古くからそうであったからと、一応は答えておくの他はあるまい。自分は以前片目の魚の奇瑞《きずい》に関して、二つ三つの小発見をしたことがあるが、その一つはこの魚の住むのは必ず神泉神池であって、魚の放養が生牲《いけにえ》の別置に基づいたらしいこと、第二には神が特に魚の片目を要求したまうらしきことであった。例えば魚釣りの帰路にあやかしに逢い、帰って魚籠《びく》を開いてみたらことごとく眼を抜いてあったという話があり、遠州の南部などでは深夜天狗が殺生に出ると称して、神火の平野水辺を来往するを見ることがあるが、その当座には水田に泥鰌《どじょう》の片目なるものを多く見かけるといっていた(四)。東京の近くでは上高井戸村医王寺《いおうじ》の薬師の池に、眼を患うる者一尾の川魚を放して祈願をこめるが、その魚類はいつとなくみな片目になっている。夏の出水の時などに下流で片目の魚をすくい得たときは、これは薬師の魚だといって必ず右の池に放すということである(五)。すなわち数かぎりもない同種の言い伝えは、たいていは神がその方を喜ばるるゆえと、説明することができるのである。

しかも生牲が魚である場合には説明はむしろ容易で、かくして神の食物を常用と区別し、その清浄を確保したといえるのだが、その理論は推して他の生物には及ぼしがたい。加賀の大杉谷では、那谷《なた》の奥の院と称する赤瀬の岩屋谷の観音堂付近において、大小の蛇ことごとく片目なりということ、あたかも佐渡金北山《きんぼくさん》の御蛇河内のごとくであった。現在は物語風に、やすと称する片目の女、旅商人にあざむかれて、恨みを含んで身を投げて死んだなどというが、今でも小松の本蓮寺《ほんれんじ》の報恩講には、必ず人知れず参詣すると称して、本来は信仰に基づいたらしい言い伝えであった（六）。越後頸城《くびき》郡青柳の池の主なども、付近の某大寺の法会《ほうえ》のおりに人知れず参拝し、後に心づくと一つの席が濡れているなどといったが、これはもと安塚《やすづか》の城主の杢太《もくた》という武士で、美しい蛇神と縁を結んで池に入って主になった。それでこの池の魚も片目になったという（七）。野州上川《かみのかわ》城址の濠の魚もみな片目だが、これは慶長二年五月の落城のとき、城主今泉氏の愛娘が身を投げて死んだ因縁からという（八）。その際匕首《あいくち》をもって一眼を刺して飛び込んだというからには、これもまた同系の話である。作州白壁の池にも片目の鰻《うなぎ》住み、ここにもかつて片目の馬方が、茶臼を馬に負わせて来て引き込まれたという話があった（九）。同じ例はなお多かろうと思うが、いずれも水の神が魚のみか人の片目なる者をも愛し選んだという証拠であって、それはもちろん食物としてではなく、たぶんは配偶者、少なくとも眷属《けんぞく》の一人に加える場合の、一つの要件のごときものであったのである（一〇）。

　自分はつとめて根拠の乏しい想像を避けようとしているが、なお一言を費やさざるを得ないのは、早く古浄瑠璃の中に影を潜めた権五郎雷論《いかずちろん》の起源である。あるいは「景政いかずち問答」と題する曲もあって、現存のものは終始金平《きんぴら》式武勇を演じ、雷は単に名刀の名に過ぎぬが、これを若君誕生の祝いに献上したというのを見ると、何か上代の天目一《あめのまひとつ》神《のかみ》神話から筋を引いたものがあるのではないか、なお本文について考究してみたいと思う。（一）

眇《すがめ》をカンチというのは鍛冶の義であって、元この職の者が一眼を閉じて、刀の曲直をためす習いから出たということは、古来の説であるが自分には疑わしくなった。秋田県の北部では、カジというのは跛者《はしゃ》のことである。（二）おそらく足の不具なる者のこの業に携わった結果であって、別に作業のためにそんな形をまねたからではあるまい。作金者天目一箇の名から判ずれば、事実片目の者のみが鍛冶であったゆえに、眇者を金打《かぬち》と名づけたと解するのが自然である。本来鍛冶は火の効用を人類の間に顕わすべき最貴重の工芸であった。同時にまた水の徳を仰ぐべき職業でもあった。日本では火の根源を天《あま》つ日と想像し、雷をその運搬者と見たがゆえに、すなわち別雷《わけいかずち》系の神話は存するのである。（三）これを語りつぎ述べ伝えた忌部《いんべ》の一派が、代々目一つであったにしても怪しむに足らぬ。ただそれが一転して猛く怒りやすい御霊神となり、また多くの五郎伝説を派生するにいたった事由のみは、上代史の記録方面からは説きつくすことがむつかしいのである。

（一）『薩隅日地理纂考《さんこう》』巻四。
（二）山中翁『共古《きょうこ》日録』巻七。この古城の堀の泥鰌《どじょう》も勘助に似てみな片目という。

（三）早川孝太郎君『三州横山話』。
（四）『郷土研究』四巻三〇九頁、渡辺三平君。
（五）『豊多摩郡誌』。『俗名所坐知抄』巻下に、陸奥の三日月石、眼の祈願の礼物に鮒泥鰌をこの辺の溝川に放てば、一夜にしてその魚片目を塞ぐとある。
（六）『石川県能美《のみ》郡誌』九一三頁。
（七）『越後国式内神社案内』。
（八）『日本及日本人』の郷土光華号。
（九）『東作誌』。
（一〇）及川氏の『筑紫野民譚集』一四一頁には、人蛇婚姻の一話に伴のうて、蛇神が眼を抜いて人間の幼児に贈ったという珍しい一例がある。詳しく考えてみたらいわゆる三輪式説話の新生面を開くであろう。
（一一）『絵入浄瑠璃史』中巻五〇頁。今あるものは為義産宮詣と称する。自分はまだ親しく見たのではない。
（一二）『東北方言集』による。
（一三）この問題は『海南小記』の「炭焼小五郎が事」に幽《かす》かながら述べておいた。八幡神はもと水火婚姻の神話の中心であったことは、他にも推測の根拠がある。

## 人丸大明神

神職目を傷つくという古い口碑には、さらに一種の変化があった。下野《しもつけ》芳賀《はが》郡南高岡の鹿島《かしま》神社社伝に、垂仁《すいにん》天皇第九の皇子池速別《いけはやわけ》、東国に下って病のために一目を損じたまい、これによって都に帰ることを得ず、この地に留まって若田という。十八代の孫若田高麿、鹿島の神に禱《いの》って一子を得たり。後に勝道上人となる云々とある。（一）この話と前にあげた信《しの》夫《ぶ》の土湯《つちゆ》の太子堂の太子像の、胡麻《ごま》の稈《から》で眼を突かれたという伝説とは、完全に脈絡をたどることができる。野州は元来彦狭島《ひこざしま》王の古伝を始めとして、皇族淹留《えんりゅう》の物語をしきりに説く国であった。そうして一方にはまた神の目を傷つけた話も多いのである。例えば安蘇《あそ》郡では足利中宮亮有綱、山鳥の羽の矢をもって左の眼を射られ、山崎の池でその目の傷を洗い、後に自害をして神に祭られたという、京と鎌倉と二種の御霊を総括したような伝説がある外に、別に村々には人丸大明神を祭る社多く、その由来として俗間に伝うるものは、この上もなく奇異である。一つの例を挙げるならば、旗川村大字小中《こなか》の人丸神社においては、柿本人丸手負いとなって逃げきたり、小中の黍畑《きびばたけ》に逃げ込んで敵をやり過ごして危難を免れたが、そのおりに黍稈《きびがら》の尖りで片眼をつぶし、しばらくこの地に滞在した。そこで村民その霊を神に祀り、かつそのために今に至るまで、黍を作ることを禁じているという。（二）

神が植物によって眼を突いたという話は多い。その二、三をいうと山城伏見の三栖《みす》神社では、昔大水で御香宮《ごこうのみや》の神輿《みこし》が流れたとき、この社の神これを拾おうとして葦で目を突いて片目になられた。それゆえに十月十二日の御出祭《おいでまつり》には、大小二本の葦の松明《たいまつ》をともして道を明るくする。（三）江州栗太《くるもと》郡笠縫《かさぬい》村大字川原の天神社では、二柱の神が麻の畑へ天降《あまくだ》りたまうとき、麻で御目を突いて御目痛ませたまうゆえに、行末わが氏人たらん者は永く麻を栽えるなかれという託宣があった。（四）同国蒲生《がもう》郡桜川村川合では、河井右近太夫麻畑の中で打死したゆえに、麻の栽培を忌むといっていた。（五）阿波の板野郡北灘《きたなだ》の葛城《かつらぎ》大明神社では、天智天皇この地に御船繋《がか》りして、池の鮒《ふな》を釣らんとて上陸なされた時、藤の蔓《つる》がお馬の足にからんで落馬したまい、男竹《おだけ》で眼を突いてお痛みなされた。それゆえにこの村の藪《やぶ》には今も男竹が育たぬ。（六）美濃の太田の加茂県主《あがたぬし》神社でも、大昔加茂様馬に乗って戦に行かる時に馬から落ちて薄《すすき》の葉で目をお突きなされた。それゆえに以前は五月五日に粽《ちまき》を作ることを忌んだ。（七）信州では小谷《おたり》の神城《かみじょう》村を始め、この神様が眼を突きたまうと称して、胡麻の栽培を忌《い》む例が多い。（八）あるいはまた栗のいが、松の葉などを説くものもある。例のアルプス順礼路の橋場稲核《いねこき》では、晴明《せいめい》様という易者この地に滞在の間、門松《かどまつ》で眼を突いて大いに難渋をなされ、今後もし松を立てるならば村に火事があるぞと戒められたので、それから一般に柳を立てることになった。（九）

忌むということの意味が不明になって、神嫌いたまうという説明が起こったことは、もう誰でも認めている。（一〇）多くの植物栽培の忌は、単に神用であったゆえに常人の手をつけるを戒めたというだけで、神の粗忽《そこつ》がそう頻繁にあったことを意味しない。とにかくにこれだけ多くの一致は、ある法則または慣行を推定せしめる。すなわち足利有綱にあっては山鳥の羽の矢、景政においては鳥海《とりのうみ》弥三郎の矢が、これに該当したことはほぼ疑いがないのである。それよりもここに問題となるのは、神の名が野州において特に柿本人丸であった一事である。その原因として想像せられることは、自分の知るかぎりにおいては今の宇都宮二荒《ふたら》神社の、古い祭式の訛伝《かでん》という以外に一つもない。この社の祭神を人丸といったのは、もちろん誤りではあるが新しいことでない（一一）。あるいは宇都宮初代の座主《ざす》宗円この国へ下向《げこう》の時、播州明石《あかし》より分霊勧請すとも伝えたそうだが、それでは『延喜式』の名神大はいずれの社かということになるから、断じてこの家の主張ではないと思う（一二）。『下野国誌』にはこの社の神宝に早く人麿の画像のあったのが、誤解の原因だろうと説いているが、それのみではとうてい説明のできぬ信仰がある。この地方の同社はおそらく数十を数えると思うが、安蘇《あそ》郡出流原《いずるはら》の人丸社は水の神である。境内に神池あり、旧六月十五日の祭礼の前夜に、神官一人出でて水下安全の祈禱を行なえば、その夜にかぎって髣髴《ほうふつ》として神霊の出現を見るといった。そういう奇瑞《きずい》はひろく認められたものか、特に社の名を示現《じげん》神社と称し、またいわゆる示現太郎の神話を伝えたものが多い。近世の示現神社には本社同様に、大己貴《おおあなむち》、事代主《ことしろぬし》御父子の神、あるいは豊城入彦《とよきいりひこ》を配祀すともいっているが、那須郡小木須《こぎす》の同名の社などは、文治四年に二荒山《ふたらさん》神社を奉請すと伝えて、しかも公簿の祭神は柿本人麿朝臣、社の名ももとは柿本慈眼《じげん》大明神と唱えていた（一三）。そうしてこの神の勢力の奥州の地にも及んだことは、あたかもこの神の氏人の末なる佐藤一族と同じであった（一四）。例えば信夫《しのぶ》郡浅川村の自現《じげん》太郎社のごときは、海道の東、阿武隈《あぶくま》川の岸に鎮座して、神この地に誕生なされ後に宇都宮に移したてまつるとさえいっている。（一五）神を助けて神敵を射たという小野猿丸太夫が、会津人は会津に生まれたといい、信夫では信夫の英雄とし、しかも日光でもその神伝を固守したのと、軌を一にした分立現象であって、ひとりこの二種の口碑は相関連するのみならず、自分などは信州諏訪《すわ》の甲賀三郎さえ、なお一目神の成長したものと考えているのである。

しかし一方人丸神の信仰が、歌の徳以外のものに源を発した例は、すでに近畿地方にもいくつとなく認められた。山城・大和の人丸寺、人丸塚は、数百歳を隔てて初めて俗衆に示現したものであった。有名なる明石の盲杖桜のごときも、（一六）由来を語る歌は至極の腰折れで、むしろ野州小中の黍《きび》畑の悲劇と、連想せられるべき点がある。『防長風土記』を通覧すると、山口県下の小祠にはことに人丸さまが多かった。あるいは「火止まる」と解して防火の神徳を慕い、あるいは「人生まる」とこじつけて安産の悦びを禱《いの》った。またそうでなければ農村に祀るわけもなかったのである。人はこれをもって文学の退化とし、すなわち石見《いわみ》の隣国なるがゆえに、まず流風に浴したものと速断するか知らぬが、歌聖はその生時一介の詞人である。はたして高角《たかつの》山下の民が千年の昔に、これを神と祭るだけの理由があったろうか。もし記録に明証はなくとも、人がそう説くから信ずるにたるというならば、石見では四十余代の血脈を伝うと称する綾部《あやべ》氏（一に語合《かたらい》氏）の家には、人丸は柿の木の下に出現した神童だという口碑もあった。（一七）あるいは柿の樹の股が裂けて、その中から生まれたという者もあり、もしくは二十四、五歳の青年であって姓名を問えば知らず、住所を問えば言いがたし、ただ歌道をこそ嗜《たしな》み候えと答えたともいう。(一八) これでは井沢長秀の考証したごとく、前後十五人の人麿があったとしても、これはまた十六人目以上に数えなければならぬのである。

播磨《はりま》の旧記『峰相記《みねあいき》』の中には、明石の人丸神実は女体という一説を録している。因幡《いなば》の某地にあった人丸の社も、領主亀井豊前守《ぶぜんのかみ》の実見談に、内陣を見れば女体であったという。(一九) そうすると芝居の悪七兵衛景清《かげきよ》の娘の名が、人丸であったという話もまた考え合わされる。景清の女を人丸ということは、謡曲にはあって舞の本にはない。盲目になって親と子の再会する悲壮なるローマンスも、そう古くからのものでないことが知れる上に、景清目を抜くという物語すらも、実はいたって頼もしからぬ根拠の上に立つのである。それにもかかわらず日向《ひゅうが》には厳たる遺跡があって神に眼病を禱り、また遠近の諸国にはしばしばその後裔と称する者が、連綿としてその社に奉仕している。すなわちこれもまた一個後期の権五郎社であったのである。(二〇) その一つの証拠は別にまた発見せられている。

(一)『下野神社沿革誌』巻六。
(二) この二件とも『安蘇史』による。
(三)『日本奇風俗』による。
(四)『北野誌』首巻付録。ただ「御目痛ませたまふ」というのは、現在片目ではないからであろう。しかも二柱の神というを見れば明らかに菅原天神ではなかった。

（五）『蒲生郡誌』巻八。これは目を突いた例でないが、必ず同じ話である。神輿を麻畠に迎え申す例は方々にある。

（六）『日本伝説叢書』阿波の巻。出処をいわざるも『粟の落穂』であろう。池の鮒というのはこの社の池の魚であって、やはり片目を説いたものらしい。

（七）『郷土研究』四巻三〇六頁、林魁一君。

（八）『小谷口碑集』一〇三頁。

（九）『南安曇郡誌』。

（一〇）初めてこれを説いたのは、大正十三年の小著『山島民譚集』葦毛《あしげ》馬の条であった。

（一一）『和漢三才図会』の地理部にも、当然のようにしてそう書いてある。

（一二）下野西南部の人丸社では、今日はもう宇都宮との関係を忘れて、藤原定家この地方に来遊して、この神を祀り始めたという一説が行なわれている。定家流寓の伝説はまた群馬県にも多い。無論事実ではないゆえに、旅の語部《かたりべ》の移動の跡として、われわれには興味が多いのである。

（一三）以上すべて『下野神社沿革誌』による。

（一四）拙著『神を助けた話』には、宇都宮の信仰の福島県の大部分を支配していたことを述べてある。

（一五）『民族』一巻五六頁およびその注参照。

（一六）「百人一首一夕話《ひとよがたり》」による。上田秋成の説らしいから小説かも知れぬ。菅公が梅の本に現れたというと一対の話で、われわれは便宜のためにこれを樹下童子譚と呼んでいる。

（一七）『本朝通紀』前編上。

（一八）『滑稽雑談』巻五（国書刊行会本）にそう書いてある。
（一九）『戴恩記』上巻、存採叢書本。
（二〇）景清と景政と、同一の古談の変化であろうと説いた人はあった。自分は必ずしもこれを主張せんとせぬが、少なくともカゲもマサもキヨも、ともに示現神すなわち依女《よりめ》依《より》童《わらわ》と、縁のある語であることだけは注意しておかねばならぬ。

## 三月十八日

人麿が柿本大明神の神号を贈られたのは、享保八年すなわち江戸の八代将軍吉宗の時であった。その年の三月十八日には人麿千年忌の祭が所々に営まれている。すなわち当時二種あった人麿没年説の、養老七年の方を採用したので、他の一説の大同二年ではあまりに長命なるべきを気づかったのである（一）。月日についても異説があり、すこしも確かなることではなかった。「続日本紀を見れば光仁天皇の御宇三月十八日失せたまふと見えたり」と、『戴恩記《たいおんき》』にいっているのは虚妄であるが、「まことや其日失せたまふよしを数箇国より内裏へ、同じ様に奏聞したりといへり」とあるのは、筆者の作りごとではないと思う。すなわちいずれの世かは知らず、相応に古いころからこの日を人丸忌として公けに歌の会を催し、またこれに伴うて北野天神に類似した神秘化が流行したらしいのである（二）。そこで自分が問題にしてみたいのは、かりに人丸忌日は本来不明だったとして、誰がまたどうしてこれを想像しもしくは発明したかということである。誰がということは結局われわれの祖先がという以上に、具体的にはわからぬかも知らぬが、いかにしてという方は、今少し進んだことがいい得る見込みがある。わが国の伝説界においては、三月十八日は決して普通の日の一日ではなかった。たとえば江戸においては推古女帝の三十六年に、三人の兄弟が宮戸川の沖から、一寸八分の観世音を網曳いた日であった。だからまた三社様の祭の日であった。というよりも全国を通じて、これが観音のご縁日であった。[三] 一方にはまた洛外市原野において、この日が小野小町の忌日であった。九州のどこかでは和泉式部《いずみしきぶ》も、三月十八日に没したと伝うるものがある。『舞の本』[14] の築島《つきしま》において、最初安部泰氏《あべのやすうじ》の占兆に吉日と出たのもこの日であり、そうかと思うと現在、和泉の樽井《たるい》信達《しんだち》地方で、春事《はるごと》と称して餅をつき、遊山舟遊をするのもこの日である。[四] 暦で日を数えて十八日と定めたのは仏教としても、何かそれ以前に暮春の満月の後三日を、精霊《しょうりょう》の季節とする慣行はなかったのであろうか。

　このあいだも偶然に謡の「八島」を見ていると、義経の亡霊が昔の合戦の日を叙して、元暦元年三月十八日のことなりしにといっている。これは明らかに事実でなく、また観音の因縁でもない。そこでたちもどって人丸の忌日が、どうして三月十八日になったかを考えると、意外にもわれわれが最も信じがたしとする景清の娘、あるいは黍畑で目を突いたという類の話に、かえってある程度までの脈絡を見出すのである。『舞の本』の景清が清水の遊女の家で捕われたのは、三月十八日の賽日《さいにち》の前夜であったが、これは一つの趣向とも見られる。しかし謡の人丸が訪ねてきたという日向の生目《いくめ》八幡社の祭礼が、三月と九月の十七日であっただけは、(五)たぶん偶合ではなかろうと思う。それから鎌倉の御霊社の祭礼は、九月十八日であった。(六)上州白井の『御霊宮縁起』には、権五郎景政は康治二年の九月十八日に、六十八歳をもって没すといっている。

私は今少しくこの例を集めてみようとしている。もし景政景清以外の諸国の眼を傷つけた神々に、春と秋との終わりの月の欠け始めを、祭の日とする例がなおいくつかあったならば、歌聖忌日の三月十八日も、やはり眼の怪我という怪しい口碑に、胚胎《はいたい》していたことを推測してよかろうと思う。丹後中郡五箇《ごか》村大字鱒留《ますどめ》に藤社《ふじこそ》神社がある。境内四社の内に天目一社があり、祭神は天目一箇命という。そうしてこの本社の祭日は三月十八日である。(七)今まで人は顧みなかったが、祭の期日は選定が自由であるだけに、古い慣行を守ることも容易であり、これを改めるには何かよくよくの事由を必要とし、かつそんな事由はたびたびは起こらなかった。ゆえに社伝が学問によって変更せられた場合にも、これだけは偶然に残った事実としてあるいは何物かを語り得るのである。

（一）　大同二年八月二十四日卒すという説は、何の書にあるかを知らぬが、『滑稽雑談』と『閑窓一得』とにこれを引用している。ともに一千年忌より少し前にできた本である。『塩尻』巻四七には、この年七月十三日、竹生島に人丸の霊を崇むとある。大同二年は

（二）寺社の縁起や昔話に最も人望のある年であったことは誰でも知っている。

（三）『日次記事《ひなみきじ》』三月十八日の条には、いにしえ官家御影供を修す、今において和歌を好む人々、多くこの日歌会を修すとある。『徹書記物語《てつしょき》』はまだ読むおりを得ないが、さらに三百年前の書であるのにやはり昔はこの日和歌所にて歌会があったと記しているそうだ。

（四）ただし何ゆえに三月の十八日が、観音にささげてあるかは私にはまだ明白でない。

（五）『郷土研究』四巻三〇二頁。

（六）『太宰管内志』による。ただし『和漢三才図会』には「この地に景清の墓あり。水鑑、景清大居士建保二年八月十五日と記す」とある。八月十五日は八幡社放生会の日である。熱田の景清社も例祭は九月十七日である。

（七）ただし景政でない京都の上下御霊も、有名なる御霊会の日は昔から八月十八日であった。大阪の新御霊は鎌倉から迎えたというが、祭礼は九月二十八日であった。

『丹後国中郡誌稿』。

## 生目八幡

日向景清の奇抜なる生目物語を、ひろく全国に流布したのは座頭であったろうということは、証拠はまだ乏しいが、多くの人が推測する。いわゆる当道《とうどう》の饒舌《じょうぜつ》なる近世記録でも、まだ明らかにならぬ諸点の中で、ことに興味をひくのは雨夜皇子《あまよのみこ》のこと、および日向にたくさんの所領があって、その年貢をもって養われたという言い伝えである。徳川氏の新しい政策によって、京と江戸との盲人の一群が、偏頗《へんぱ》なる保護を受けて競争者を圧抑したが、それ以前の勢力の中心は西国にあったかと思われる。これは社会組織の地方的異同などを参酌して、考えてみるべき問題であるが、少なくとも奥羽地方には見られぬ宗教的支援が、西へ行くほど必要になっているのは、久しい沿革のあったことであろう。京都の団体でも妙音天《みようおんてん》、堅牢地神《けんろうじしん》の信仰を仏教にもとづいて敷衍《ふえん》するほかに、なお守瞽神《しゆこしん》だの十宮神だのと名づけて、一種の独立した神道を持っていた。九州では肥前黒髪山下の梅野座頭を始めとして、僧侶よりもむしろ神主に近い盲人が多かったようである。その特徴の特に顕著なるものは帯刀の風であった。

『広益俗説弁《こうえきぞくせつべん》』の著者は熊本の人であるが、景清盲目の談を説明してこんなことを言っている。いわく、景清が盲になったのは、痣丸《あざまる》という太刀を帯びていたゆえである。その後もこの太刀を帯せし者はみな眼しいたりという云々とある。すなわちかの地方の座頭らのあいだには、東へくると通用しがたいような、いろいろな昔語りが行なわれていたので、景清の眼をえぐって再び生じたという神徳はもちろん、同じく八幡神に付随して今も祭らるる後三年役の勇士の話なども、自分はかえって当初あの方面において醞醸《うんじよう》したのではないかとさえ思うのである。痣丸の太刀のことは謡の大仏供養に見えている。かの曲には母を若草山の辺にたずねて、やはり親子が再会したことを述べているが、人丸もなく阿古屋《あこや》もなく、また目をつぶしたという話もなく、単にこの太刀によって呪術を行ない、霧に隠れて虚空に消え去ったというのみである。しかしそれもこれも景清というがごとき一小人物を、英雄として取り扱う習いある遊芸団がなかったならば、おそらく民間文芸の題目となる機会なく、また信仰を背景としたある勢力がなかったら、これだけの流伝を望むことは難《かた》かったので、すなわちまた平家の哀曲とともに、遠くその淵源を京以西の地に尋ねなければならぬゆえんである。

いわゆる光孝天皇第四の皇子の口碑は、乱暴には相異ないが彼らの大切なる家伝を、できるだけ史実に接近しようとした努力と見れば解せられる。すなわち祖神が神子《みこ》であり、したがって最も恵まれたる者であったことを述べるのは、すべての宗教に共通した宣伝法である。その単純にして自然に巧妙なるものが感動を与えて記録せられ、しかもそれが時代とともに推し移ったゆえに、ついには相牴触《ていしょく》して分立してしまうのである。これをもとの形に復原してみようとする場合に、後に取りつけたる固有名詞に拘泥することは誤りである。まず共通の趣旨ともいうべきものを見出すべきである。

けだし眼を傷つけた者が神のお気に入るという類の話だけならば、代々盲目または片目の神人が社につかえているあいだには、自然に発生しまた成長変化したかも知らぬが、それだけでは何ゆえに最初そのような不具を神職に任ずることにしたかが証明せられず、かつその祖神が特に荒々しく勇猛であったかがわからぬ。しかるに一方には天神寄胎の神話の一つに、天目一神の御名があり、それと同名の忌部氏の神は作金者であった。すなわち太古以来の信仰の中に、すでに目一つを要件とする場合があったのである。宇佐の大神もその最初には鍛冶の翁として出現なされたと伝えられる。しこうして御神実《おんかみざね》は神秘なる金属であった。誉田別《ほんだわけ》天皇を祭りたてまつるという説が本社においてすでに確定して後まで、近国の大社には、龍女婚姻の物語、または日の光の金箭をもって幼女を娶《めと》った物語を存していた。そうして近代まで用いられた宇佐の細男舞《せいのおまい》の歌には、『播磨風土記』と同系の神話を、暗示するような詞《ことば》が残っていたのである（一）。

いやあ、、ていでい、いそぎ行き、浜のひろせで身を浄めばや
いや身を清め、ひとめの神にいく、いやつか〳〵まつりせぬはや

すなわちこの社においても天の目一つの信仰があったゆえに、関東地方からやってきた権五郎景政が、諸所の八幡社を創建し、また悪七別当が目をえぐって、後に大神の恩徳を証明することになったのではないかと思う。

生目八幡は日向以外に、豊後にも薩摩にもあった。そうして眼の病を禱る八幡はそればかりではないのである。そういう幽《かす》かな名残をとどめるのみで、今は由緒の伝えらるるものがなくともこれを盲人の神に仕えた証拠とすることは、もう許されるであろうと思う。ただ彼らがみずから進んでその目を傷つける風習が、いつころまで保たれていたかは問題であるが、遺伝の望まれない身体の特徴によって、ある特権を世襲せんとすれば、世俗的必要からでも、あるいはその儀式を甘受したかも知れぬ。もしくは景清の物語のように、

目の復活の芝居を演じていたか。とにかくに人の生牲《いけにえ》ということは放生会などよりもはるか前から、単に前半分だけを保存して後の半分は省略していたから、いっそう古代の言い伝えが誇張せられたものと思う。「若宮部と雷神」の一章にも述べたごとく、（二）御霊の猛悪を恐れる風が強くなって、若宮の思想は一変してしまい、その上に実在の貴人をもって祭神と解する世になると、かの童貞受胎の教義も片隅に押しやられたが、幸いにして、御霊は本来神の子または眷属《けんぞく》であった人間の霊魂を意味したということが、目一箇神の一片の旧話から伺い知られるのである。加藤博士のごとく、粗末にこの資料を取り扱うのはよくないと思う。

話が長くなったが、もう一言だけ述べて結末をつける。後代化物の「目一つ五郎」とまで零落した御霊の一つ目と、魚の片目との関係があることを証するのは、源五郎という鮒《ふな》の名である。近江の湖岸にも魚を生牲とする祭式は多く残っているが、遠く離れて奥州の登米《とよま》郡などにも、錦織《にしごり》源五郎鮒を近江より持って来た口碑があって、（三）しかも方々の神池の鮒は眇目《すがめ》である。その中でも、上沼村八幡山の麓の的沼という沼の鮒は、八幡太郎の流鏑《やぶさ》馬《め》の矢が水に落ちて、目を傷つけてから今もってみな片目になったという。日向の都万《つま》神社で神の帯びたる玉の紐落ちて鮒の目を貫くといい、加賀の横山村の賀茂神社では、汀《みぎわ》の桃おちて鮒の目に当たるといったことは、かつて「片目魚考」の中に述べたから細説せぬ。（四）その他各地の神社仏閣に、武士猟人の矢に射られたあるいは鶏に蹴られたなどといって、現に尊像の眼の傷ついたものが多いのは、とうてい一つ一つの偶然の口碑でないことも明らかである。世相が一変すると、わずかな傾向の差によって、これが逆賊退治、悪鬼征服の別種の伝説にもなり得たことは、すなわちまた御霊信仰の千年の歴史であった。時代の推移を思わない人々には、古史の解説を托すべきでないと思う。

（一）故栗田博士の『古謡集』に、『豊前志』から採録している。なお同じ集には『玉勝間』から、肥後の神楽歌《かぐらうた》として次の一章を引いている。

一目のよとみの池に舟うけて　のぼるはやまもくだるはやまも

この「一目」もまた目一つ神であろう。

（二）『民族』二巻四号。

（三）『登米郡史』による。

（四）『郷土研究』四巻六四七頁。

（昭和二年十一月『民族』）

# 鹿の耳

## 神のわざ

この石は今でもまだあるかどうか、一度ぜひ見に行きたいと思っている。南津軽の黒石の町に近く、シシガサワという山路の傍に、めぐり五、六尋《ひろ》もある大岩の面へ、大小無数の鹿の頭を彫刻したものがあった。われわれの敬慕する白井秀雄[15]という旅人が、百三十年ほど前にこの地を訪ねて、詳しい日記と見取図とを残している。何よりも珍しいと思ったのは、鹿の顔が素朴なる写実であって、しかもその耳が特に大きく、鼠などのように描いてあることであった。そうして首の位置は乱雑で、次々に彫り加えていったことは疑いがない。岩の横手の大木の空洞には小さな石が入っていて、それにも同じような鹿の首が刻んであったという。

場所は淋しい山の中であった。どうしてこのような彫刻がここにあったものか、その当時でもすでに説明し得る者がなかったそうである。土地の言い伝えには、ただ神のわざであって、毎年七月七日には、二つずつ新たな鹿の頭が彫り添えられてあるともいった。付近の村々ではシシオドリ（鹿踊）の面が古くなると、必ずこの岩の脇《わき》に持ってきて埋める慣例があったが、その由来もまた明らかならずということであった。奥州では村々に神楽《かぐら》の獅子舞《ししまい》と似たものがあって、これを鹿踊というのが普通であった。そのいわゆる獅子頭を権現またはゴンゲサマと称して、面はやや細長く枝角があり、確かに鹿の頭を擬したものであった。これとこの岩石の表の彫刻と、何か関係のあったことだけは、誰にでも想像することができるのである。

## 鹿の家

諸国の獅子舞の作法を比較してみると、これほどおもしろく内外二様の慣習の混同した場合も少ないかと思う。第一には、二、三食用の獣類を、日本語でシシといったこと、これが偶然ながらも獅子舞の普及を容易ならしめて、この輸入舞楽のいくつかの特徴が、だんだんに固有宗教の祭儀に採用せられることになった。カノシシ・イノシシの踊とても、最初から今のように手の込んだものでなかったかも知れず、新旧の境がわからぬというよりも、あるいは大部分が唐様に改まっているのかも知れぬ。しかもその唐獅子の頭の上に、つい近ごろまで角の痕跡が残っていたごとく、気をつけて見ると、まだいろいろの前代信仰が、かえってこれによって保存せられていたのである。

たとえば獅子舞が悪魔を攘《はら》うと称して、疫病流行の際などに村中を巡ること、これも獅子だから、またこわいからと、今では手軽に考えられているようだが、それはいわゆる大《だい》法会《ほうえ》の獅子などの本来の目的ではなかった。伎芸にたずさわる者の地位系統、ないしは信仰上の条件などにも仏法からは解説のできぬものがあった。村々のシシは、通例三頭の連れ舞いであって、中ジシの役は重要であった。牝牡《ひんぼ》相慕うの状を演ずるまでは石橋《しゃっきょう》なども同じであるが、歌の章句には往々にして、嶺の秋霧に妻を隠されて、恋い求めて得なかったという悲しみが叙べてある。すなわち大昔の牲祭《にえまつり》の式に伴うたかと思う清哀の調が、なお幽《かす》かながら伝わっているのである。これを新秋七月の霊送《たま》りのころに、行なう土地の多かったことも意味がある。『新撰陸奥《むつ》風土記』に牡鹿《おしか》郡鹿妻《かづま》村の口碑として、鹿の供養にこの踊を始めたとあるなども一つの例で、それ以外にも府県に多くの鹿塚があって、やや似通うた歌物語を伝えている。古くは津の国の夢野《ゆめの》の鹿、『万葉集』に採録せられた乞人《ほがいびと》の吟、それから和泉式部《いずみしきぶ》の逸話と称する、「いかでか鹿の鳴かざらん」の鹿のごとき、久しい歳月を一貫して、わが文学もこれによって拘束せられていた。すなわち一種国民共有の情緒とも名づくべきものが、鹿の死をめぐって成長しつつあったことを認めるのである。

獅子舞の異国風が模倣せられる以前、われわれはすでにカノシシの頭をもって祭に仕える習わしを持っていた。これも同じく摂津国の昔話だが、原田の鹿塚《ししづか》の由来談のごときは、ある程度まで津軽シシが沢の異聞を解説してくれるようである。以前原田の社というのは春日《かすが》大明神の摂社であって、毎年神職が奈良から来て祭をした。春日山の神鹿もこれに伴うてきたり、ある時この地においてたおれたと伝えられ、衡門《かぶきもん》の外にその塚があった。それより以後は神像の材をもって鹿頭を彫刻し、毎歳九月の朔日《ついたち》から九日までの間、十一か村の氏子の村を巡り渡すをもって神事としたというのは、たぶんはかつて活きた獣を牽《ひ》いてきた代わりに、像を用いて古い記念を存したことを意味するのである。春日、鹿島などの鹿を神使とした根源も、ゆくゆくはまたこの方面から明らかになってくるであろう。春日では鹿が死ぬと、これを埋葬すべき一定の霊地があった。西大寺の辺なる小山のあるところで、神宮から人が出て法事を行なうたと『譚海《たんかい》』には記している。

　京都でも清水《きよみず》観音の地内に鹿間塚《しかまづか》があって、御堂創建に功のあった鹿の頭を埋めたという口碑が伝わっている。こういう話の一つ一つは、とうてい学問の資料とするだけに、取り留めたものでもないけれども、いくつかの例を比べてみるうちには、すこしずつわれわれの不審を散ずることができる。古い獅子舞の頭が霊宝として社寺に伝えられ、雨乞《あまごい》、世直しに禱《いの》れば応験があるというなども、おそらく日本だけの昔からの信仰であって、それがこの伎芸を中継として、今日までは記憶せられたものであろう。近江の膳所《ぜぜ》の中庄《なかのしょう》の獅子森は、牛頭《ごず》天王、獅子に乗ってこの地に降りたまうという一説の外に、中古この辺に住んでいた鹿が死に、土人憐れみてここに埋むともいい伝え、三州伊田の獅子舞塚なども、天子御悩《ごのう》のお禱りとして、六十六国に獅子頭を一つずつ、下し賜わるともいえば、あるいは納められたのは獅子でなく鹿の頭で、それゆえに実は鹿前塚だという説もあったのである。

## 村の争い

奥羽地方の鹿踊《ししおどり》の鹿頭《ししがしら》は、一般に霊あってよく賞罰すと信ぜられたのみならず、隣同士で喧嘩をして咬《か》み合ったという話が、いくつともなく伝わっている。秋田県では平鹿《ひらか》郡浅《あさ》舞《まい》のシシ塚などが、その有名な一つの例であった。昔大森の町から鹿踊がやってきて、ここで山田の鹿頭と闘って負けたので、それを埋めてこの塚が築かれたといっていた。同郡の河登《かわのぼり》という部落にもシシ塚の梨の木というのがあった。周囲五尺（約一五〇センチ）あまりの空洞木で、下にはまた鹿踊の頭が埋めてある。これも古くシシの大喧嘩があったので、埋めてあるのは負けた方か勝った方か、その点は明瞭でないが、とにかくこの村へはそれから以後、鹿踊が入らぬことになっていた。同じ名前の塚はなお村々に多く、由来はいずれも同様であったが、土地の人たちは、あるいはこれを実際的に解して、以前鹿踊の大いにはずんだ時代、喧嘩のために傷つき死する人があって、それを埋めたものであろうといったのは、まったく塚まで築いて踊の面ばかりを、埋めたという理由が不明になったためで、それだけまた著しい信仰の変化が、古代を近世からひき離していたことも察せられるのである。

右の旧伝を録した『雪之出羽路』という書物は、同じく白井翁の遺稿であるが、これには鹿踊を獅子舞と書いてあった。鹿ならば、ことにそのような荒い闘争をするわけがないと、考えられたのももっともなことである。しかしりっぱに角があるのだから、何としても仕方がない。村々鹿踊の組がおのおのその力を発揮しようとすると、こういう衝突は免がれぬわけだった。ことにこの踊の目的は、災害をわが領分から追い払うのだから、隣村より見れば常に侵害である。双方の主張を折り合わせようとすれば、争闘がなくともやはり境の上に、塚でも築くよりほかはない。それゆえに、必ずしもその通りの事蹟はなくとも、こういう言い伝えは起こりやすかったのである。現に東京の近くでは二合半領《こなから》の戸ヶ崎村に、また次のような話もあった。村には古くから三つ獅子と称して、越後獅子《えちごじし》ほどの頭に俣《また》のある二本の角あり、鶏の毛をもって飾としたものがあった。宝永元年の大洪水の時、水練の達者な者がこれをかぶって、夜明け前に向こう岸へ泳いでいくと、水番をしていた人々は大蛇かと思って、驚き恐れて逃げ散った。そのあいだに、やすやすと対岸の堤を切って帰り、わが村の水害を免がれたといっている。これなどもたぶんは話であったろうと思う。

いずれの土地の話でも、たいていはこの程度にぼんやりしたもので、とても法官のごとき論理をもって、これに臨むことはできぬが、とにかく鹿踊の面は人間以上に喧嘩をする。だから霊がある、性があると、畏敬していた場合は多いのである。下総船形《しもうさふなかた》村の麻賀田《まがた》神社の神宝、飛騨《ひだ》の甚五郎作と称する三個の獅子面なども、面の影を水に映して後にその水を飲めば、病気がなおるとまで信ぜられ、毎年の春祈禱にはこの面をかぶり、神を勇《いさ》めて五穀豊饒《ほうじょう》を念ずるのであるが、それが霊験あらたかという証拠に、かえってこわれたままにしてあったのも一奇である。ある年、祭が終わって面を箱に納める時、順序を誤って入れておいたら、三つの獅子が仲間喧嘩をして、箱の中で咬み合ったということで、今では三つながらその舌を抜いてある。すなわち巨勢金岡《こせのかなおか》の馬が、夜な夜な出て萩の戸の萩を食った類[16]であるが、咬み合ったから舌を抜いたとは少しばかり平仄《ひょうそく》が合わぬ。また一つの獅子の眼の球が破裂しているのも、かつて産の忌《いみ》ある者が手を触れたからといっている。これなどもやはりその理由が現代を超越しているのである。

そこで立ちもどって奥羽のシシ塚の話になるのだが、われわれの感じて悟らねばならぬ二つの問題は、負けたにせよ勝ったにせよ、喧嘩をしたから塚の中に埋めるというのはどうしたわけか。一方には古び、かつ損じた面でも、修繕もせずに大切にして拝んでいる例もあるのに、こういう元気横溢《おういつ》の鹿頭を埋めてしまったというのは、すなわち塚が生存の終局を意味せずして、何か新たなる現実の開始であったからではないかということ、これが一つ。第二には木で作った鹿の頭が、喧嘩をしたというのはどうすることを意味したか。ことにその勝ったとか負けたとかは、何をもって決したかということである。これが単なる想像上のものであったら、少なくとも負けた方の村が承知し得なかったはずである。『遠野《とおの》物語』にもすでに一つの例をあげてあるが、[17]あの地方ではなお所々に同じ話が伝えられる。権現様が喧嘩をしたという場合には、多くは一方が耳を食い切られたことになっていて、現に今あるお面にも耳のちぎれたままのものがある。これを後代の仮託とするときは、各村うその話の申し合わせをしたという結論に帰着せねばならぬのみならず、そんな奇に過ぎた、しかも名聞にもならぬ説明を傭《やと》わずとも、他にいくらでも神異を宣揚する道はあったのである。ゆえに誤解にしても共通の誤解、隠れたる原因のこれを一貫するものが、かつてあったことを想像してよろしい。自分が津軽シシが沢の大磐石《だいばんじゃく》に、特に耳を大きく彫刻した鹿の顔を見て、さてこそと膝をうったも故なしとはせぬのである。

あるいは一方が特に耳大きく、他の一方では咬み取られてもうないというに、何の関係かあらんといぶかる人もあろうが、とにかくに鹿の耳は東北地方において、かなり重要なる昔からの問題であったのだ。まず順序をたてて話を進めていかねばならぬが、秋田県でも仙北郡の北楢岡《ならおか》では、ある年龍蔵権現の獅子舞と、神宮寺八幡宮の獅子頭と衝突をしたことがあった。神宮寺のシシは耳を取られたと称して、今もその故跡を耳取橋と呼んでいる。その時一方の龍蔵権現も鼻をうち欠かれて、そのまま長沼に飛び込んで沼の主となってしまった。それゆえに沼の名をまた龍蔵沼というとある。耳を失った神宮寺のシシはどうなったか。今ではたぶん尋ねてみてもわかるまいが、自分はそれよりもなお多くの興味を、耳取橋という地名についてもっているのである。

もちろん獅子頭の噛み合いというがごとき、奇抜な原因の一致するはずもないが、不思議に耳取という土地は府県に多く、それがまたたいていは部落の境などにあるように思われる。福島市の近くでは、信夫《しのぶ》郡の矢野目《やのめ》・丸子《まりこ》のあいだを北に流れて、伊達《だて》の鎌田村で八反川に合する小流を、耳取川というなども一つの例である。鎌田の水雲《みくまり》神社はその川の岸にあって、昔ご神体が流れてきてこの地に漂着し、それを拾い上げて安置したから御身取揚川だなどという説もあったが、別にその地名の由来として、この川に妖怪住み、夜ごとに出でて行人の耳をもぎ取った。その怪物を神と祭り、よって川の名を耳取と称すともいっている。しかもこの地方には、他にもまだ耳取という地名はあるので、いくら妖怪でもそうそうは人の耳を取ってばかりもいられなかったかと思う。

ところが遠く離れて三州小豆坂《あずきざか》の古戦場近くにも、やはり耳取畷《なわて》があってよく似た話を伝え、日暮れて後この路を通ると、変化《へんげ》の者出現して人の耳を引き切り去るといった。これ以外になお方々に耳取という字《あざ》が、通例往還の傍などにあるのだが、はたしてこんな口碑をもつか否かを知らぬ。人が地名などは何の意味なしにも存在し得るかのごとく考え始めてから、尋ねて聞こうともせぬようになったのであろう。そうでなければ自由なる空想をもって、いわゆる常識に合した解説を下し、あるいは記憶の不精確を補おうとしたようである。九州では南端薩摩《さつま》の坊津《ぼうのつ》から、鹿籠《かご》の枕崎《まくらざき》に越えてくる境の嶺が耳取峠であった。開聞岳《かいもんだけ》をまともに見る好風景の地であったが、冬は西北の寒風が烈しく吹きつけて、耳も鼻も吹き切るばかりであったゆえに、こんな名前をつけたと説明せられている。それが初めてこの名を呼んだ人々の、心持ちでなかったことは確かであるが、さりとて三河や岩代《いわしろ》の妖怪談が、全国無数の耳取の由来を説明し得べしとも思われぬ。ただ幾分か古くして、かつ案外であるだけに、あるいはまだ偶然に何らかの暗示を、与えはせぬだろうかと思うだけである。

まったくつまらぬ小さな問題に、苦労をする人もあったものだ。実際どうだっていいじゃないか知らぬが、これがはっきりせぬとわれわれの前代生活に、闡明《せんめい》せられぬ点が一つ多く残るのである。史学はあらゆる方法と資料とを傾けて、久しい努力を続けたけれども徒労であった。平民の過去の暗さは神代も近世も一つである。もし他に少しでもたどるべき足跡があったとすれば、これを差しおいて今さら何物の来るを待とうか。しかも地名は有力なる国民の記録であって、耳取はいたって単純なる二つの語の組み合わせに過ぎぬ。各地別々の動機に基づいて、結果ばかりの一致を見るということがない以上、必ず全国を通じて、かつてはそういう名称を発生させるだけの、一般的生活事情があったものとしてよいのである。それを尋ねてみようとするのは、別に無益の物ずきでもないと思っている。

## 生贄のしるし

ただしそういう理屈ばかりこねても、およその見当がつかなければ何にもならぬ。自分の推測では、耳を取られるというような平凡でない昔話が、何らの経験にも基づくことなくして、そこにもここにも偶発することはあるまい。夢であっても夢の種はあろう。いわんやただの誤解であり誇張であったとすれば、すべての歴史が学問によって精確になっていくごとく、必ずもとの事実がその陰に隠れているのである。幸いにして若干の手がかりはすでに発見せられた。ある地の耳取橋において耳を取られたというのは、祭の式に奉仕する霊ある鹿の頭であった。ことによると生贄《いけにえ》の慣習が早く廃せられて後、その印象深き一部分のみが、こうして幽《かす》かに記憶せられたのかも知れぬ。かりにそうだったらわれわれの信仰史の、重要なる変化の跡である。ぜひとも一応は考えてみなければならぬ問題である。

魚鳥を御贄《みにえ》とする神の社は、現在なお数えきれぬほど多い。諸国の由緒ある旧社において、獣を主とした例も少なくはなかった。九州では阿蘇《あそ》、東国では宇都宮、また信州の諏《す》訪《わ》のごとく、特に祭の日に先だって狩を行ない、供進の用にあてた場合には、鹿はそのけだかい姿、またさかしい眼の故をもって、最も重んぜられたことも疑いがない。ところが奈良の春日の若宮などのお祭の贄には、たくさんの狸兎猪の類が集められたけれども、鹿のみは霊獣としてその例に加わらなかったらしいので、あるいは異議をさしはさむ余地があるようだが、これはむしろその地位の一段と高かった証拠になる。イケニエとは活《い》かせておく牲《にえ》である。早くから神用に指定せられて、あるものは一年、あるものは特殊の必要を生ずるまで、これを世の常の使途から隔離しておくために、その生存には信仰上の意義ができたのである。諸所の神苑《しんえん》に鹿を養うたのも、おそらくはこれを起原としている。八幡の放生会《ほうじょうえ》のごときも、仏者には別種の説明があるが、要するに彼らの教条と牴触《ていしょく》せざる部分だけ、在来の牲祭《にえまつり》の儀式を保存したものであろうと思う。

片目の魚の伝説はこの推測を裏書する。すなわち社頭の御手洗《みたらし》の水に住む魚のみが、何らかの特色をもって常用と区別せられたので、実際またこうして一方の目を取っておくのが、昔の単純なる方式でもあったらしい。耳ある獣の耳を切るということは、これに比べるとさらに簡便であり、また牲の生活を妨げることが少なかった。最初はわれわれが野馬に烙印《らくいん》し、もしくは猫の尻尾を切るごとく、常人の家畜ないしは俘虜《ふりょ》などにも、こうして個々の占有を証明したかも知らぬが、後には方法そのものまでが、神の祭にかぎられることとなって、おいおいに普通の生活からは遠ざかっていったらしいのである。

牲の頭が絵となり彫刻となって、ついには崇高なる感情を催すだけの、一種の装飾となってしまったことは、ギリシアの昔なども同じであった。たった一つの相異は、日本の学者が、今まで神楽のお獅子に対して、根源を問わんとしなかった点である。そうして生贄の耳を断つということは、珍しい例でも何でもなかった。日本でも諏訪の神社の七不思議の一つに、耳割鹿《みみさけじか》の話があった。毎年三月酉《とり》の日の祭に、俗に御俎揃《おまないたぞろ》えと称する神事が前宮《さきみや》において行なわれる。本膳が七十五、酒が七十五樽、十五の俎に七十五の鹿の頭を載せて供えられる。鹿の頭は後には諸国の信徒より供進したというが、以前は神領の山を猟したのである。その七十五の鹿の頭の中に、必ず一つだけ左の耳の裂けたのがまじっていた。「かねて神代より贄に当りて、神の矛にかかれる也」ともいって、これだけは別の俎の上に載せた。『諸国里人談』には「両耳の切れたる頭一つ」とあって、いずれが正しいかを決しがたい。とにかくにこれは人間の手をもって、切ったのでないから直接の例にはならぬが、耳割鹿でなければ最上の御贄となすにたらなかったことは窺《うかが》われる。あるいは小男鹿《さおしか》の八つ耳ともいって、霊鹿の耳の往々にして二重であったことを説くのも、こうしてみると初めてその道理が明らかになるのである。

# 名馬小耳

六百七十年前の『諏訪大明神絵詞《えことば》』に、次のような奇瑞譚《きずいたん》が出ているのを見ると、生贄《いけにえ》の耳を切る方式は、このころはやすでに絶えていたのである。いわく「信濃国の住人和田隠岐前司繁有、当社頭役《とうやく》のとき流鏑馬《やぶさめ》のあげ馬闕如《けつじょ》して、一族に石見《いはみ》入道といひける者、黒駮《くろぶち》の良馬をたて飼ひけるを借用しけるに、古敵の宿意ありて借与に及ばず、かつは使者の詞《ことば》をだにも聞き入れざりけり。祭礼の日に当って、この馬にはかに病悩して、すでに斃《たお》れんとしけるが、左右の耳たちまちに失せにけり。奇異の思ひをなしてつらつら思案するに、揚馬に借られたりし事を思ひ出でて、神道に種々の怠りを啓《まう》し、幣をつけて本社の神馬に献じければ、病馬たちどころに平癒して、水草の念ももとに復しけり。両耳はやうやう出現しけれども、もとの如くにはあらざりけり。近年当社に小耳といふ名馬は則ちこれなり」と。すなわち耳の消滅によって神の御用に心づくまでの伝統はまだ絶えていなかったのである。

切るのが必ず耳でなければならなかったゆえんは、これらの動物の習性を観察した人ならば知るであろう。耳で表現する彼らの感情は、最も神秘にして解しにくいものである。常は静かに立っていて、意外な時にその耳を振り動かす。だから外国にもこれをもって幽《ゆう》冥《めい》の力を察せんとした例が多い。佐々木喜善君[18]の郷里などでは、出産の場合に山の神の来臨を必要とする信仰から、馬を引いてお迎えに行く風が今も行なわれているが、馬が立ち止まって耳を振るのを見て、目に見えぬ神の召させたまうしるしとする。ゆえに遠く山奥に入って日を暮らすこともあれば、あるいは門を出ること数歩にして、すぐに引き返してくることもあるという。数ある鹿の子の中から、いずれを選みたまうかを卜《ぼく》する場合にも、おそらくはもと耳の動きを見たので、それが自然の推理として、切るならば耳ということに定まったものではないかと思う。

いわゆる占べ肩焼の用に供せられた鹿なども、必ずあらかじめ神意に基づいてこれを選定する様式があったのである。それがもし自分の想像する通り、厳重の祭典と終始したとすれば、これを耳切りもしくは引き来って屠《ほふ》った場所も、永く神徳を記念すべき霊地であったろう。石を存し樹を植え、土を封して塚とする最初の目的は、常人の拓《ひら》き耕すことを防ぐにあった。諸国の獅子塚がしばしば霊ある獅子の頭を埋めたと伝えるのは、もし誤聞でないならば、すなわちこの古風の踏襲であって、奥羽地方の鹿踊のわざおぎと、これに伴ういくつかの由来談とは、たまたま中間にあってよく過渡期の情勢を語るものであった。

## 耳塚の由来

なおこれと関連して考えられる一事は、京都の大仏の前にある耳塚が、純乎たる近世史の史蹟ではないらしいということである。太閤《たいこう》秀吉の朝鮮征伐は、なるほどつい三、四百年前の出来事だが、京都人の好奇心は、それから後にも数々の伝説を発生せしめている。

だから耳塚のごときもただの話かも知れぬと、自分などはかつて考えていたのであるが、実際は方々の諸侯家に、確かなる証文が残っているという。ただしその証文によると、朝鮮から塩に漬けて送ってきたのは鼻であった。それを何ゆえに耳塚と呼ばせたかにいたっては、やはりまだ解決せられざる疑問である。ところが国々にはこれ以外に同名の塚が、よくも捜してみないのにすでに十何か所とある。古くしてしかも京の耳塚に似ていたのは、筑前香椎《かしい》の浜にあった耳塚、これは延宝年間に発《あば》いてみたが、内はわずかに三間ばかりの石室で、四尺ほどの刀のみが納めてあった。それを恐れ多くも神功《じんぐう》皇后の御事蹟に、久しい前から付会していたのである。伊予の新浜《にいはま》の耳塚山なども、今は塚処の有無さえ明らかでないが、やはり越智益躬《おちますみ》が播州蟹坂《かにさか》において、外寇《がいこう》の賊将鉄大人およびその従者を誘い殺し、その耳を馘《かく》して持ち帰って埋めたと伝えていた。まるまる歴史にはなさそうな話である。

これによって考えてみるのに、耳塚は言うがごとき異賊退治の決算報告ではなくして、むしろ今後の侵犯に備うべき予算のごときものではなかったか。江戸でも上渋谷の長泉寺の境内に、加藤清正が朝鮮から取ってきた耳を埋めたという耳塚があったそうだが、こうなるとまったく信じにくい。それから武蔵野に入って行くと、府中の西南分倍《ぶばい》川原《がわら》の地続きにも、また小さな耳塚があったが、その付近に弘長年間の古碑があったというのみで由来は知れず、その上になお頸塚《くびづか》だの堂塚だのもあって、いくら古戦場でも、なるほどとはいえなくなる。その他、備前の龍ヶ鼻の耳塚、日向の星倉の耳田塚のごときも、単に古戦跡であるから、空漠たる想像が浮かぶというのみで、その実は後からそういう名を付したのかも知れなかった。

信州でも有明山の麓の村に、かなり有名なる耳塚伝説があった。田村将軍[19]に滅ぼされた中房山の大魔王、魏石鬼《ぎしき》の耳を切って埋めたと称し、これにもまた首塚、立足《たてあし》村などの地名由来談が付随して、すこぶるわれわれの蚩尤《しゆう》伝説と名づくるものに接近している。規模においてはもちろん京都の耳塚に劣るが、その宗教的威力にいたっては、あるいは彼を指導するにたるものがあった。死屍を分割して三つ七つの塚に埋めたという口碑は、たいていは山と平野、もしくは二つの盆地の境などに発生する。密教の方にはこれを説明する教理もできているらしいが、要するに無類の惨虐を標榜して、外よりきたり侵す者を折伏《しゃくぶく》する趣旨に出たものらしく、しかもそれは近代の平和生活に対しても、多少の実用ある言い伝えであった。土佐の本川郷《もとかわごう》の山奥などにも、伊予との境に接して耳塚があった。「かつて予州の者数十人、窃《ひそ》かに材木を取る。追ってこれを捕へ、耳切りて、これを埋めたりといふ」と『土佐州郡誌』には記してあり、『寺川郷談』には「以前盗人の耳をそぎ、箱に入れ御城下へ出し、その後御境目へ埋め置き候やう申し来り、即ち埋めて今耳塚といふ」ともある。はたしてその通りのことがあったかなかったか。あやふやなところに深い意味があったように思う。

## 境の殺戮

しかしそれだけの事由では、まだ耳塚というごとき小さな名称が、独立して永く記念せられるにはたりなかった。これにもやはり獅子舞のお獅子が耳を咬み切られたという類の、古い神話が来て助けたのである。すなわち耳取りが境の大切なる条件であることを記憶する人々が、この口碑の成長にも参与していたのである。あるいはこれに基づいて鹿よりも今一つの以前の、大昔の生贄《いけにえ》慣習を尋ねることができるかも知れぬ。実際われわれの祖先が信じていた霊魂の力は、よほど今日とは違っていた。たとえば味方の霊でも死ねば害をしたと同じく、敵の怨霊《おんりょう》も祭りようによっては利用する道があった。ことに堺の山や広野には、むしろ兇暴にして容赦のない亡魂を配置して、不知案内の外来者に襲撃の戈《ほこ》を向けしめようとしたことは、必ずしもよその民族の遠い昔のためしではなかったのである。人を頼んで川の堤の生柱《いきばしら》に立ってもらい、後にこれを水の神に祭ったという話などは、もちろんただ話であろうが、あちらこちらに残っている。黒鳥兵衛《くろとりひょうえ》だ、東尋坊《とうじんぼう》だという悪漢が、死ぬるとすぐに信心せられたのも、祟《たた》るから祭ったのだという説明だけでは、まだ合点のいかぬところがある。おそらく人間の体内には、神と名づけてよい部分が前からあって、それがこの上もなく一般の安寧のために、必要なものと信ぜられた結果、時としてはわざわざこれを世俗の生活から、引き離して拝もうとした風習がかつてあったので、もちろん現在の生死観を適用してみれば、とうてい忍ぶべからざることには相違ないが、その予定があってこそ、初めて生牲《いけにえ》という語が了解せられる。すなわち死の準備のある期間が、人を生きながらの神ともなし得たので、神に供える鹿の耳切りは、必ずしも鹿をもって始まったる方式でないのかも知れぬ。

いたって古い時代の民間の信仰が、ひとりその形骸を今日に留めて、本旨を逸失した例は無数にある。近世文学の中に散らばっている神怪奇異にも、詩人独自の空想の所産なるがごとく、われも人も信じていて実はそうでないものが多かった。久しい年代の調練によって、隠約の間に養われていた思想が、無意識に顔を出すのである。由緒ある各地の行事の中にも、同じ名残はなお豊かに見出される。獅子舞などがすでに平和の世の遊楽になっていながら、しばしば殺伐なる逸事を伝えるもそのためである。伊勢の山田の七社七頭の獅子頭が、常は各町の鎮めの神と祭られつつ、正月十五日の終夜の舞がすんで後に、これを山田橋の上に持ち出して、刀をふるうて切り払う態《わざ》を演じ、即座にこれを舞衣に引っくるんで、もとの社に納めたというなども、かりにいかようの解説が新たに具わっていようとも、とうてい後の人の独創ないしは評定をもって、発案せられる趣向ではなかったようである。

# 耳切団一

そこで話はいよいよ近世の口承文芸の、最も子供らしく、かつ荒唐無稽なる部分に入っていくのであるが、自分たちの少年の時分には、「早飯も芸のうち」という諺《ことわざ》などもあって、いつまでも膳にかじりついていることが非常に賤《いや》しめられ、多くの朋輩と食事をともにする場合に、たいていは先に立つ者が残った者の耳を引張った。痛いよりも恥がましいので、いわゆる塩踏みの奉公人などが、淋しい涙をこぼす種であった。どうして耳などを引くことになったのかと、子供のころから不審に思っていると、『嬉遊笑覧《きゅうしょうらん》』[20]巻六の下、児童の遊戯の鬼事《おにごと》の条に、鬼になった者が「出ずば耳引こ」といって、柱にばかりつかまっている者を挑《いど》むことが記してある。『鷹筑波集《たかつくばしゅう》』に塚口重和、出ずば耳引くべき月の兎かな。すなわちもう俳諧の連歌の初期の時代から、鬼事の詞となって、われわれに知られていたのである。

鬼事の遊びのもと模倣に出でたことは、その名称だけでも証明せられる。以前諸国の大社には、鬼追《おにおい》、鬼平《おにむけ》祭などと称して、通例春の始めにこの行事があった。学問のある人はこれを支那から採用したといい、または仏法がその作法を教えたようにいうらしいが、何かは知らず、古くから鬼が出て大いにあばれ、末には退治せられるところを、諸国わずかずつの変化をもって、まじめに神前において、日を定めて演出したのであった。そうして子供は特にその前半の方に、力を入れて今もってまねて遊んでいる。耳を引くという文句も、その引継ぎであったかも知れぬ。そう考えてもいい理由があったのである。

小泉八雲の『怪談』という書で、初めて知ったという人はかえって多いかも知れぬ。亡霊に耳を引きむしられた昔話が、ついこのごろまで方々の田舎にあった。被害者は必ず盲人であったがその名前だけが土地によって同じでない。小泉氏の話は下関《しものせき》の阿弥陀《あみだ》寺《じ》、平家の幽霊が座頭《ざとう》を呼んで『平家物語』を聞いたことになっており、その座頭の名はホウイチであった。おもしろいから明晩も必ず来い。それまでの質物《しちもつ》に耳を預っておくといったのは、すこぶる『宇治拾遺』の瘤《こぶ》取りの話に近かったが、耳を取るべき理由は、実は明らかでなかった。

ところが、これとだいたい同じ話が、阿波の里浦というところにかけ離れて一つあるので、右の不審がやや解けることになる。昔団一という琵琶法師、夜になるとある上臈《じょうろう》に招かれて、知らぬ村に行って琵琶を弾いている。一方には行脚《あんぎゃ》の名僧が、ある夜はからずも墓地を過ぎて、盲人のひとり琵琶弾くを見つけ、話を聞いて魔障のわざと知り、からだ中をまじないしてやって、耳だけを忘れた。そうすると次の晩、例の官女が迎えに来て、その耳だけを持って帰ったというので、これは今でも土地の人々が、自分のところにあった出来事のように信じている。耳を取ったのが女性の亡魂であったことと、僧が法術をもって救おうとした点とが明瞭になったが、それでもまだまじないの意味がはっきりしない。

それを十分に辻褄《つじつま》の合うだけの物語にしたのが、『曽呂利《そろり》物語』であった。江戸時代初期の文学であるが、こちらが古くて、前の話がその受け売りだともいえないことは、読んだ人には容易にわかる。これは越後の座頭耳きれ雲一の自伝とある。久しくおとずれざりし善光寺の比丘尼《びくに》慶順を、路のついでをもって訪問してみると、実は三十日ほど前に死んでいたのであったが、幽霊が出て来てなにげなく引き留め、琵琶を弾かせて毎晩聞き、どうしても返すまいとする。それを寺中の者が注意して救い出し、馬に乗せて逃がしてやった。後から追われていかんともしようがないので、ある寺にかけ込んで事情を述べて頼むと、一身にすき間もなく尊勝陀羅尼《そんしょうだらに》を書きつけて仏壇の脇に立たせておいた。すると比丘尼の幽霊がはたしてやってきて、かわいや座頭は石になったかと体中をなでまわし、耳に少しばかり陀羅尼のたらぬところを見つけて、ここにまだ残り分があったと、引きちぎって持って行ったといって、その盲人には片耳がなかったというのである。

その話なら私も知っていると、方々から類例の出ることは疑いがない。この民族がまだいかにもあどけなかった時代から、いな人類がいろいろの国に分かれなかった前から、敵に追われて逃げて助かったという話は、幾千万遍となくくり返して語られ、また息づまるほどの興味をもって聞かれたのである。それがごく少しずつ古臭くなり、人の知慮がまた精確になって、だんだんに新味を添える必要を生じた。そこへ幸いに耳の奇聞が手伝いに出たというまでである。鬼や山姥《やまうば》に追われた話でも、たいていは何かこれに近い偶然をもって救われたのみならず、その記念ともいうべきいろいろの痕跡があった。蓬《よもぎ》と菖蒲《しょうぶ》の茂った叢《くさむら》に入って助かった。ゆえに今でも五月には、この二種の草を用いて魔を防ぐのだという類である。古い話の足がかりのようなものである。そうすれば座頭その者がやがてまた、見るたびにこの話を思い出さしめる一種の大唐櫃《からびつ》や、蓬・菖蒲のごときものであったともいえる。

## 旅の御坊

つまり小泉八雲氏の心をひいた耳無し法一の神異談は、彼が父母の国においても今なお珍重せられる、いわゆる逃竄《とうざん》説話と、異郷遊寓譚との結びついたものの、末の形に他ならぬのであった。西洋では説話運搬者の説話に与えた影響は、まだ本式に研究し得なかったようだが、日本には仕合せとその証跡が、見落とし得ないほどに豊富である。ことに盲人には盲人特有の、洗錬せられたる機知が認められる。たとえば江戸川左岸のある村の話で、鬼が追いかけてきて座頭の姿を発見し得ず、わずかに耳だけが目にふれて、おおここにキクラゲがあったといって、取って喰ったと語っているなどは、盲人の癖にといいたいが、実は目くらだから考え出した、やや重くるしい滑稽である。そんな例は気をつけてごらんなさい、まだいくらでもあるのである。

実際座頭の坊は『平家』『義経記』のみを語って、諸国を放浪することもできなかった。夜長の人の耳のやや倦《う》んだ時に、何か問われて答えるようなおもしろい話を、常から心がけて貯えておいたのである。しからば耳の切れた盲人が何人もあって御坊その耳はどうなされたと、尋ねられるような場合が多かったかというに、そうかも知れず、またそれほどでなくともよかったかも知れぬ。片耳の変にひしゃげたり、妙な恰好をした人は存外に多いものだ。そうでなくとも目のない人だから、耳の話が出る機会は少なくはなかったろう。耳と申せば手前の師匠は、片耳が取れてござったなどと、そろそろとこの話を出す手段もあったわけだ。そうしてその話というのは、実に一万年も古い旧趣向に、現世の衣裳を着せたものであった。ゆえに今ここでわれわれの不思議とすべきは、その話の存在や流布ではない。単に何ゆえそういう耳切りの話が、盲人によって思いつかれ、また持ち運ばれたかという点ばかりである。

すなわちたくさんの盲人がかけ離れた国々をあるいて、むやみに自分たちの身の上話らしく、同じ一つの妖魔遭遇談をしたのが妙なのである。その説明を試みても、そんなことがあろうかと怪しみ疑う人すら、今日ではもう少なかろうと思うが、それでも何でも自分は証拠があげたい。つまり座頭は第一に自分たちが、無類の冒険旅行家であることを示したかった。第二には技芸のたのもしい力を説こうとしたのである。第三には神仏の冥助《みょうじょ》のことを、特に彼らに豊かであったこと、第四にはあたうべくんば、それだから座頭を大切にせよの、利己的教訓がしたかったのかと思う。この条件を具足して、しかも亭主方の面々を楽しましむべき手段がもしあったとしたら、これを一生懸命に暗記し、かつやたらに提供することも、すなわちまた彼らの生活の必要であった。

## 山神と琵琶

村の人は村にいて聞くゆえに、たいていは土地ばかりの旧事蹟と考えたのである。そう考えさせることも、また有力なる技術であった。座頭辞し去って数百年のあいだ、それがものものしく保存せられ、しだいに近郷の人々に承認せられると、再び説話はその土地に土着するのである。今日ではもう信じにくいということは、少しも農民をうそつきとする理由にはならぬ。古くからあるものは、誰だって粗末にはしない。

一例をあげると、羽前の米沢《よねざわ》から、越後の岩船《いわふね》郡に越える大利峠《おおりとうげ》、一名折峠、また蛇骨《じゃこつ》峠、座頭峠ともいう。頂上には大倉権現が祭ってある。昔々一人のボサマ、日暮れてこの嶺に独宿し、寂寞のあまりに琵琶を弾じてみずから慰めた。時に女性の忽然として現れ来る者あって、曲を聞いて感嘆止まず、かつ語りていわく、われはこの山中に久住する大蛇である。近く大海に出でんとすれば、関の一谷《たに》は水の底となるであろう。必ずあの村には長居はしたまうな。また命にかけて、このことを人に洩らしてはならぬと告げた。それにもかかわらず夜明けて関谷に下るとき、意を決してこれを村の人に教えたので、盲人はたちどころに死し、大蛇もまた村人のために退治られた。その盲人が頂上の祠の神であるともいえば、あるいは悪蛇の霊を祀るというのは、両方とも真実であろう。最近の伝説では、大倉権現は盲女おくらの怨霊、猟夫鯖七《さばしち》の女房にして、禁肉を食って蛇となる者ともいっているそうである。

しかるに同じ米沢から、さらに他の一人の座頭が、北に向かって大石田越という山路で、ほぼ同様の功をたてて、死してまた神に祀られている。大石田においては、森明神というのがその盲人の霊であった。ある時山中を過ぎて一老翁に逢い、琵琶の一曲を所望せられ、傍の石に坐して地神経《じじんきょう》を弾じたとある。老人感嘆して、さていわく、謝礼のために教え申すべし、今宵は必ず大石田に宿りたまうべからず云々、それから後は例のごとく、村民は何とかして恩人の命を助けようと、唐櫃《からびつ》の中へ三重四重に隠しておいたが、開けてみたれば寸々に切られて死んでいたという。

越後ではなお小千谷《おじや》の町の南はずれ、那須崎の地蔵堂にも同じ話があった。盲人は蛇の害の迫れることを語るや否や、血を吐いてたちまち死んだが、里の人たちはさっそく手配をして鉄の杭を山中の要路に打ち込み、あらかじめ防遏《ぼうあつ》することを得たりとしるされている。大蛇にとっては鉄類は大毒であった。ゆえに大利峠の蛇精の女なども、一番嫌いなものは鉄の釘だと、うっかり座頭に話したために退治られたといい、関谷の村には鍛冶屋敷の跡さえあった。信州では山に法螺《ほら》崩《くず》れと蛇崩《じゃくず》れとがあった。蛇崩れの前兆には山がおびただしく鳴るので、ただちに檜木《ひのき》を削って多くの橛《くい》を作り、それをその山の周囲に打ち込むと、蛇は出ることあたわずして死んでしまい、年経て後骨になって土中から出る。それを研末《けんまつ》して服するときは瘧《おこり》病を治すなどともいった。すなわち盲目の教えを待たずして、すでにこれを防ぐの術は知られていたので、あるいは座頭がその受け売りをしたのだと思う者があっても、そうりっぱに反対の証拠をあげることはできなかったのである。

## 盲の効用

それにもかかわらず、座頭がこの話をすると人がさもありなんと考えたのは、単に話術の巧妙ばかりでもなかったと見えて、今ではどこに行っても彼らだけでこの話を持ちきっている。まだ他の府県にもあるだろうと思うが、自分の今知っているのは、磐城《いわき》の相馬にも一つ、堂房《だいぼ》の釈師堂様という池の神が、ある時信心の盲に目をあけてやって、こんなことを教えたという話である。自分は近いうちに小高《おだか》の一郷を湖水にする企てがある。それを人にいうと汝の命を取るぞと、堅く戒めておいたが、本人は身を捨てて里人に密告した。それ小高の陣屋ではこれを聞いて、領内に命じてたくさんの四寸釘を造らせ、それを四寸おきに丘陵の周囲に打ち込ませた。蛇は鉄毒のために死して切れ切れとなり、それの落ち散った故跡として、今に胴坂、角落村、耳谷などという地名がある。しかもせっかく目の開いた盲人は、旋風に巻き上げられてゆくえ知れず、鍛冶塚ばかりが後代に残っている。この辺からは実際鉄の屑が出るというのは、あるいはこの話が鍛冶屋との合作であったことを語るものかも知れぬ。

伊豆ではまた、三島の宿の按摩《あんま》の家へ、夜になると遊びにくる小僧があった。後に来ていうには、われはこの山を七巻半巻いている大蛇である。毎日往来の人馬に踏まれる苦しさに、大雨を降らせてこの辺を泥海にして出て行こうと思う。御身一人は逃れたまえ。人に語ると命を取るといった。人助けのためにその秘密を明かし、山に鉄の杭を繁く打ち込んで、ついに大蛇を殺させたが、一村は難を逃れて按摩は死んだ。その石像を作って香火永く絶えずというのは、はたして今もあるかどうか。とにかくにこの山とは箱根のことであったらしく、話が按摩になってもう関係も薄いが、実は水土《みずち》の神の蛇体は、仏教の方では琵琶を持つ女神で、かつ早くから琵琶を弾く者の保護者であった。座頭の地神経は、その神徳をたたえた詞《ことば》である。農家が四季の土用に彼を招いて琵琶を奏せしめたのも、最初の目的はその仲介によって、神のご機嫌をとり結ぼうためであった。ゆえに村民はいわばどんな話を聞かされても、黙って承認せねばならぬ関係にあったのである。

盲人がこの技芸に携わってからの、歴史だけはもうだいぶわかっている。今さらそんなことを述べておれば、ただの編集になってしまう。それよりも理由が知りたいのは、どうして日本に入って琵琶が当道の業となったかである。何ゆえに盲が大蛇の神の神職を独占したかである。この疑問に対しては耳切団一の話が、やはり有力なる一つの暗示であった。自分の想像では、生牲《いけにえ》の耳を切ってしばらく活かしておく慣習よりも今一つ以前に、わざとその目を抜いて世俗とひき離しておく法則が、一度は行なわれていたことを意味するのではないかと思う。日向《ひゅうが》の生目八幡に悪七兵衛景清を祭るというなども、あるいは琵琶法師の元祖が自製の盲目であったという幽《かす》かな記憶に、ローマンスの衣を着せたものとも解せられぬことはない。とにかくこの徒が琵琶の神、すなわち水底の神から、特別の恩顧を得た理由が、目のないという点にあったことだけはほぼ確かであった。

## 蛇と盲目

そうすると、自分などのこういう思いきった仮定説のようなものを批評する場合に、昔からよく聞く「めくら蛇におじず」という俗諺《ぞくげん》なども、今一度とくとその起原を考えてみる必要はあるまいか。元来目あきが蛇を恐れる道理も、実はまだ明白でも何でもないのだが、われわれの流儀ではそれを究めようとはしない。単に恐れているのか否かを問うて、静かにその事実の何物かを語るを待つだけである。しかし少なくも盲の蛇を恐れざるゆえんを、なんにも知らぬからであろうと速断したのは誤りで、彼らはこの通り蛇に関する珍しい知識を、昔から持っていたという事実があがったのである。したがってゆくゆく彼らの蛇をおじなかった積極的原因も、改めてまた発見せられるかも知れない。

今だってもう少しはわかっているのである。第一には全国にひろく分布する琵琶橋・琵琶淵などの言い伝えに、琵琶を抱いて座頭が飛び込んだというものは、往々にして蛇の執念、もしくは誘惑を説くようである。すなわち盲人には何かは知らず、特にいわゆるクラオカミによって、すき好まれる長所のあるものと想像されていたのである。第二には勇士の悪蛇退治に似合わぬ話だが、おりおり目くらが出て参与している。九州で有名なのは、肥前黒髪山下の梅野座頭、これは鎮西《ちんぜい》八郎の短刀を拝借して、谷に下って天堂岩の大蛇を刺殺したと称して、その由緒をもって、正式に刀を帯ぶることを認められている。しかもよほど念の入った、隠れた理由のないかぎり、人はとうてい盲人を助太刀に頼む気にはなり得まい。すなわち彼らには一種の神力を具えていたのである。

西国の盲僧たちには、寺を持ってその職務を世襲した例が多い。よその目くらを取子とする以前に、なるべくその実子の目がつぶれてくれることを、親心としては望んだであろう。すなわちかつてはみずから目を傷つけて、神に気に入る者となろうとした時代が、あったと想像し得る根拠である。耳の方ならば、なおさら差しつかえが少なかったわけである。昔信仰の最も強烈であった世の中では、神に指定せられて短く生き、永く祀らるることを欣幸《きんこう》とした者も多かった。その世が季《すえ》になって、死ぬことだけは御免だと考え始めたころには、よくしたもので八幡の放生会のごとく、無期の放し飼いが通則として認められた。耳切団一が信仰のため、また同時に活計のために、深思熟慮の上でみずから耳を切って来たとしても、自分たちはこれを怪しもうとは思わぬ。またそうまでせずとも話は成立したのである。

しかし彼らいかなる機智巧弁をもってするとも、われわれのあいだに、これを信ぜんとする用意がなかったならば、畢竟《ひっきょう》は無益のほら吹きに過ぎぬ。ところがわれわれは忘れたるがごとくにして、実は無心に遠き世の感動を遺伝していた。鹿を牲《にえ》とすれば、耳が割けており、獅子を舞わしむれば、たちまち相手の耳を喰い切り、記念に巌石に姿を刻《きざ》めば、耳を団扇《うちわ》のごとく大きくせざるを得ず、そうして盲人を見ると、永く水の神の威徳と凶暴とに対して、一喜一憂するを禁じ得なかったのである。これを無意識に、しかも鋭敏に、測量し得た者がいろいろの歌を物語り、また数々の言い習わしを作って、久しくわれわれの多数を導いていたのである。前代は必ずしも埋もれ果てたとは言われない。例えば耳に関し、また目について、普通の同胞が信じ、かつ説いている小さな知識の中にも、日本の固有信仰の大切な「失われたる鏈《くさり》」を、引き包んでかりに隠している場合が、まだいくらでもあるらしいのである。

（昭和二年十一月『中央公論』）

# 橋姫

橋姫というのは、大昔われわれの祖先が街道の橋のたもとに、祀っていた美しい女神のことである。地方によってはその信仰が早く衰えて、その跡にいろいろの昔話が発生した。これを拾い集めて比較していくと、すこしずつ古代の人の心持ちを知ることができるようである。私は学問の厳粛を保つために、わずらわしいが一々話の出所を明らかにして、寸《すん》毫《ごう》も自分の作意を加えておらぬことを証拠だて、こういう研究のすきな人たちの御参考にしようと思う。

山梨県東山梨郡国里村の国玉組《くだまぐみ》に、俗に国玉の大橋と称する橋がある。大橋などという名にも似合わぬわずかな石橋で、甲府市中の水を集めて西南に流れ、末は笛吹《ふえふき》川に合する濁《にごり》川《がわ》という川に架《か》かっている。今の国道からは半里ほど南であるが、以前はこの筋を往還としていたらしい。一説には大橋ではなく逢橋であったといい、また行逢《ゆきあい》橋という別名もある。もとは山梨・巨摩《こま》・八代《やつしろ》三郡の境であったと『甲《か》斐《い》国志』にあるが、はたしてそうか否かは知らぬ。百五、六十年前に出来た『裏見《うらみ》寒話《かんわ》』という書の第六巻に次のような話がある。この橋を通行する者が、橋の上で猿橋の話をすると必ず怪異がある。猿橋の上でこの橋の話をしても同様である。昔武蔵国から甲州へ来る旅人があった。猿橋を通る際に、ふと国玉の大橋の噂をしたところが、そこへ一人の婦人が出てきて、甲府へ行かるるならばこの文を一通、国玉の大橋まで届けて下されといった。その男、これを承知してその手紙を預ったが、いかにも変なので、途中でそっとこれをひらいてみると、中にはこの男を殺すべしと書いてあった。旅人は大いに驚き、さっそくその手紙を殺すべからずと書き改めて、国玉まで携えてくれれば、この橋の上にも一人の女が出ておって、いかにも腹立たしい様子をしていたが、手紙を開いて見て後、機嫌がよくなり、礼をのべて何事もなく別れた。とりとめもなき話なれど、国こぞりてこれをいうなりとある。また今一つの不思議は、この橋の上で謡の「葵《あおい》の上」を謡うと、たちまち道に迷い、「三輪《みわ》」を謡うと再び明らかになると、これも同じ書物の中に書いてある。

この話の単純な作り話でないことは、第一にその鍔目《つばめ》の合わぬことが、これを証拠立てる。旅人がわざわざ書面を偽作して、正直に持ってきたのもおかしく、それを見て橋姫が喜んだというのも道理がない。おそらくは久しく伝えているうちに、少しずつ変化したものであろう。明治二十年前後に出版せられた『山梨県町村誌』の中には、現にまたさらに変わった話になっていて、この橋の上を過ぎるとき猿橋の話をなし、あるいは「野宮《ののみや》」の謡をうたうことを禁ず、もし犯すときは必ず怪異あり、その何ゆえたることを知らずとある。六、七年前にこの県の商業学校の生徒たちの手で集められた『甲斐口碑伝説』中にある話は、またこんな風にも変化している。ある人が早朝に国玉の大橋を渡る時に、「野宮」を謡えば怪ありということを思い出し、試みにその小謡を少しばかりうたってみたところ、何の不思議も起こらず、二、三町ほど行き過ぎたが、向こうから美しい一人の婦人が乳呑児《ちのみご》を抱いてやってきて、もしもしはなはだ恐れ入りますが、足袋《たび》のこはぜをかけます間、ちょっとこの児を抱いていて下さいと言う。それでは私が掛けてあげようと、屈みながらふと見上げると、たちまち鬼女のような姿になり、眼をむいて今にも喰いつきそうな顔をしていたので、びっくりして一目散に飛んで帰り、わが家の玄関に上るや否や気絶した云々。これも小説にしては、乳呑児を抱けと言ったなどが、あまりに唐突で、もっともらしくない。

さてどうしてこのような話が始まったかということは、われわれの力ではまだ明白にすることはむつかしいが、これとよく似た話が、真似《まね》も運搬もできぬような遠国に、分布していることだけは事実である。不思議の婦人が手紙を託したという話は、先年自分の聞き書きをした『遠野物語』の中にもある。陸中遠野の某家の主人が、宮古《みやこ》へ行って帰りに、閉伊《へい》川の原台《はらだい》の淵のわきを通ると、若い女が来て一通の手紙を託し、遠野の物見山《ものみやま》の沼に行き、手をたたけば名宛の人が出てくるから渡してくれといった。請け合いはしたものの、気にかかってどうしようかと思いながらくると、道でまた一人の六部《ろくぶ》に出逢った。六部はその手紙を開いてみて、これを持って行けば、きっと汝《なんじ》の身に大きな災難がある。私がよいように書き直してやろうといって、別の手紙をくれた。それをたずさえて沼へ行き手をたたくと、はたして若い女が出て書状を受け取り、その礼にごく小さな石臼を一つくれた。この臼に米を一粒入れて、まわすと下から黄金が出る。それで後々は富裕の身代になったという話である。また今一つ、羽後の平鹿《ひらか》郡大松川の奥に、黒沼という景色のよい沼がある。沼尻に小さい橋があって、月夜などに美しい女神が出ることがおりおりあった。昔この辺の農夫が伊勢参りの帰りに、奥州の赤沼の脇に休んでいたら、けだかいお姫様が出てきて手紙を預け、出羽へ帰ったらこれを黒沼へ届けて下さい。そのお礼にはこれをと、紙に包んだにぎり飯のような重いものをくれた。この男は黒沼の近くまで来た時に、大きな声で赤沼から手紙をことずけられたと呼ぶと、振袖を着た美しい女が出てこれを受け取り、大姉君の音信《たより》はうれしいと、これも同じような紙包をくれたので、後にこの二包を市に持ち出して銭に代えようとすると、おまえ一人の力では、とても銭では持って帰られまい。金で持って帰るがよいといって、山のような黄金をくれたので、たちまちにして万福長者になったという。この話は『雪の出羽路』という紀行の巻十四に出ている。

この二つの愉快な話とは反対に、気味の悪い方面が国玉の大橋とよく似ているのは、『福山志料』という書に採録した備後《びんご》蘆品《あししな》郡服部永谷村の読坂の由来談である。昔馬方が空樽を馬につけて帰ってくる道で、一人の男に出逢って一通の手紙を頼まれ、何心なく受け取ったが、届け先を聞いておかなかったことを思い出し、ちょうどこの坂道で出逢った人に、その状を読んでもらった。名宛が怪しいので、封をはがして文言を読むと、「一、空樽つけたる人の腸《はらわた》一具進上致候」と書いてあった。さては河童《かっぱ》の所業に相違なし、なるだけ川のあるところを避けて帰れと教えられ、迂路《うろ》をしてようやく危害を免れた。それよりしてこの坂を読坂と呼ぶようになったとある。すなわち手紙を読んだ坂という意味である。この話に馬と空樽とは何の縁もないようであるが、川童は久しい以前から、妙に馬にばかり悪戯《いたずら》をしたがるものである。六、七年前早稲田大学の五十嵐《いがらし》教授が学生に集めさせて、『趣味の伝説』という名で公刊せられた諸国の伝説集の中にも、豊後九十九峠の池の川童、旅の馬方の馬を引き込もうとして、あべこべに取って押えられ、頭の皿の水がこぼれて反抗する力もなくなり、宝物を出しますから命ばかりは助けて下さい、手前の家は峠の頂上から細道を七、八町（約七六〇、八七〇メートル）入ったところにあります。そこへこの二品を持って行って下されば、必ず宝物と引き換えますといって、渡したのがやはり一通の手紙と樽であった。この馬方は字が読めたので、途中で樽の臭の異様なことに心づいて、手紙を開いてみると、「御中付の人間の尻子《しりこ》百個の内、九十九個は此男に持参致させ候に付、御受取被下度、不足分の一個は、此男のにて御間に合せ被下度候。親分様、子分」とあったので、びっくりして逃げてきた。それよりこの峠の名も九十九峠と書くようになった云々。

さて自分がここにお話したいと思うのは、これほど馬鹿げたらちもない話にも、やはり中古以前からの伝統があるという点である。それは『今昔物語』の巻二十七に、紀遠助《きのとおすけ》という美濃国の武士、京都からの帰りに近江の勢田《せた》橋の上で、婦人に絹で包んだ小さな箱を託せられ、これをば美濃方県《かたかた》郡唐《もろこし》の郷《さと》、段の橋の西詰にいる女に届けてくれとの頼みであったのを、うっかり忘れて家まで持って帰り、今に届けようと思っているうちに、細君に見とがめられ、嫉《ねた》み深い細君はひそかにこれを開けてみると、箱の中には人間の眼球、その他の小部分が、毛のついたままむしり取って入れてあったので、夫婦とも大いに気味を悪がり、主人はさっそくこれを段の橋へ持参していくと、はたして婦人が出ていてこれを受け取り、この箱は開けてみたらしい、にくい人だといって凄い顔をしてにらんだ。それから病気になって帰ってほどもなく死んだとある。勢田橋はご承知のごとく、昔から最も通行の多かった東路の要衝であるが、しかもこの橋の西詰には、世にも恐ろしい鬼女がいて、しばしば旅人をおびやかしたことは、同じ『今昔物語』の中にも、いろいろと語り伝えられている。神から神へ手紙を送るのに人間の手を借りたというのも、古くからの話である。例えば『宇治拾遺』の巻十五に、越前の人で毘沙門《びしゃもん》を信仰する某、不思議な女の手から書状をもらい、山奥に入って鬼形の者にこれを渡して、一生食べてもつきない米一斗を受け取った話があり、『三国伝記』巻十一には、比叡山《ひえいざん》の僧侶が、日吉《ひえ》二宮の文を愛宕《あたご》の良勝という地主の仙人へ持参して、福分《ふくぶん》を授かった話がある。その話が日本だけに発生したものでないことは、支那でも『酉陽雑俎《ゆうようざっそ》』巻十四に、邵敬伯《しょうけいはく》という人、呉江《ごこう》の神の書翰を託せられて、済河《せいが》の神のところ所へ使いに行き、宝刀をもらって帰った話もあり、まだその他にも、古いところにこれに似た話があったのを見てもわかる。

そんならこの類の諸国の話は、支那からもしくは和漢共通の源から起こって、だんだん各地に散布し、かつ変化したと解してよいかというと、自分は容易にしかりと答え得ぬのみならず、またかりにそうとしても、何ゆえにわれわれの祖先がそのような話を信じて恐れたかについては、新たに考えてみねばならぬことが多い。手紙の託送を命ぜられた人が、そのために命にかかわるほどの危険におちいり、それが一転すればまた、極端の幸福を得るにいたるというのには、何か仔細がなくてはならぬ。今日のごとく教育の行き渡った時代の人の考えでは、文字も言語も軽重はないように見えるかも知らぬが、田舎の人の十中の九までが無筆であった昔の世の中においては、手紙はそれ自身がすでに一箇不可解なる霊物であったのである。支那でも日本でも護符や呪文には、読める人には何だつまらないというようなことが書いてある。あたかも仏教の陀羅尼《だらに》やラマ教の祈禱文が、訳してみればいたって簡単なのと同じである。「いろはにほへと」と書いてあっても無学文盲には、「この人を殺せ」とあるかとも思われ、「宝物をやってくれ」とあるかとも思われ得る。これがこの奇抜な昔話を解釈するに必要なる一つの鍵《かぎ》である。しかしまだその前に話さねばならぬことがあるから、そのほうを片づけていこうと思う。

近年の国玉の橋姫が乳呑児を抱いてきて、これを通行人に抱かせようとした話にもまた伝統がある。この類の妖怪は、日本では古くからウブメと呼んでいた。ウブメは普通には産女と書いて、今でも小児の衣類や襁褓《むつき》などを夜分に外に出しておくと、ウブメが血をかけて、その子供が夜泣をするなどという地方が多く、たいていは鳥の形をして、深夜に空を飛んであるくものというが、別にまた児を抱いた婦人の形に画などにも描き、つい頼まれて抱いてやり、重いと思ったら石地蔵であったというような話もある。これも『今昔物語』の巻二十七に、源《みなもとの》頼光《よりみつ》の家臣に平の季武《すえたけ》という勇士、美濃国渡《わたり》という地に産女が出ると聞き、人と賭《かけ》をして、夜中にわざわざそこを通って産女の子を抱いてやり、返してくれというをも顧みずたずさえて帰ってきたが、よく見れば少しばかりの木の葉であったという話を載せ、「此ノ産女ト云フハ狐ノ人謀ラムトテ為ルト云フ人モ有リ、亦女ノ子産ムトテ死タルガ霊ニ成タルト云フ人モ有リトナム」と書いている。もとより妖怪のことであればずいぶんこわく、まずこれに会えば、食われぬまでもおびえて死ぬほどに恐れられていたにもかかわらず、おもしろいことには産女にも往々にして好意があった。たとえば『和漢三才図会』[21]六十七、または『新編鎌倉志』巻七に出ている鎌倉小町の大巧寺の産女塔の由来は、昔この寺第五世の日棟《にっとう》上人、ある夜妙本寺の祖師堂へ詣る道すがら、夷堂《えびすど》橋《ばし》の脇《わき》より産女の幽魂現れ出で、冥途《めいど》の苦艱《くげん》を免れんと乞い、上人彼女のために回向《えこう》をせられると、お礼と称して一包の金をささげて消え去った。この宝塔はすなわちその金を費して建てたものである。夷堂橋の北のこの寺の門前に、産女の出た池と橋柱との跡が後までもあったという。加藤咄堂氏の『日本宗教風俗志』にはまたこんな話もある。上総《かずさ》山武《さんぶ》郡大和村法光寺の宝物の中に産《うぶ》の玉と称する物は、これもこの寺の昔の住持で日行という上人、ある時途上で、すこぶる憔悴した婦人の赤児を抱いている者が立っていて、この子を抱いてくれというから、かわいそうに思って抱いてやると、重さは石のごとく、冷たさは氷のようであった。上人は名僧なるがゆえに、少しも騒がずお経を読んでいると、しばらくして女のいうには、お蔭をもって苦艱を免れました。これはお礼と申して、くれたのがこの宝物の玉であった。今でも安産に験《しるし》ありというのは、たぶん産婦が借用して、いただけば産が軽いということであろう。この例などを考えてみると、謝礼とはいうけれども、実はこれをくれるために出てきたようなもので、仏法の功徳《くどく》という点を後に僧徒がつけ添えたものと見れば、その他は著しく赤沼・黒沼の姫神の話などに似ており、少なくも産女が平民を気絶させることのみを能としていなかったことがわかる。そうして橋の神に安産と嬰児《えいじ》の成長を祈る説話は、ずいぶん諸国にあるから、国玉の橋姫が後に子持ちとなって現れたのも、自分には意外とは思われぬ。

それから今度は、謡をうたっては悪いという言い伝えをあらまし説明しよう。これもまた各地方に同じ例の多いことで、九州では薩州山川港の竹の神社の下の道、大隅重富《おおすみしげとみ》の国境白銀《しろがね》坂などにおいて、謡をうたえば必ず天狗倒しなどの不思議があったことは『三国名勝図会』に見え、越後五泉《ごせん》町の八幡社の池の側では、謡を謡えば女の幽霊が出ると『温故之栞《のしおり》』第七号に見えている。また駿州静岡の旧城内杜若《かきつばた》長屋という長屋では、昔から「杜若」の謡を厳禁していたことが津村淙庵の『譚海《たんかい》』巻十二に見えているが、これは何ゆえに特に「杜若」だけが悪いのか詳しいことはわからぬ。しかし他の場合には理由の明白なるものもあるのである。たとえば近ごろできた『名古屋市史』の風俗編に、尾張の熱田で「楊貴妃《ようきひ》」の謡を決してうたわなかったのは、以前この境内を蓬萊宮《ほうらい》と称し、唐の楊貴妃の墳があるという妙な話があったためで『新撰陸奥風土記』巻四に、磐城伊具《いわきいぐ》郡尾山村の東光院という古い寺で、寺僧が「道成寺《どうじょうじ》」の謡を聞くことを避けていたのは、かの日高川で清姫が蛇になって追いかけたという安珍僧都《あんちんそうず》が、実はこの寺第三世の住職であったためであるといっている。信濃の善光寺へ越中の方から参る上路越《あげろごえ》の山道で、「山姥《やまんば》」の謡を吟ずることは禁物と、『笈埃随筆《きゅうあい》』巻七に書いてある理由などは、おそらくはくだくだしくこれを述べる必要もないであろう。しからばたちもどって、前の甲州国玉の逢橋の上で、通行人が「葵の上《あおいうえ》」を謡うと、暗くなって道を失うと『裏見寒話』にあり、近代になっては「野宮《ののみや》」がいかぬということになったのは、そもいかん。これは謡というものを知らぬ若い人たちでも、『源氏物語』を読んだことのある方には、すぐに推察ができることである。つまり「葵の上」は女の嫉妬を描いた一曲であって、紫式部の物語の中で最も嫉み深い婦人、六条の御息所という人と、賀茂の祭の日に衝突して、その恨みのために取り殺されたのが葵の上である。「野宮」というのもいわゆる源氏物の謡の一つで、右の六条の御息所《みやすどころ》の霊をシテとする後日譚《ごじつだん》を趣向したものであるから、結局は女と女との争いを主題にした謡曲を、この橋の女神が好まれなかったのである。「三輪」を謡えば再び道が明るくなるという仔細はまだわからぬが、古代史で有名な三輪の神様が、人間の娘と夫婦の語らいをなされ、苧環《おだまき》の糸を引いて、神の験《しるし》の杉の木の上にお姿を示されたという話を作ったもので、その末の方には「又常闇《とこやみ》の雲晴れて云々」あるいは「其関の戸の夜も明け云々」などという文句がある。しかしいずれにしても橋姫の信仰なるものは、謡曲などのできた時代よりもずっと古くからあるはもちろん、『源氏物語』の時代よりもさらにまた前からあったことは、現にその物語の中に橋姫という一巻のあるのを見てもわかるので、これにはただどうして後世に、そんな謡を憎む、好むという話が語られるに至ったかを、考えてみればよいのである。

国玉の大橋の上で猿橋の話をすると災いがあり、また猿橋で国玉のことをいっても同様であったという言い伝えは、こうしてみると謡の戒めの話と裏表をなしていることがわかる。この二つの橋は、ともに甲州街道の上にあって、旅人によく知られていた橋である。そうして猿橋の方にもやはり橋の西詰に、諸国の猿曳《さるひき》が尊信する、俗に猿の神様などと呼ぶ小社があった。昔の神様は多くはいわゆる地方神であって、土地の者からは完全なる信仰を受けられても、遠国の旅客などには自由な批評ができたためであるか、往々にして甲地乙地どちらの神がありがたいというような沙汰があった。なおその上に、この種の神々は当節の大神とは違って、人間とよく似た感情または弱点をももっておられた。いわんや失礼ながらそれがご婦人であったとすると、他方の女神の噂などを聞きたまう時の不愉快さは、なかなか謡を聞いて思い出すくらいの微弱なものでなかったはずである。薩摩の池田湖は山川港に近い火山湖で、わずかな丘陵をもって内外の海と隔てられ、風景の最も美しい静かな水であるが、この湖の付近において海の話をすれば、たちまち暴風雨が起こると伝えられていたことが『三国名勝図会』に見え、阿波の海部《かいふ》川の水源なる王余魚滝《かれいのたき》、一名轟《とどろき》の滝においては、紀州の那智滝とこの滝とを比べ、または滝の高さを測らんとすることを、神が最も忌み嫌いたまうということ、『燈下録』という書の巻十に見えている。こういうことは、昔から人のついしそうなことで、しかもごくわずかばかり劣った方の神様にとっては、はなはだおもしろくないことに相異ない。富士と浅間の煙競べということは、今の俗曲の中にもあるが、古代の関東平野では、早くより筑波《つくば》と富士との対抗談があったと見えて、『常陸《ひたち》風土記』にはそれに因《ちな》んだ祖神巡国《みおやがみくにめぐり》の話を載せ、もちろん自国の筑波山の方がすぐれたように書いている。羽後に行くと、鳥海山《ちょうかいさん》が富士と高さを争ったという昔話がある。鳥海はどうしても富士にはかなわぬと聞いて、くやしさのあまりに山の頂上だけが大海へ飛んだ。それが今の飛島《とびしま》であるという。前に引用した『趣味の伝説』には、加賀の白山が富士と高さを争い、二山の頂きに樋《とい》を渡して水を通してみると、白山の方が少し低かったので、白山方の者が急いで草鞋《わらじ》を脱いで、樋の下にあてがって平らにしたゆえに、今でも登山者は、必ず片方の草鞋を山で脱いでくるのだといい、三河の本宮山《ほんぐうざん》と石《いし》巻山《まきやま》とは、相対して一分も高さが違わぬゆえに、永久に争っており、二つの山に登る者、石を携えて行けばくたびれず、小石一つでも持ち降れば罰が当たり、参詣が徒爾《とじ》となるというなどは、いずれもよく似た山の争いである。このほか『越中旧事記』によれば、婦負《ねい》郡舟倉山の権現は、能登の石動山《せきどうさん》の権現ともとご夫婦であったが、嫉妬から闘諍《とうそう》が起こって、十月十二日の祭の日には今でも礫《つぶて》を打ちたまうゆえに、二つの山のあいだの地には、小石がいたって少ないなどというそうである。昨年秋の院展に川端龍子君の手腕を示した二荒山《ふたらさん》縁起の画なども、やはりまたこの山と上州の赤城山との丈競《たけくら》べ古伝を理想化したもので、これなどは最も著しい例であった。今でも赤城明神の氏子たちは日光には参られない。旧幕時代には牛込辺の旗本、御家人たちの赤城様の氏子であった者は、公命によって日光の役人になった場合、氏神に参詣してその仔細を申し、自分だけ一時氏子を離れて、築土《つくど》八幡または市谷八幡の氏子となり、在役中の加護を願ったということが、十方菴の『遊歴雑記』五篇の中に見えている。

この例はまだいくらもある。中でも珍しいのは『日次記事《ひなみきじ》』の三月の条に、京都の西の松尾の人は紀州の熊野へ参らず、熊野の人も松尾明神に参詣してはならぬ。この禁を破れば必ず祟りがあるとある。恐れ多いことであるが、伊勢の大廟にも、在原姓の者は参宮をしなかったという話がある。それは先祖の業平《なりひら》が『伊勢物語』にあるごとく、神聖なる斎《いつき》の宮に懸想《けそう》をしたためであった。京都粟田口《あわたぐち》明神社の坊官《ぼうかん》、鳥居小路《とりいこうじ》氏のごときはすなわちその家で、参宮がならぬゆえに別にこの宮を建てたと『粟田地誌漫録』に見え、上州群馬郡の和田山極楽院の院主も、先祖の長野右京亮《うきょうのすけ》が在五中将の末であったために、今に至るまで伊勢大神宮に参詣かなわずと『山吹日記』という紀行にある。このほか守屋氏の人は物部連守屋《もののべのむらじもりや》の子孫らしきために、信濃の善光寺に詣ずれば災あり、佐野氏の人は田《た》原藤《わらとう》太《だ》の後ということで、神田明神の祭に逢うと悪いという話が、『松屋《まつのや》筆記』巻五十に出ており、その平将門《たいらのまさかど》の子孫と伝うる今の相馬子爵の先祖が、奥州から江戸へ参覲《さんきん》する道で、常陸《ひたち》の土浦を通る日は必ず風雨または怪異があったのは、将門《まさかど》に殺された叔父の国香《くにか》の墓がこの町にあって、国香明神と祭られていたからだと『新治《にいはり》郡案内』にあるがごとき、あるいは東京西郊の柏木村の人は鎧《よろい》大明神の氏子で、その神は将門の鎧をご神体とすると伝うるゆえに、敵の田原藤太秀郷《ひでさと》の護持仏だったという成田の不動へは参らなかったと、山中共古《きょうこ》翁の日録にあるがごとき、いずれも謎のごとく、また下手な歴史の試験問題のようであるが、実はみなこの系統の話である。このころできた『奈良県高市郡志料』に、この郡真菅《ますげ》村の宗我《そが》神社は蘇我氏の祖神を祀ったかと思われるが、俗には入鹿宮《いるかのみや》と称して、氏子らは今なお多武峰《とうのみね》に参らぬ者が多いとある。これは多武峰には藤原鎌足の廟があるためであるが、さらに注意すべきは、この山から五、六里も東、大和と伊勢の国境の高見山に、蘇我入鹿の首が飛んできて、神に祭ったといういい伝えのあることである。この山の神を信心する者は、多武峰に参ることのならぬはもちろん、『即事考』という書の巻一には、鎌を持って登ってさえ、必ず怪我《けが》をするか、または山が鳴るとある。これなどは明白に山の争いが神の争いとなった一つの証拠で、この近辺で秀でているのはこの二つの山のみであるところから、多武峰の競争者なら高見山は入鹿《いるか》ということになったのであろうと思う。『諺語大辞典』を見ると、京都などでは弘法様の日（二十一日）に雨が降れば、天神様の日（二十五日）は晴天、弘法様の日が晴天なら、天神様の日は雨というとある。これは他の地方でも広くいうことであるが、東京などでは今は、金毘羅《こんぴら》が天気なら水天宮は雨、水天宮が天気なら金毘羅は雨といっている由、ついこのごろ子供が女中から聞いたといっていた。しかるに蠣殻町《かきがらちょう》の水天宮も虎の門の金毘羅も、ともにわずか百年ほど前に勧請《かんじょう》した流行神《はやりがみ》で、これと比べると、東京の天候の方が何千年古いかわからぬ。つまりこれも形式のやや異なった神の嫉みで、最初から僧空海と菅原道真との二人格が相争ったことはあり得ぬのである。それについてなお言いたいのは、関東の各地に藤原時平を祀るという社の多いことである。これなどは天神様に対する反抗者というのほかに、この辺で神に斎《いわ》うべき道理のない人物である。前にも引いた『譚海』の巻十に、下総《しもうさ》佐倉領の酒々井《しゅすい》では、産土神《うぶすながみ》が時平の大臣であるゆえに、一帯に天満宮を祀らぬとある。下野《しもつけ》下都賀《つが》郡小野寺村大字古江の鎮守は時平大明神である。しこうしてその南隣の安蘇郡犬伏町大字黒袴《くろばかま》では菅原道真を鎮守としているために、昔から両村のあいだにとり結んだ縁組は一つも終わりを全《まっと》うしたものはないと、『安蘇史』という近年の地誌に記している。日本の縁組などは、いたってこわれやすいもので、ことに悪いとなったらなお早く破れたであろうから、単純な迷信とも見られようが、どうしてまたそのようなことになったものか、第一に古江の氏神がなぜ時平となったかを考えてみると、これは最初黒袴村の方で、天神を村の境の守護神として祭り始めたからであろうと思う。これも類例をあげてみなければ本意を知りがたいが、通路の衝に祭る神様に妬みという神性があると考えた結果として、婚姻というごとき縁起を重んじ、しかも嫉妬の目的物となりやすい交通に、これを避けたというのは人情の自然である。「人類学会雑誌」の第四十五号に、信州下伊那郡の伊賀良《いがら》村と山本村竹佐との境に、二つ山という小山があってその麓は県道である。山を南北にするこの二か村では、縁組をすれば必ず末遂げずといって、しだいに通婚が絶えていたのを、三州伊良《いらご》湖の漁夫磯丸という歌人に歌をよんでもらい、その後この患いがなくなったとある。『岐蘇《きそ》古今沿革志』を見ると、右の二つの山は一名を恨山といい、飯田の城下へ出る古道は、二つの山のあいだを通っていた。高さ大小ともに同じほどの二つの山で、西の方が少し低いかと思われる。嫁入の行列はもちろんのこと、その荷物ばかりでも、この道を通って行けばきっと離縁になるとて、常に廻り道をして行くとあって、しかもこの書は磯丸が死んだ後に著されたものである。福島県信夫《しのぶ》郡宮代村の日枝神社には、源頼義の側室尾上の前が夫を慕ってきて死んだなどという口碑と石碑とがあるが、その付近の字屋敷畠には、弘安三年の文字ある今一つの碑があって、何か由縁のある他の上﨟《じょうろう》の墓だとも伝えている。この村でも婚姻の者はこの石塔の前を通ることを忌むので、後にこれを中村某の屋敷内へ移したと、二十年ばかり前に出版した『信達《しんたつ》二郡村誌』に出ているが、今日はどうなっているかを知らぬ。

さらに東京付近にある数例をあげてみれば、武蔵比企《ひき》郡南吉見《よしみ》村大字江綱の鎮守元巣《もとす》大明神の社の前は、嫁入には通行をしなかった。これは神様の名がモトスであって、「戻す」の音に近いからと説明せられているが、同じく南足立郡舎人《とねり》村の諏訪社においては、夫婦《めおと》杉と称えた二本の杉の木の前を、嫁入の行列は避けて通らなかった。この杉は幸いにして後に枯れたが、このごとき俗信の起こるに至ったのは、今から百九十年前の享保十三年、三沼代用水の掘割の時、二本の夫婦杉の中間に溝を掘ってから後であるという。これは自分の結論のために入用なる一例である。八王子市の東南、南多摩郡忠生《ただお》村大字図師の釜田坂は、村の南部で大蔵院という寺の前の坂であったが、この坂でもこれを通って縁づいた者は、必ず帰されると伝えられていた。以上の三件はともに『新編武蔵風土記稿』[22]に載っている。ある方面の人には今でも有名な下板橋の縁切榎《えんきりえのき》のことも、同じ書中に記してある。これも岩ノ坂と称する坂路の側で、その榎は第六天の祠《ほこら》のご神木であった。今ではこの木の削り屑をいただいて帰り、別れたいと思う相手の者にそっと服《の》ませるとたちまちだと信じ、背中合せの男女を描いた絵馬札を売る店屋までができたそうだが、これはむしろ神の悪徳を利用した江戸の人間の働きで、もとは他の村々と同様な困った障碍《しょうがい》であった証拠には、この地が中仙道の往来であるにもかかわらず、現に京都の姫宮が将軍家へ降嫁せられた時にも、廻り路にわざわざ臨時の新道を造って、榎の下を避けられたことが一度ではなかった。東京のまん中でも、今の甲武線の水道橋停車場の付近に、つい近ごろまであった三崎稲荷の社は、一名を縁切稲荷と称し、婚礼婿入にこの前を通れば必ず離別するとて、通らなかったと『江戸志』にある。また王子の町から北に当たる荒川の豊島の渡《わたし》でも、嫁入婿取には決してこれを渡らず、双方川向こうへ縁組をするに、上の渡しまたは小《お》代河岸《たいがし》へ迂回をしたと、『遊歴雑記』二編中巻にある。その昔足立郡の領主宮城の宰相、一人娘の足立姫を豊島の左衛門尉《さえもんのじょう》に嫁がせたが、姫は無実の罪を着せられて豊島家を追い出され、帰りに荒川の淵において、十二人の侍女とともに身を投げた。その怨念が今も消えぬのだといったそうであるが、その事実の有無は未定としても、この渡し場の少し上に、足立姫嫁入の時、父の宰相が特に架けさせたという橋の跡があって、近昔まで橋杭が残っていたとあるのは、やがてまたこの地も橋姫の勢力範囲であったことを想像せしめる。新宿の西、青梅《おうめ》街道の上、井頭《いのかしら》用水に架けられた淀橋という橋は、小さな橋だが町の名となって人がよく知っている。中野長者という人、この橋の向こうに渡って財宝を土中に埋め、秘密の洩れんことを恐れて伴《とも》の下男を殺したという伝説があり、橋の名ももとは姿不見橋と呼んだのを、何代かの将軍鷹野の時に、これはよくない名だと仰せられ、ちょうど橋のたもとに水車小屋があったので、淀の川瀬の水車の縁をもって淀橋という名を下すった。それにもかかわらず、この橋でもやはり縁組を嫉み、廂髪《ひさしがみ》の女学生上りまでが、お嫁に行くのにどうしてもここを通過せず、えらい大廻りをしたり、または田の中の小路を歩いたりしておった。大正二年の十一月二十一日（自分が今このことを書いているのも、四年目の同じ日であるのは、また一つの不思議である）、右の水車の持主で、淀橋銀行の頭取もしている浅田さんという長者の家で、嫁御を東京から迎えるに、どうしてもこの橋を渡らねばならぬ際、いっそこのついでにというわけで、盛大な鎮祭《しずめまつり》を挙行し、自分も伝説を知っているという廉《かど》で、その式に招かれて行った。祭場は橋から下手へかけて、水の上に大きな桟敷を構え、あんなりっぱな祭はかつて見たことがない。その時の神官の祝詞《のりと》および来賓名士の演説は、奇天烈《きてれつ》を極めたものであった。そうしてその次の日には、何台かの自動車はブーブーと、花嫁さんを乗せて花々しくこの橋を渡ったのである。自分は単に民衆心理の研究から、ひそかにその後の成績に注意していると、一年もたたぬ内にはや近所では、お嫁さんは病気だそうなとか、その他いろいろの不吉なことばかり噂をしていた。確かな人の話で、それはまったく虚誕《うそ》と判明したが、しかもかの方面の人々が、その後自由にこの橋を通って縁組をしているかどうか。自分などはやっぱりだろうと思っている。

少しご退屈かも知らぬが、すこし京都方面のことをいわねばならぬ。京都では岡崎町池之内、すなわち大学の先生の多く住んでおらるる辺は、中古俊寛僧都《しゅんかんそうず》の住んでいた法勝寺《ほっしょうじ》の跡で、今も俊寛屋敷・有王《ありおう》屋敷などの伝説がある。なかんずく満願寺と法雲寺との向こうを西から東へ通ずる路は、俊寛が鬼界島《きかいがしま》へ流される時に通ったからということで、今日でも婚姻の時に通らぬ土俗があると、『京都坊目誌《ぼうもくし》』に見えている。『都名所図会』巻二にいわく、西洞院《にしのとういん》四条の角の化粧水、昔ここに小野小町の別荘があった。そこから三間ほど北の方に、四条通の人家の下を西へ流れて西洞院川へ落ちる溝川があって、その名を藍染《あいぞめ》川《がわ》という。小町に心をかけた人が望みを遂げずして、この川へ落ち入って死んだと伝え、これゆえに今なお婚礼の輿入《こしいれ》には、この橋を渡らない云々。小町はもとより古今の美人であって、心をかけて死んだ人も多かったかは知らぬが、もし、それがかの深草少将のことならば、伏見に近い黒染の欣浄寺《ごんじょうじ》から、宇治郡の小野村へ通ずる一里ばかりの道を、少将の通路《かよいじ》というと『山州名跡志』巻十三および十四にある。ただし太閤在世中、訴願のこと事あって伏見の城へ行く者、この道を通れば必ず不成功であったために、ついに人が往来せぬようになったとばかりで、婚礼のことは伝えておらぬ。『出来斎京土産《できさいきょうみやげ》』巻七には、また宇治橋の橋姫の宮の前を、嫁入する時には通らぬという話を載せている。宇治・久世《くぜ》二郡の民、縁を結ぶには橋の下を舟で渡る。橋を渡れば、橋姫の御嫉みにより夫婦の末とおらずとかやとある。嫉みの神としては、山城宇治の橋姫は最も古くかつ有名である。比較的新しい俗説では、京に一人の嫉み深き女があって、夫を恨んで貴船《きふね》の社に禱《いの》り、神の教えに随《したが》い、宇治橋に行って生きながら鬼となり、旅人を悩ましたゆえに、これを橋の南詰に神に祭ったというのであるが、その以前に別に橋姫物語という書が幾種かあった。『鎌倉室町時代文学史』によれば、その一種現存するものには、某の中将に妻二人あり、その一人は名を宇治の橋姫という。産に近づいて、五ひろの若海布《わかめ》をほしがるにより、夫これを取りに伊勢の海辺に行き、龍王に招かれて帰らなかったので、橋姫は赤子を抱いて伊勢へ尋ねて行き、ついで他の妻も来たという話であるというが、『山城名勝志』に引用した『為家抄』にあるのは、二人の妻の争いということはなく、宇治川の辺に住む夫婦の者あり、夫は龍宮へ宝を取りに行って帰らず、妻は恋い悲しみて橋の辺に死し、橋守明神となったというので、こちらがたぶんさらに古く、前者に伊勢へ行ったとあるのは、おそらくは伊勢の神宮の宇治橋にも、古くより橋姫を祭っていたためだろうと思う。『古今集』には宇治の橋姫という歌[24]がすでに二首あって、いずれも男が女を愛する心を詠じたまでで、嫉妬のことはない。顕昭《けんしょう》の注には、またこの橋の北にある離宮と申す神様が、毎夜橋の南の橋姫の社に通いたまうという話が、民間にあったと記している。そうしてこの人は源平時代の学者である。

　伝説の解釈はおもしろいものだが、同時になかなかむつかしく、ちょっと自分らの手の届かぬいろいろの学問が入用である。この場合にまず考えてみねばならぬのは、ネタミという日本語の古い意味である。中世以後の学者には、一箇の日本語に一箇の漢語を堅く結びつけて、漢字で日本文を書く便宜をはかったが、その宛字の不当であった例は、こればかりではない。ネタミも嫉または妬の字に定めてしまってから後は、ついに男女の情のみを意味するように変化したが、最初は憤り嫌い、または不承知などを意味していたらしいことは『倭訓栞《わくんのしおり》』などを見てもおおよそ疑いがない。しこうして何ゆえにこの類の気質ある神を橋の辺に祭ったかというと、敵であれ鬼であれ、外からやってくる有害な者に対して、十分にその特色を発揮してもらいたいためであった。街道の中でも坂とか橋とかは、ことに避けて外を通ることのできぬ地点であるゆえに、人間の武士が切処《せっしょ》としてここで防戦をしたとおなじく、境を守るべき神をも、坂または橋の一端に奉安したのである。しかも一方においては、境の内に住む人民が出て行く時には、何らの障碍《しょうがい》のないように、土地の者は平生の崇敬を怠らなかったので、そこで橋姫という神が怒れば人の命を取り、喜べば世にまれなる財宝を与えるというような、両面両極端の性質を具えているように考えられるに至ったのである。また二つの山の高さを争うという類の話は、別に相応の原因があるので、逢橋と猿橋と互いに競うというなども、ネタミというところから、これへ結合したのかと思うが、信濃の根山で、同じほどな二つの小山のあいだを通る路に、この神の信仰が残っているなどは、すなわちもと境を守る神が男女の二柱であった一つの証拠である。箱根の二子山《ふたごやま》で、昔の路がわざわざあの中間を通っていたごとく、境の通路には、男神女《おがみめ》神《がみ》などの名をもって、二つの丘または岩のある例は、水陸ともにきわめて多く、そのあるものはこれによって地名を「たけくらべ」などともいっている。けだしかくのごとき路を造った昔の人の考えは簡単であった。すなわち男と女と二人並んでいるところは、最も他人を近寄せたくないところであるゆえに、すなわち古い意味における「人ねたき」境であるゆえに、もしその男女が神霊であったならば、必ず偉い力をもって侵入者を突き飛ばすであろうと信じたからである。『東山往来』という古い本を見るに、足利時代においてもこの信仰の痕跡がなお存し、夫婦または親族の者二人並び立つ中間を通るのは最も忌むべきことで、人が通るを人別れ、犬が通るを犬別れといって、ともに凶事とするとある。つまりこの思想に基づいて、橋にも男女の二神を祭ったのが橋姫の最初で、男女であるがゆえに、同時に安産と小児の健康とを禱ることにもなったのである。ゴンム[25]の『英国土俗起原』やフレエザー[26]の『黄金の小枝』などを見ると、外国には近いころまで、この神霊を製造するために、橋や境で若い男女を殺戮《さつりく》した例が少なくない。日本ではわずかに古い世の風俗の名残を、かの長柄《ながら》の橋柱系統の伝説の中に留めているが、それはこのついでをもって話し得るほど手軽な問題ではないから、略しておく。近世の風習としては、新たに架けた橋の渡り初めに、美しい女を盛装させて、その夫がこれにつき添い、橋姫の社に参詣することが、伊勢の宇治橋などにあったと、『皇大神宮参詣順路図会』には見えている。橋姫の根源を解説するには、なお進んでこの渡り初めの問題にたち入ってみねばならぬのである。

自分は伝説を愛せらるる人々に勧告する。伝説はその片言隻語といえども大切に保存しなければ、たちまち無用の囈言《うわごと》になってしまう。ゆえにこれを人に語る場合には誇張してはならぬ。修飾してはならぬ。ことに変更に至っては罪悪である。われわれの祖先の墓を拝すると同じ心持ちをもって、祖先の思想信仰の断片をも尊敬せねばならぬ。この趣旨の下になるたけ多くの伝説の蒐集《しゅうしゅう》せられんことを切望する。

（大正七年一月『女学世界』）

# 隠れ里

## 一

　このあいだ理科大学の鳥居龍蔵氏[27]は、日本学会とかで、アジア諸民族のあいだに行なわれた無言貿易の話をせられ、今日日本の各地方に存する椀貨《わんかし》伝説は、また一種の無言貿易である。伝説学者はたいていのことをみな伝説にしてしまう傾きがあるが、椀貸などは実はエスノグラフィーの方の材料であると、こう言われたそうである。その意味は十分にはわからぬが、もしこの伝説の語るような土俗がかつてあったというのならばもちろん誤謬《ごびゅう》、もしまたこれが昔のある土俗の訛伝《かでん》である痕跡であるというのならば、お説をまたずして、おそらくは誰も否とはいうまいと思う。いずれにしても実例をあげて説明をせられなかったのは欠点であるゆえに、自分はそのお手伝いのつもりで、目下集めかけているいわゆる椀貸の伝説を、少しばかりここへ並べてみようと思う。一々出処は掲げないが、みな世にありふれた書物から忠実に抜き出したものであることを最初に断っておく。

　自分は鳥居氏のいわれた伝説学者の中ではないはずであるが、右の椀貸伝説なる名称は、実は近年われわれの仲間だけで用い始めた語である。各地の言い伝えが大同小異であって、しかも共通の名がないのは不便なので、一、二の地方に椀貸というているのを幸いに、あまりよい語ではないが、かりにそう呼んでいるのである。そこで便宜上、まずその話から始めることにする。

香川県三豊《みとよ》郡大野原村の椀貸塚、これがその一例である。寛永年中に勧請《かんじょう》したという八幡宮の塚穴で、近村中姫村の人々食器類をこの穴から借りて、塚の上の祠を祀るを例としていたゆえに、椀貸塚ともまた椀貸穴とも呼んでいたが、後に借りた者が一つの器を紛失してから、貸さぬようになったとある。大野原が開墾せられ、八幡を祭るに至ったのは、それよりもさらに後のことで、以前は塚穴の中に大子殿《おおじどの》という神が住んでおられたなどと伝えている。これを椀貸と名づけたのは偶然で、現に同郡財田上《たからたかみ》村には膳塚と称して、昔村民の請いにまかせ、膳を出して貸したという故跡もある。

自分の郷里兵庫県神崎郡越知谷《おちだに》村の南にも、山の麓に曲淵一名を椀貸淵というところがあって、淵の中央に大きな岩がある。昔は椀を借りたいと思う者は、前夜にこの淵に向かい、数を言って頼んでおくと、次の朝は必ずこの岩の上に、その通りの椀が出してあった。後に椀を一つ毀《こわ》して返した者があってから、絶対に貸さぬようになったといい、なおこの淵は、底が龍宮に通じているということであった。

福井県の丸岡から中川村へ行く道の右側に、椀貸山という丸い形の芝山があって、土地の人はこれを椀貸塚とも呼んでいる。『越前国名蹟考』に『影響録』という本から抄録した下久米田の黍塚《きびづか》というのがもしこれであるならば、この地でも慶長のころまでは、申し込みに応じて椀家具を貸したそうである。それからさらに七十年ばかり後の延宝のころまでは、この岡から出る何とか川の水に、毎朝米の磨水《とぎみず》が流れたとも言い伝えている。

石川県河北《かほく》郡伝燈寺《でんとうじ》村字アラヤシキ小字椀貸穴というところには、口の幅二尺七寸（約八〇センチ）、高さ三尺（約九〇センチ）ほどの横穴が田の岸根に一つある。今ではただ穴の内に石が多く投げ込んであるが、昔この穴にいた古狐が椀を貸したという話がある。岐阜県飛驒《ひだ》の益田《ますだ》川の流域、下呂《げろ》村大字小川にも、椀貸せ淵という淵があって、播州の椀貸淵とほぼ同じ話がある。龍宮に通ずる穴というのは、その淵では岩のまん中にあいておって、この穴に向かって借用を頼んだそうである。返弁の時、一人前を損じてそのまま返したために、「龍人の怒に触れて、其後は如何に乞ふも貸さずなりしと云ふ」と、二年前に出た『益田郡誌』にも書いてある。

二

これから先の話は、いずれも椀貸という名称をもっておらぬ例である。すこしずつの異同によって分類をしてみると、第一に気がつくのは、讃州の大子殿のごとく、その地に神様があるという点である。静岡県島田駅から一里の上流、笹ケ窪の楠御前というのは、樟《くす》樹《のき》の茂った森の中の祠《ほこら》であった。この祠でも、願いによって膳椀を貸したという。りっぱな朱の家具であって、それが知らぬ間に、宮の前の岩の上においてあった。謝礼には、竹の筒二つに酒を入れて社へささげたとあって、わずかながら借賃を収められた珍しい例である。同県安倍郡安東村のワンバコサマは、熊野神社の東にある社地一坪ほどの小さな祠であったが、やはり住民が膳椀に不足する場合に、借用の祈願をすると、翌朝必ず効験があったそうである。この地は静岡市の郊外で、明治三十年に練兵場を設けた際、かほどの神様を村の西谷某方の稲荷に合祀して、型なしにしてしまったのである。

ワンバコサマは後の埼玉県の例を見ても分かるごとく、文字に書けばたぶん椀箱様であろう。貸すのは神様であったらしいが、これも讃州と同様に塚が一つあって、桜の古木があるために桜塚とも呼んでいたそうである。神様が塚に拠《よ》られるということは、近ごろあまり言わぬことであるが、この種の話にかぎって塚があるのは、注意すべき第二の点である。たとえば飛騨吉城《よしき》郡国府《こくふ》村大字広瀬町の亀塚、一名椀塚、長野県では上伊那郡松島の龍宮塚、富山県では射水《いみず》郡水戸田村大字市井《いちのい》の甲塚《かぶと》、三重県では安濃《あのう》郡曾根村東浦の椀塚、徳島県では阿波郡西林村の箭塚《やづか》、美馬《みま》郡郡里《こおさと》村友重の双塚《ふたづか》等、いずれも似たり寄ったりの昔話を語り伝え、人の心が不正直になったゆえに、今では貸さなくなったということまでが同じである。

たしかハルトランドの『サイエンス・オブ・フェアリテエルズ』に、フランスにも塚に頼んで鍋を借りていたという話があったと記憶する。小人が人間の無心を聞いて、名剣を鍛えてそっと出しておくというのも、多くは塚の辺であったようである。しかし日本だけの話で見ると、いわゆる椀貸の話が古塚に伴うのは、その塚に口が開いていたためであるようにも見える。たとえば阿州などでは、少し大きな塚穴には、みなこの種の伝説があるという人もあるくらいで、現に右に申す西林の箭塚のごときも、元禄年中まで椀を貸していたというにもかかわらず、百余年前の著書に「瓢《ひさご》形にして後部に塚穴あり」とある。郡里村の双塚もまた二つの塚穴であって、その中に以前は二つの髑髏《どくろ》があったという。その他麻植《おえ》郡森藤村の塚穴、那賀郡日開野《ひがいの》村の塚穴等、食器を貸したという話が古くからあった。そこで阿州の古い学者の中には、古墳の副葬品のいろいろの土器を、質朴なる昔の村民が借りてきて、時々使ったところから、こういう話が始まったのではないかという人もあって、これはちょっともっともらしく聞こえる一説である。

## 三

椀貸伝説の存在する地方には、往々にして、借りておいてついに返さなかったのがこれだといって、その一人前だけを持ち伝えている旧家がある。その物を見ると、いずれも模様などのついたりっぱな塗物であるという。そうでなくても、貸したのは多くは木具であったというが、徳島県だけには、茶碗や皿を貸したことになっていて、ことによるとそれが素焼の気味の良くない品であったのかと思われぬこともない。飛騨の学者なども、昔は墓にその人の使用した台所道具を埋めていたところから、こういう話が起こったのかと説いている。しかしわれわれの祖先が木製の食器を用いていたことと、木具の土中にあっては早く朽ちることとを考えてみると、少し疑わしい。それよりもさらに有力なる反対の証拠は、膳椀を貸したという場所が、必ずしも古墳ばかりではないことである。現に阿波でも家具の岩屋と称して、この口碑を伴うものに天然の岩窟がいくつもあり、たとえ天然でなくても、墓穴ではない岩屋の中に、この話を伝えた例は各地に存するのである。

　例えば淡路の三原郡下内膳《しもないぜん》村先山《せんざん》の某寺で、あたかも上州館林《たてばやし》の文福茶釜《ぶんぶくちゃがま》のごとく、客来のあるごとに、椀その他の雑具を借りたというのは、天の磐戸とも称した大洞穴であった。清めて穴の口に返しておけば、いつの間にか取り入れた。今から百六十年前の寛延年間まで貸したという駿州《すんしゅう》吉原在にも膳を貸したというところが二か所あり、その一つは伝法村字膳棚という畑地の中の小さな石塚、今一つは石坂と呼ぶ地の石の穴であると、山中共古翁は話された。美濃では稲葉郡古津村の坊洞、一名を椀匿《わんかく》し洞《ほら》ともいう、村の後の山の下にある岩穴である。また一か所は、武儀《むぎ》郡西神野村の八《や》神山《かいやま》の半腹にある洞、この二つは後に水の神の話をする時に詳しくいう。越後では北蒲原《かんばら》郡加治山の一峰、要害山と称する山の半腹にある窟で、その名を蔵間《くらま》屋《や》と呼び、これは九十年前の文政年間まで貸していたそうである。ちょうど葛飾北斎《かつしかほくさい》が北斎漫画の中におもしろがって描いたころには、まだ盛んに実行していたことになるのである。この岩窟は毎年正月の元朝に震動し、山下の民、その響きの強弱によって年の豊凶を卜《ぼく》したという説もあって、すこぶる村の信仰生活と交渉している。能登と越中の氷見《ひみ》郡との境にも、奥の知れぬ洞があって、家具を貸した。今の何村になるか知らぬが、灘《なだ》の南村といったところだそうである。

同じ越中の西礪波《となみ》郡西五位村大字鳥倉には、少しばかり奇な一例がある。この村の山の上にも近郷の民に器物を用立てたという深い洞穴があって、その山の名をトカリ山、あるいはカタカリ山、またモトドリ山ともいった。かつてある農夫拝借の道具のりっぱなるに心を取られ、返却を怠っていた者があった。この家に生まれた一人息子、十五歳になるまで足立たず、夫婦これを悲しんでいると、その年の秋の取り入れ時に、米俵を力にして初めて立ったので、悦びのあまりに、さらに一俵を負わせてみたら、そのますますたすたとこの山の方へ歩み去り、跡を追うも及ばず、ついに洞穴の奥深く入ってしまった。あっけに取られて立っていると、中では話の声がする。一人が貸物は取ってきたかと問うと、ようやく元だけは取ってきたと答えた。これが元取山の名の起こりである云々。

## 四

古墳では説明のつかぬ実例は、決してこれのみではない。ある府県では、すでに水の底からも膳椀を借りていたのである。これも椀貸淵という名は普通は用いぬが、越中でも簑《みの》谷《や》山の絶頂にある縄池、一名家具借の池には同じ話があった。この池の神は霊蛇であって、毎年七月十五日には美女と化して池の上に出て遊ぶ。ある時貧しき民あって、人を招くに器のないことを嘆いていると、忽然として朱椀十人前、水の上に浮かび出た。それ以後、村人はこれに倣《なろ》うて入用のたびごとに、就《つ》いて借りることを例としていたところ、はるか後世になって、ある尼三人前の器を借りて十日も返さず、ついに中盆二つを損じて、不足のまま返したので、池水鳴動して大雨氾濫し、尼は居覆《いえくつが》えり命を殞《おと》し、この不思議もまた止んだとある。尼が神罰を受けたというのは、立山または白山の登宇呂《とうろ》の姥の話と同系統の古伝であって、おもしろい来歴のあることであるが、枝葉にわたるからここには略しておく。

次に武蔵の椀箱沼というのは、今の埼玉県比企《ひき》郡北吉見《よしみ》村大字一ツ木の中ほどにある沼で、形の細長いためか、一名を宮川とも呼んでいた。これも昔は農家来客の時に、椀具の借用望み次第であったが、ここでは必ず請求の旨を書面に認《したた》めて、沼の中に投げ込むことになっていたのだが他の地方の話と異なった点である。山梨県では南都留《つる》郡東桂村の鹿留《ししどめ》川に同じような話がある。その地を御南淵《おなんぶち》というのは、たぶんもとは女淵であろう。村民必要に臨み、膳椀何人前と書いてこれを付近の岩の上におき、お頼み申しますといって帰ると、翌朝はその数だけの品がちゃんと河原に列べてある、返す時にも同じ場所に持って行っておけばよいのである。ある時村民某、おもしろ半分に一人前だけ残して返すと、それ以後はどう頼んでも決して貸さぬようになった。ただしその膳は、今でも宝物にして持ち伝えているということである。同県西八代《にしやつしろ》郡鴨狩津向《かもかりつむき》村の広前寺の藪の中にある洞穴は、水辺ではないがやはり龍宮に通ずということで、また村民に道具を貸していた。これも望みの品と数とを紙に書いて穴の口に入れるのであった。群馬県では、榛名《はるな》の南の室田の長念寺の底なし井戸、これも龍宮まで抜けていて、寺のふるまいの日には膳椀を貸した。入用を手紙に書いて、前日に井中に落しておくと、その品々が夜の中に井の傍まで出してあった。寺も井戸も現存してはいるが、やはりまた貸主を怒らせて、つとにその慣例は絶えたという。

近ごろまでの学者には、このような変則の例を提出すると、それは訛伝だ、まねそこないだと自分の説に都合のよい分だけを正の物としたがる物騒な癖があったが、鳥居氏はわれわれ同様に新しい人だから、必ずもっと穏健な解答をせられるに相異ない。しからば右に列挙するがごときいわゆる椀貸伝説は、はたしていかなる方面から、日本の無言貿易土俗を説明するのであろうか。無言貿易の問題については、自分はただグリイルソンの『無言貿易論』一冊を読んでみただけであるから、深いことは知らぬが、何でも山野曠原《こうげん》を隔てて隣り住む二種の民族が、互いに相手と接触することを好まず、交易に供したいと思う品物のみを一定の地に留めておいて、かわるがわる出て来ては、望みの交換品を持ち帰る風習をいうのである。日本で人なし商いなどと称して、主の番をせぬ店商いは、十年前までは、確かに土佐の遍路筋などにあった。鳥居氏はこれもまた無言貿易であるように説かれたが、それではあまりに定義が広くなりはせぬか。土佐で自分らの目撃したのは、路傍に草鞋《わらじ》とか餅、果物《くだもの》の類を台の上に並べ、脇に棒を立てて銭筒をつるし、その下には三文または五文の銭の画が描いてあった。中央部のごとく街道の茶店が発達せず、わずかの小売のために人の手をかけてはおられず、幸い相手が貧人ながら信心のための旅行者であれば、その正直をたよりに右のごとき人なし商いをしたまでで、本式の無言貿易とは根本の動機が違うように思う。

# 五

また諸国の峠路には、往々にして中宿というものがあった。双方麓村から運んでくる荷物をここに卸して、随時に向こうからきている荷物を運び帰り、それぞれ名宛先へ届ける風習が近ごろまであった。これも鳥居氏は自説に引き込まれるか知らぬが、やはり明白に労力の節約を目的として始まった、文明的の運送契約である。その中宿のあったという地はたくさんあるが、秋田県ではこれを易荷《かえに》と称し、砂子沢から大杉湯の台へ越える山路、また生保内《おぼない》から岩手県の橋場へ行く峠にも、このために無人の小屋が設けられて、単に下から運んで荷物をおいて帰るのみならず椀小鍋などの食器までが一通り備えてあった。小安村から仙台領へ越える道にもこの中宿があった。関東では、野州日光町の人が栗山方面の山民に味噌や油を送り、彼から木地《きじ》や下駄《げた》材を取るにも、やはりこの中継法を採用し、最近までも安全に交易が行なわれていた。甲州東山梨郡の奥から、北都留郡の小菅村へ越える上下八里の峠、および多摩川水源の日原《にっぱら》から、秩父の大宮へ越える六十里越などにも、ともに百年前までは、道半分のところにこの種の中宿があった。信仰の力をもって相手の不正直を予防せんとしたものか、後者には道祖神の宮があって、荷物はみなその宮の中へ入れておき、前者もまたその地に、双方の村から祭る妙見大菩薩《みょうけんだいぼさつ》の二社があって、そのために峠の名を大菩薩坂と呼んでいた。すでにかくのごとく信仰までが彼此《ひし》共通であったくらいで、これを異民族間に始まった無言貿易と同視し得ないのは分明なことである。

中宿に膳椀の類を備えて人の使用に任せるということも例の多いことである。会津から越後の蒲原《かんばら》へ越える六十里越、八十里越にも近いころまであった。いわゆる日本アルプスの山中の小屋にも、一通りの食器を備えたものがあったという話は登山者から聞いた。丹後田辺の海上三里の沖にある御島《おしま》、または北海道の奥尻島《おくしり》のごとき、ともに食器・炊器とともに若干の米さえ残してあって、誰も管理する人はいなかった。これは風波の難を避けて寄泊する船人のために存する旧慣で、丹後の方ではやはりその地に祭神不明の神社があって、その社の中に蔵置してあったという話である。

要するに通例人がいて管理すべき取引きを、何かの都合で相手次第に放任しておいたとしても、これをもってただちに窮北未開民族の間に存する奇異なる土俗と同系のものと見ることは速断である。ただし今一段とその根源にさかのぼって、後世われわれのあいだに行なわれた人なし商いも、最初は触接を憎んだ異民族間の貿易方法を、学んだものだろうという仮定はたち得るかも知らぬ。しかもこれを確実にするためには別に証拠材料がなくてはならぬ。府県に散布しているいわゆる椀貸伝説が、残念ながらその証拠にはちっともならぬことは、これから自分がまだ言うのである。鳥居氏がこんなあやふやな二つの材料をもって、日本にもかつて無言貿易の行なわれた論拠とせられ、二つも材料があるからはことに確かだという感じを、与えんとせられたのはよろしくないと思う。

家具を貸したという諸伝説において、最も著しい共通点は、報酬のなかったことである。ただ一つの例外といった駿州大井川の楠御前でも、竹筒に二つの神酒《みき》は単に感謝の表示で、借料とはとうてい考えられぬのである。しからばこれ明らかに恩恵であって対等の取引きではない。第二に注意すべきは文書を用いたという例である。小学教育の進んだ当節では、いかなる平民同士のあいだにも文書は授受せられるが、農人の大部分が無筆であった前代においては、これはある智力のすぐれた者の仲介を意味している。相手もまた手紙の読めるえらい人、または神であったということを意味している。語を換えていえば、ただに今日の人の目にそう見えるのみでなく、この話をなかば信じていた昔の田舎人においても、この不思議をもって信仰上の現象、または少なくとも呪術のいたすところと考えていたのである。したがって次々になお述べるように、椀類の貸主に関する多くの言い伝えは、無言貿易の相手方などとは、だいぶんの距離がある。水の神といい、龍宮からという説明も、偶然ながらこの伝説の成り立ちと、その後の変化とに関する消息を漏らしているように思われる。

## 六

山中共古翁の椀貸古伝についての解釈は傾聴の値がある。翁の意見では、昔は村々の仏堂の中に膳椀を蔵するものが多かったらしい。それは村の共同財産で、たとえば庚申待《こうしんまち》の日には、庚申堂の棚の中にある品を取り出して使うというように、信仰と結合して考えられていたものが、道具が散逸して後、このような記憶に変わっていったのであろうという。これは古墳の土器を借りたなどというよりは、もちろん事実に近そうである。長い山路の半途にある小屋の食器なども借りられた。地方によっては岩穴の中に蔵置したかも知れぬ。虚実は不定であるが、幕府時代に加州侯家では、信濃・飛騨の深山を通過して、江戸と往来する間道を用意しておかれたという説がある。その道筋にあたる丁場々々には、社または仏堂が建ててあって、その中に一通りの家具調度が隠してあったとも伝えている。さらに今いっそう伝説化した話には、滋賀県犬上《いぬかみ》郡の五僧越《ごそうごえ》に近い河内村の山奥に、天狗谷と称して、いかな高徳の聖《ひじり》も行くをはばかるようなものすごい大岩の上に、自然と仏具類備わり、常行三昧《ざんまい》の法のごとくであったのは、たぶん山の神の在《おわ》すところであろうといい、あるいは泉州槇尾山《まきのおさん》の奥にも仏具岩があって、平生仏具の音がするなどというのも、もとは同じような器具保存法から起こった話ともみえぬことはない。ただいかんせん穴や岩塚から貸出したものは、必ずしも槇や御器《ごき》のみに限られてはおらぬので、多くの類例を陳列してゆくと、何分これでは説明のつかぬものが出てくる。

たとえば前にあげた飛驒国府《こう》の亀塚のごときも、一説には国府山《こうのやま》の城主、文書を塚の口に差し入れて、いろいろの器物を借りているうちに、ある時紫糸縅《むらさきいとおどし》の鎧を一領借り出して返さなかったので、以後塚の口は永く閉じ、その城もまた衰えた。その鎧は当国一宮に納めて什宝《じゅうほう》となっているという。さらに奇抜なのは、美濃加納領の某村では、穴の口に願書を入れておくと、口中療治の処方書を付与したという例もある。ただしこれは霊狐であって、土地の百姓の娘と少々訳《わけ》があり、療治以外にも、望みの者には書を書いて与えたとて、近郷にはその狐の筆跡が相応にあったという。

三重県伊賀の島ケ原駅の付近に三升出岩《さんじょうだしいわ》と俗にいう石があった。この石を信ずれば、毎日米が三升ずつ出たということで、もとはこの側を通行する者、五穀・綿・麻などを供えて拝したという。栃木県塩谷郡佐貫村の岩戸観音は、鬼怒川《きぬがわ》の絶壁の中ほどに岩穴があって、その中に弘法大師の安置したという金仏の観音がある。この穴では三十三年に一度ずつ頂上から布を下げ、その布に取りついて穴の中へ入りいろいろの宝物を取り出す例で、これを岩拝《いわはい》と名づけていた。同県上都賀《つが》郡上永野の百目《ひゃくめ》塚は、高さ七尺（約二一〇センチ）の塚であったが、平地のようになり、わずかに一基の石碑をもってその址を示している。村の熊野神社の宝物を埋めたと言い伝え、また昔はこの塚に一文の銭を供えると、後に必ず百倍になったので百目塚という。ある気短かの欲ばりが、一時に数百倍を供えてみたが効験なく、かえって本銭までなくしたのを憤って、その塚をあばかんとし、大いに祟りを受けたというから、たぶんそのおり以後、例の通り恩恵の中止を見たのであろう。

この話などは、今ではすでに落語家も言い古したほどの平凡事であるが、しかもたちもどって、ある時代に大阪の商人を狂奔せしめた泉州水間寺《みずまでら》の観音の賽銭《さいせん》拝借、そのまた前型かと思われる隠岐《おき》の焼火山《たくひさん》雲上寺の銭壺の信仰などを考え合わせると、借りるということが、もらうよりもさらにありがたかった昔の人の心持ちもわかって、椀貸の不可思議は、とうてい手軽実用向きの説明だけでは片づかぬことが知れるのである。関西の方のことはもう忘れたが、東部日本で最も普通な民間信仰は、歯の痛みに神仏の前から箸や楊枝《ようじ》を借り、小児の百日咳に杓子を借り、子育に枕を借り、小石を借るなどで、常に願がかなえば二つにして返すゆえに、霊験ある堂宮の前には、同じ品が非常に多く集まるのである。いわゆる椀貸も、あるいはまたこのような意味をもって、その由来を尋ぬべきものではないであろうか。

# 七

自分がいたずらに話を長くする閑人でないことは、大急行の話しぶりでもご諒察ができるであろう。なにぶん問題が込み入っているので、今少し他の方面から廻ってみぬと趣意がたたぬ。椀貸と無言貿易との関係を窺《うかが》うために、ぜひとも考えておかねばならぬのは、貸主に関する各地いろいろの言い伝えである。愛媛県温泉郡味生《みぶ》村大字北斎院の岩子山の麓の洞穴には、昔異人この中に住んでいて、村の者に膳椀を貸したという話がある。これも前日に洞の前に行き、口頭または書面にて申し入れておくと、翌朝は数のごとく出してあったといい、また横着な者が返弁を怠ってから貸さなくなったと伝えている。異人と聞くと、何となく白髪の老翁などを連想するが、他の地方には越中の家具借の池のように、美しい女神を説くものが多いのである。例えば信州木曾の山口村の龍ヶ岩は、木曾川の中央に立つ巨岩で、上に松樹を生じ形状怪奇であった。『吉蘇志略《きそしりやく》』にはこのことを記して「土人云ふ昔龍女あり岩下に住す。土人これに祈れば、すなわち椀器を借す。後あるひはその椀を失ふ。爾来《じらい》また仮貸せず。按ずるに濃州神野山および古津岩、頗るこれと同じ。これ風土の説なり」とある。古津岩というのは、今の岐阜県稲葉郡長良村大字古津の坊洞、一名椀匿し洞のことで、「村民水の神に祈り、家具を借るに、みな意の如し。その後黠夫《かつふ》あり、窺ひ見て大いに呼ぶ。水神水に没してまた見えず」と『濃陽志略』に見えている。

神野山とあるのは、同県武儀郡富野村大字西神野の八神山《やかいやま》で、これも同じ書に「山の半腹にある戸立石といふ大岩、下は空洞にして水流れ出で、その末小野洞の水と合し、津保川に注ぎ入る。神女あり、この岩穴の奥に住み、椀を貸しけるが、ある時一人の山伏、椀を借らんとて神女の姿を見たりしかば、後つひにその事絶ゆ」とある。九州では宮崎県東臼《うす》杵《き》郡北方村字荒谷の百椀とどろと呼ぶ谷川の潭《ふち》にも、水の中から美しい女の手が出て、百人前の椀を貸したということがある。この淵もまた龍宮へ続いているということであった。ある時馬鹿者が椀拝借に来て、その美しい手をひっぱってみてから以後、ここでも永く椀を貸さなくなり、しかも今もってその水で不浄を洗えば祟りがある。

　これらの話だけを粗末に見ると、故坪井先生の珍重せられたコロボックルの[28]少女の手を窓越しににぎってから、アイヌとの交通が絶えたという北方の言い伝えと、ちょっと似ているようにも思われるが、日本で水の神を女体とすることは、古くかつ広い俗信であった上に、『浦島子《うらしまこ》伝《でん》』よりさらに以前の神話から考えても、仏教ならびに支那の思想のつけ添えから推してみても、龍宮は宝の国、如意の国、最も敬虔にしてかつ幸運なる者が、わずかにまれに通うことのできる国と定まっていたので、さてこそかようなこちらにばかり好都合な交通が、所々の水際において行なわるるものと考え得るに至ったのである。これをしもたとえば蝦夷《えぞ》の妻娘でもあったかのように想像することは、おそらくは当世の新人物といえども、なおよい感じを起こさぬであろうと思う。

# 八

椀貸穴をもって龍宮の出張所のごとく見た例は、まだいくらもある。前にあげた信州上伊那郡松島村の龍宮塚はその一つで、同郡勝間村の布引巌とともに、やはり証文を差し入れて、人々は穴の中からいろいろの道具を借りていた。ここでもついに返却を怠った者のために、中止の不幸を見たことは同様で、現に村の藤沢某方に持ち伝えた古い一箇の盆は、龍宮の品であるという話であった。愛知県では、三州鳳来寺山《ほうらいじ》の麓の滝川というところの民、常に龍宮から種々の器物を借りて、自用をたしていたうちに、ある時皆朱《かいしゅ》の椀を借りて、その一箇を紛失したために、また貸すことが絶えたという。利根川の流域にも多くの椀貸古伝が分布しているが、その上流の上州利根郡東村大字追貝《おっかい》の吹割滝のごときは、滝壺が龍宮に通ずると伝えて、これにも膳椀の借用を祈ったという。翌朝その望みの食具を出しておかれたという大きな岩が、今でも滝壺の上にある。龍宮の乙姫、この水に住んで村民を守護せられるゆえに、膳椀を頼んでも貸して下されぬような祝い事は、神の思し召しに合わぬものとして中止するので、すなわち若い男女などは、この滝に来て縁結びをも祈ったということである。

けだしこんな淋しい山奥の水溜りにまで、しばしば龍神の美しい姫が来て住まれるというのは、基づくところは地下水という天然現象にほかならぬ。天の神が雲風に乗って去来したまうと同じように、水の神は地底の水道をたどって、いずこにも現れたまうものと信じていたのである。ことに山陰や岩の下からほとばしり出る泉の、絶えず尽きず、清く新しいのを見ては、朝夕その流れをくみ、または田に引いている人々は、これを富の神、恵みの神と考えずにはいられなかったはずである。椀貸伝説の終局がいずれの場合にも、人間の浅慮に起因する絶縁になっているのも、いわば神徳に対する一種の讃嘆であり、遠くは鵜戸《うど》の窟の大昔の物語に始まって、神人の永く相伴うことあたわざる悲しい理法を説明した、古今多くの神話の一分派で、まれに旧家に残っている一箇の朱の椀こそは、すなわちエヴ女が夫に薦《すす》めたという楽園の果《このみ》にほかならぬのである。

塚の底や窟の奥に隠れ住んで、人民の便宜を助けたという霊物には、他にもいろいろの種類がある。加賀の椀貸穴で、古狐が椀を貸していたことはすでに述べたが、それよりもさらに意外なのは、佐渡の二つ岩の団三郎貉《むじな》である。二つ岩は相川の山続き、旧雑太《さわた》郡下《おり》戸《ど》村の内で、また二つ山ともいう。岩の奥に穴があって、貉の大一族がその中に住み、団三郎はすなわちその頭目であった。おりおり化けて町へ出で来り、人をだまして連れて行くこともあるので、島民は恐れてその辺へ近よる者も少なかったが、彼もまたかつては大いに膳椀を貸したことがある。一説に最初は金を貸し、あまり返さぬ者があるので後に膳椀だけを用立てたが、それも不義理な者が多いところから、ついには何も貸さぬことになったという。とにかくいたって富裕な貉であった。佐渡は元来貉の珍重せられた国で、毎年金山の吹革《ふいご》の用に、貉の皮数百枚ずつを買い上げたというのは、彼らに取ってありがたくもないか知らぬが、俚諺《りげん》にも「江戸の狐に佐渡の貉」というくらいで、達者でいても相応に幅が利いたと思われ、砂撒《ま》き貉の話なども残っている。右の団三郎などは、二つ岩の金山繁昌の時代に、日雇いに化けて山で稼いで金をため、後次第に富豪となるというが、しかも金を貸すのに利子を取ったという話はない。越後古志《こし》郡六日市《むいかいち》村の浄土宗法蔵寺は、後に長岡の城下へ移ったが、もとの寺の裏山に天文のころ、団三郎の住んでいたという故跡がある。衆徒瑞端という者をだましたこと露顕し、時の住職より談じ込まれて、佐渡へ立ち退いたともいえば、他の一説には、寛文年中までなお越後国にいたともいう。龍昌寺という寺の寺山の奥には、この貉のいたという窟がある。団三郎、二度目に悪いことをしたによって、庄屋の野上久兵衛村民を語らい、青杉の葉を穴に押し込んで窮命に及ぶと、彼は赤い法衣を着た和尚の形をして顕われ来り、段々の不埒《ふらち》を詫びて、その夜の中に佐渡へ行ってしまった。その跡は空穴となって、彼が用いた茶釜折敷《おしき》の類の残っていたのを、関係者これを分取して、今に持ち伝えている者もあるという。

越後の寺泊《てらどまり》から出雲崎《いずもざき》へかけての海岸では、春から秋のあいだの晴れやかな夕暮に、海上佐渡の二つ山の方に当たって、雲にもあらず藍黒き気立ち、楼閣、城郭、長屋、廊下、塀、石垣などのみな全備して見えることがある。これを俗には二つ山の団三郎の所業といったようである。相川の町などでも、団三郎に連れられて彼が住む穴に入ってみた者は、中の結構が王公の邸宅のごとく、家内大勢華衣美食しているのに驚かぬ者はなかった。ある医者は、夜中頼まれて山中の村へ往診に行き、このようなりっぱな家は、この辺にないはずだがと思っていたが、帰宅後だんだん考えてみて、初めて二つ岩の貉の穴だったことを知ったという話もある。あるいはまた、この穴の中の三日は浮世の三年に当たるという浦島式の話もある。あるいはまた、この仙境でもらい受けた百文の銭は、九十九文までつかっても一文だけ残しておけば、夜のうちにまた百文になっていて、その人一生のあいだは尽きることがないという話もある。主人公が貉であるばかりに、特に珍しく聞こえはするが、他の部分においては、長者の福徳円満を語り伝えた多くの昔語りと異なるところがないので、それではあまり化物らしくないとでも考えたものか、穴の中で見てきたことを人に語ると、たちどころに命を失うという怖《こわ》い条件をちょっと添えてはあるが、しかも右申すごとく、すでに世上の評判となっているのだから、何にもならぬ。

## 九

日本の長者の話には、往々にして福分の相続とでもいうべき思想を含んでいる。すなわち前期の長者は縁尽きてすでに没落しおわり、その屋敷は草茫々として、井戸ぐらいより残っておらぬのに、後日そこへ来て偶然に、埋めてあった財宝を掘り出し、また掘り出すかも知れぬと思って、永いあいだ人が探したこともあって、その後半は伝説から現世生活にまでつながっている。中にも黄金の鶏の類に至っては、その物自体に霊があるようにも伝えられ、これを手に入れ得た者の幸運は申すに及ばず、あるいはその地底の啼声を聞いて出世をしたなどという話もある。ひるがえって思うに、二つ岩の団三郎は貉ながらも昔の長者である。その手元から貸し出そうという膳椀であったとすれば、これを持ち伝えて果報にあやかりたいと思うのは常の情である。飛騨の丹生川《にうかわ》の塩屋村で、膳椀を貸した故跡の名を長者の倉といい、あるいは伊勢の椀久塚《わんきゅうづか》その他において、長者が家の跡に築いたという塚に椀貸の話のあるのも、つまりはこれを借りて一時の用をたす以外に、あわよくば永久にこれをわが物としようの下心が、最初からあっての上の占領とも見られぬことはないのである。

千葉県印旛沼《いんばぬま》周囲の丘陵地方は、昔時右ようの食器貸借が最も盛んに行なわれたらしい注意すべき場所である。なかんずく印旛郡八生《はぶ》村大竹から豊住村南羽鳥《はとり》へ行く山中の岩穴は、入口に高さ一丈（約三メートル）ばかりの石の扉あり、穴の中は畳七、八畳の広さに蠣殻《かきがら》まじりの石をもって積み上げてある。里老の物語にいわく、往古この中に盗人の主住みて、村方にて客ある時、窟に至りて何人前の膳椀を貸して下されと申し込むときは、望み通りの品を窟の内より人が出て貸したということである。大竹の隣村福田村には、これから借りたという朱椀が一通り残っている由云々。茨城県真壁《まかべ》郡関本町大字船玉の八幡宮は、鬼怒川の岸に近い小さな岡の上にある。石段の右手に当たって、口もとは四尺（約一二〇センチ）四方の平石で囲み、中は前の穴に数倍する古い窟がある。以前にはこの奥に井戸があったといい、隠れ人という者がここに住んでいて、やはり篤志の椀貸をしておったという。それから先は他の地方のと同じ話である。

　盗人といい隠れ人というだけでは、まだ正体がよくわからぬが、さらに同県関宿付近の長洲村において、膳椀を貸したと伝うる岩窟は、その名を隠れ座頭の穴と称し、やはり前夜に頼んでおけば翌朝貸出したこと、および里人の違約に起因して、そのことの絶えたという話を、『弘賢随筆』には二人まで別々に報告をしている。隠れ座頭は『諺語大辞典』によれば、茶立虫《ちゃたてむし》の異名とあり、また俗説には一種の妖怪とあって、夕方迷蔵戯《かくれんぼう》をして遊ぶと隠れ座頭が出るという諺《ことわざ》のあることを記している。菅江真澄《すがえますみ》の文化年中の紀行を見ると、北海道渡島《おしま》の江差に近い海岸に、黒岩と称する窟あって円空上人作の地蔵を安置し、眼を病む人は米を持参して祈願をかけ験あり、この穴の中にはまた隠れ座頭という者住み、心直き者には宝を授けたりと童の語り草とせりとある。高田与清《たかだともきよ》の『相馬日記』もこの時代にできた紀行であるが、下総《しもうさ》印旛郡松崎村の付近に三つの大洞穴があって、その中に隠れ座頭と称する妖怪の住んでいたという噂を載せている。しかるにその松崎は前にいう八生村の大字であるのみならず、洞の外に名木の大松樹があるという点まで似ているから、疑いもなく今日の土地の者が、盗人が椀を貸したという穴と同じであって、また他の一、二の書には、この穴の名を隠れ里と唱えているをみれば、隠れ座頭という新種の化物は、その隠れ里の誤伝であったことが容易に知り得られる。

隠れ里から器具を借りた話は、この外にもだんだんある。津村氏の『譚海』巻四に、下総成田に近き龍光寺村とあるのは、印旛郡安食《あじき》町大字龍角寺の誤聞で、すなわち盗人とも隠れ座頭ともいうた同じ穴のことらしい。窟は大なる塚の下にあり、これを築造した石は、この地方には産せぬ石材で、これにいろいろの貝の殻がついていた。「村の者は隠里とてそのかみ人住める所にて、好き調度など数多《あまた》持ちたり、人の客などありて願ひたるときは器を貸したり、今も其を返さで持伝へたるものありと云へり」とある。『相馬日記』より少し前に出た著書である。また同じ郡の和田村大字下勝田から、同直弥へ行く路の田圃に面した崖の中復にも、隠れ里と称して道具を村民に貸した窟がある。昔はこの穴の中で、夜ふけには米をつく音がしたという。明治三十四、五年のころ、土木工事の時、この付近から錆びた刀剣と二、三の什器と二人分の骸骨とが出た。将門の乱の時の落武者だということに決したそうである。また同郡酒々井《しゅすい》の町の北、沼に臨んで弁天を祭ってある丘の背面にも、同じ伝説ある窟があって、これを厳島山の隠れ里という。一名をカンカンムロとも呼ぶのは、この窟に入って土の面を打つと、金石のような響きがしたためである。維新以来この中に盗人も住み狐狸も住んだというが、今ではとうとうその址がわからなくなった。

『利根川図志』巻二には、下総猿島《さしま》郡五霞《ごか》村大字川妻の隠れ里の話を録している。村の名主藤沼太郎兵衛の先祖、下野《しもつけ》から来てこの村を拓《ひら》いたころ、村に隠れ里あって、饗応の時はここから膳椀を借りた。故あって十具を留め返さず、今なおその一、二を存す、朱漆古様すこぶる奇品だとある。『弘賢随筆』の隠れ座頭の穴はこれから近い。あるいは同じ穴の噂かも知れぬ。前に出した常州真壁郡船玉の隠れ人の穴も、『茨城名勝志』にはやはりその名を隠れ里と称えている。同郡上妻村大字尻手《しつて》の文珠院に、ここから借りて返さなかった椀が大小二つあった。内朱にして外黒く朱の雲形を描き、さらに金泥をもって菊花および四つ目の紋を書いてあったという。四つ目の紋はわれわれに取って一つの手がかりである。越中市井《いちのい》の甲塚《よろいつか》は、『越の下草』という書には甲塚の隠れ里とある。百五十年前すでに田の中のわずかな塚であったといえば、今では痕跡すらも残ってはおるまい。他の多くの例では、前日に頼んでおくと翌朝出ていたというに反して、これは一度帰ってきて、しばらくたって行けばもう出ていたといっている。この点だけが一つの特色である。

## 一〇

椀貸の穴が水に接すれば、龍宮といい乙姫といい、野中山陰にあるときは、隠れ里といい隠れ座頭といったのは、自分には格別の不一致とも思われぬ。龍宮も隠れ里も、ともに富貴自在の安楽国であって、たやすく人間の到り得ぬ境であった。浮世の貧苦に悩む者の夢に見、うつつにあこがれたのは、できることなら立ち帰りにでもちょっと訪問し、何かもらって帰って楽しみたいというにあったこと、両所ともに同様である。否むしろ龍宮は、水中にある一種の隠れ里にほかならぬ。話が長くなったが、このことを今すこし言おうと思う。

三河の渥美《あつみ》半島福江町の付近、山田の鸚鵡《おうむ》石という石はまた昔膳椀を貸したそうである。人の悪い者が返さなかったために中止となったこと、例の通りである。鸚鵡石は人の言語を答え返すゆえに起こった名で、これまた国々に多い話であるが、椀を貸したのはここだけかと思う。人のよく知る鸚鵡石は、伊藤東涯翁の随筆で有名になった伊勢度会《わたらい》郡市之瀬の石であるが、この付近にもなお二、三の同名の石があったほかに、江州蒲生《がもう》郡、越前敦《つる》賀《が》の常宮浦、東国では伊豆の丹那《たんな》村、武州御岳《みたけ》の山中などにもあり、飛驒の高原郷で鳴石、信州伊那の市之瀬、同じ更級《さらしな》の姨捨《おばすて》山で木魂《こだま》石、福島県白河付近の小田倉村でヨバリ石、さては南津軽の相沢村でホイホイ石、西部にあっては、土佐の穴内《あなない》の物言石、備後《びんご》安芸《あき》の山村に多い呼石の類、あるいは言葉石といい答え石といい、または三声返しの石というがごときもみな同じ物である。もとはおそらく反響をコダマすなわち木の精と信じたごとく、人の口まねするのを鬼神の所為としたのであろうが、それはあまり普通のこととわかってから後は、いやコダマではなく返事をするのだとか、または一度呼べば三度呼び返すとかいって、強いて不思議を保持せんとしている。はなはだしきに至っては『和漢三才図会』に、会津若松城内の鎮守諏訪明神《すわみょうじん》の神石、八月二十七日の祭の日にかぎり、人がこれに向かって「物もう」といえば「どうれ」と答えるなどといって、醴酒《あまさけ》と芒《すすき》の穂を供えたとさえも伝えている。

その鸚鵡石がさらに進んで膳椀借用の取次ぎまでもしたというのである。これなどはたぶん他の家具の岩屋などとは異なり、地下にも水底にも通ずる穴がなかったであろうから、コロボックルとも土蜘蛛《つちぐも》とも[29]説明はしにくかろうと思う。『白山遊覧図記』に引用した『異考記』という書に、今より六百八十何年前の寛喜二年に、六月雪降りて七日消えず、国中大凶作となった時、白山の祝卜部《ほうりうらべ》良暢、窮民を救わんがために山にのぼって断食し、幣を宝蔵石という岩にささげて祈ること三日、たちまち白衣玉帯の神人現れ、笏《しゃく》をもってその石をたたけば、石門洞然と開いて、内は丹楹碧砌《たんえいへきぜい》の美しい宮殿であった。その時一条の白気、その中より出でて麓の方になびき、村々の竹林ことごとく実を結んで、餓えたる民、食をつなぐことを得た云々。『亜刺比亜夜譚《アラビアンナイト》』の隠れ里の物語と、日を同じくして談ずべき奇異である。これについてさらに考えるのは、上州利根の奥で食器を貸したという龍宮の出張所が、その名を吹割滝と呼ばれたことである。これはまた水で造った仙俗二界の境の塀であったのが、時あって二つに開くことあるべきを意味したものであろう。広島県山県《やまがた》郡都志見《つしみ》の龍水山に、駒ケ滝、一名観音滝と称して、高さ十二丈（約三六メートル）、幅三丈（約九メートル）の大滝あり、その後ろは岩窟で、観音の石像が安置してあった。始め瀑布《ばくふ》の前に立つ時は、水散じて雨のごとく、近づくことはできぬが、しばらくして颪立ち水簾《すいれん》転ずれば、随意に奥に入り仏を拝し得る。これを山霊の所為としていたそうである。日光の裏見の滝などは、十余年前の水害の時までは、うしろにちゃんと径《こみち》があったが、また以前はこの類であったろう。美濃長良川の水源地にある阿弥陀の滝も、自分はかつて行ってみたが、同じくまた水の簾《すだれ》が深く垂れ籠めてあった。これを『絵本西遊記』風に誇張すれば、やがてまた有縁の少数者にのみ許された隠れ里にほかならぬ。現に『今昔物語』の中の飛騨の別天地などは、浮世の勇士を頼んで、猿神を退治してもらうほどのしがいない桃源ではあったが、やはり導く者あって跳《はねあが》って入らねば、突き破ることのできないほどの滝の障壁が構えられていたのである。

これらの事柄を考え合わせてみると、膳椀の貸借に、岩穴あり、塚の口の開いたのがあることを必要とし、中に人がいて出入を管理するはずと考えるようになったのは、あるいは信仰衰頽《すいたい》の後世心かも知れぬ。これをただちに元和・寛永のころまで、その辺に姿を見せぬ蛮民がいた証拠のごとく見るのは、あるいは鳥居氏のご短慮であったのかも知れぬ。

## 二

隠れ里の分布に至っては、これを列挙するだけでも容易な仕事でない。ただどうしてもすこしく言わねばならぬのは、西日本の隠れ里には夢幻的のものが多く、東北の方へ進むほど、おいおいそれがもっともらしくなってくる点である。例で述べる方が話は早い。

『薩藩旧伝集』には無宅長者の話がある。有馬という薩摩《さつま》の武士、鹿籠《かご》の山中に入って、四方の岩が屏風のごとく取りめぐらすところを見つけ、ひとりその内に起き伏しをした。真冬にも雪積らず、暗夜《やみよ》に微明あるに心づけば、四方の石はみな黄金であった云々。日向《ひゅうが》では土人霧島の山中に入って、時として隠国を見ることがある。地を清め、庭を作り、柑《こう》子《じ》の類実り熟し、佳人来往し音楽の声聞こゆ、重ねてその地を尋ぬれば、いかにするも求め得ず。肥後では旧合志《ごうし》郡油古閑《あぶらこが》の群塚《むれづか》という辺に、昔仙家があって、仙人の井というがひとり残っている。今も元旦日の出の時刻に阿蘇の山頂から遠望すると、一座の玉堂の雲霞の中に映々たるを見るという。佐渡の二つ山とよく似た話である。

　能登で有名なる隠れ里は、塩津村の船隠し人隠し、これは単に外から見ることのできぬ閑静な山陰があるので、これに託していろいろの話を伝えたものと見えるが、別にまた同国小木の三船山のごときは、全山空洞のごとく踏めば響きあり、一方に穴あって、かつて旅僧がこれに入り、宮殿楼閣を見たという話もある。尾張名古屋の隠れ里というのは、近ごろの市史に出たのは謎のような話であるが、別に安永三年のころ、高木某という若侍が、鷹狩に出て法《かた》のごとき隠れ里を見たことが『沙汰無草《さたなしぐさ》』の中に見えている。伊勢では山田の高倉山の窟《いわや》に隠れ里の話のあったこと、古くは康永の参詣記にあると、『神都名勝志』にこれを引用し、さらに多気《たけ》郡斎宮《さいくう》村の斎宮の森に、除夜に人集まって、絵馬によって翌年の豊凶を占う風あること、京の東寺の御影供《みえいく》などと同じく、昔はその絵馬を隠れ里から献上したという話が『勢陽雑記』に出ている。近江では犬上郡長寺の茶臼塚に鼠の里の昔話があった。京都でも東山霊山《りょうぜん》の大門前の畠地を鼠戸屋敷といい、鼠戸長者、鼠の隠れ里から宝をもらい受けて富み栄えたという口碑があった。因幡《いなば》岩美郡大路村の鼠倉は、山の岸根にあって、また一個の鼠の隠れ里であったといい、「昔此所に鼠ども集り居て、貴賤主従の有様男女夫婦のかたらひをなし、家倉を立て財宝を並べ、市町売買人間浮世の渡らひをまなぶ云々」と『因幡民談』にあるのである。

何ゆえに鼠ばかりにかくのごとき浄土があるのか、これと佐渡の団三郎貉《むじな》とはどれだけの関係があるのか、ここでは不本意ながらまだ詳しく答え得ぬ。ただし鼠倉または長者の倉のクラは、岩窟を意味する古い語であって、多くの府県の椀貸伝説とともに、隠れ里が洞の奥ないしは地の底にあったという証拠にはなるのである。『摂陽群談』の伝えるところによれば、大阪府下にも少なくも一か所の隠れ里はあった。すなわち「豊能《とよの》郡池田の北、細川村大字木部《きのべ》の南に当たって、昔この地に長者あり、万宝家に満ちて求むるにたらずといふことなしといへども、つひに亡滅して名のみ隠里といへり。今もこの地にて物を拾ふ者は必ず幸あり」とある。神戸に近い武庫《むこ》郡の打出にも、打出の小槌を拾うという話があって、今でも地上に耳を伏せて聞くに、饗応酒宴の音がするなどと記している。後世に至って隠れ里のいよいよ人界から遠ざかるは自然のことであって、多くは元旦とか除夜とかの改まった時刻に、どことも知れぬ音響を聞き、これによってせめて身の幸運を頼んだのである。朱椀を貸したことのある駿州大井川入の笹ヶ窪でも、享保の始めころ、ある百姓雨の夜に四、五人で拍子よく麦をつく音を聞き、翌朝近所の者に問うにこれを知る者がなかった。ある僧のいわく、これ隠れ里とて吉兆である。先年三河にもこのことがあったと。その家はたして大いに富み、後は千石あまりの高持となったという。今でも子供の話に鼠の浄土の歌を聞いていた男、猫の鳴声をまねて難儀をしたことをいうのは、考えてみるとやはり椀をごまかして怒られたという結末と、同調異曲の言い伝えのようである。

## 二

播州書写山《しょしゃざん》の登路にも、袖振山の北の端を隠《かくれ》ヶ鼻として山腹に大きな岩穴があり、大昔老鼠が米をついた故跡と言い伝えている。東部日本でも、江戸学者の随筆によく見る越後蒲原のオコッペイの窟《いわや》、あるいは羽後の男鹿《おが》半島寒風《かんぷう》山の隠れ里、陸中小友の土室神社のごとき、岩窟に隠れ里という者のあるものは多いのだが、それがかつてみな右ようの伝説を伴っていたか否かは疑わしい。ことに次に列挙するごとき多くの隠れ里という地名などは、一々みなこれであったとも思われぬ。おそらくは山をへだてた世に遠い小盆地で、単に年貢《ねんぐ》が軽かったというほかに、何の特長もなかったただの隠れ里も多いことと思う。

　相模中郡吾妻村二宮字隠里
　常陸那珂《なか》郡隆郷村高部字隠里

陸前遠田郡成沢村字隠里
陸奥下北郡川内村字隠里
羽前東田川郡横川村字隠里
羽後雄勝《おがち》郡軽井沢村字隠里

近世の記録に、隠れ里を発見したという実例の多いことは、人のよく知る通りである。九州では肥後の五箇庄《ごかのしょう》、日向の奈須および米良《めら》などは、今もって好奇の目をもって見られ、周防《すおう》の都濃《つの》郡須々万《すずま》村の日比生《ひびう》は、天文のころ猟師の発見した隠れ里だなどというが、その多くのものはやはり東の方にあった。たとえば羽前と越後の境の三面《みおもて》、岩代信夫《しのぶ》郡の水原、同伊達《だて》郡の茂庭《もにわ》などもそれだという。水原は谷川に藁《わら》が流れてきたのでこれを知り、よって水藁と名づけたという話があり、茂庭はアイヌ語かと思うが、初めて役人が行ってみたときには、村長が烏帽子《えぼし》を着ていたなどという話もある。この茂庭の一村民が、本年の冬、倅《せがれ》の近衛に入営するのを送って来て電車に乗り、荷車の材木と衝突して、東京のまん中で死んだ。会津と越後の境大沼郡本名村の三条という部落などは、越後の方とのみ交通していて、福島県の人は存在を知らず、明治九年の地租改正の時、初めて戸籍についたという。語音が会津式の鼻音でないために、三条の鶯《うぐいす》言葉などと言われている。江戸の鼻先の武州秩父《ちちぶ》でさえも、元文年間に初めて見出した山中の一村があった。雨後に谷川に椀が流れてきたのでこれを知ったというなどは一奇である。この他いつとなく里を慕って世に現れた村で、地方《じかた》役人の冷やかな術語では隠田《おんでん》百姓と称し、乱世に立ち退いて、一門眷属《けんぞく》とともに孤立経済をたてていたというものが、まだいくらともなく山岳方面にはあったようである。

平家の落人《おちうど》の末と称して小松を名乗り、あるいはまた重盛の妹か姪《めい》に当たるような尼公の信心話を伝え、世上の同情と尊敬とを博せんとした僻村《へきそん》は、大部分右のごとき隠れ里の発達したものらしい。あるいは同じ平家でも平親王将門《まさかど》の子孫郎党の末というものがある。信州には三浦氏の落武者というのが所々にある。御岳《おんたけ》南麓の滝越部落のごときもその一つであるが、地名のミウレは方言で水上を意味するらしく、ちっとも相模平氏の流れらしい証拠はない。会津の南半分から下野と越後へかけて、高倉宮以仁《もちひと》王御潜行の故跡充満し、渡辺の唱《とのう》や競《きおう》や猪早太《いのはやた》など、およそ頼政の家来で強そうな人はみな網羅し、しかも一方ある部分は恐れ多くも高倉天皇の御事として、その御陵のことまで云々しているのは、西の方の府県で、平家谷といえばたちまち安徳天皇、二位尼の御隠家と主張するのによく似ている。歴史家諸先生のとんだご迷惑をせられるのも、おそらくはこの点で、現に宮内省でも御陵墓参考地というような不徹底な榜示《ぼうじ》を、何か所となく立てておかれる。『蒹葭堂雑《けんかどうざつ》録《ろく》』の中には、安徳帝御旧跡という地を七、八か所もあげていて、今日ではさらに若干を増加している。自分はこれについても少々の意見があるが、関係地方の人たちの心持ちを考えると、やはり十分にこれを論弁することができぬ。よってここにはただこの口碑と隠れ里椀貸と、どうしても関係のある部分だけを述べておき、それ以外は最近の機会に、今すこし閑静なところで発表したいと思っている。

## 一三

福井県大野郡の山村は、これまた平家谷口碑のいたって数多い地方である。その中で下《しも》味見《あじみ》村大字赤谷の平家堂というは、崖の中腹にある二尺（約六十センチ）四方の岩穴で、穴の中は古墳である。土人最もこれを尊崇し、毎年二月十九日に祭をする。この窟の石戸は人力では動かぬが、世の中に何かことがあると自然に開閉するのを、村民は「平家様が出られる」という。日清・日露両度の戦役中、この石戸の常に開いていたことは、誰も知らぬ者がないという。この話を発表した人は、自分の知人にしてかつこの村の住人である。その誠実はよく知っているが、しかも如何《いかん》せんこの話には伝統がある。奥羽地方においては、この種の岩穴を阿倍城《あべじよう》といい、岩戸の開閉の音を聞いて、翌朝の晴雨を卜する例が多い。中央部では鬼ケ城などともいい、山姥が布を乾すということになっており、やはり里の者の神意を察知する話が少なくない。さらにその昔をたどると、山姫佐保姫の錦を織るという言い伝えにも関連するものであろう。けだし屋島・壇浦の残党のみに対してならば、いわゆる平家様の崇敬はすこし過分である。ゆえにいかにしても安徳天皇を奉じ来ることのできぬ東北地方においては、一門の尼公と称し、または以仁王《もちひとおう》と申し上げて、その欠陥を補わんとしたのではあるまいか。しかし農民は昔も今も虚言を述べ得ぬ人である。そうして最も人の言を信じやすい人である。しからば最初はたして何人《なんぴと》あって、かくも多い平家谷の話を全国に散布したのであるか。これが椀貸伝説と交渉あるただ一つの点で、同時に鳥居氏の無言貿易説の当否を決すべき重要な材料であるように自分は思う。

鳥居氏のご意見というものが、もしこれら各地方の異伝を親切に考察した上で発表せられたものであったならば、自分らはたとい末梢の問題において観察の相異があるにしても、かような失礼な批評文は出さなかったであろう。何となればいわゆる椀貸の話にはかぎらず、多くの伝説の起源は常に複雑なもので、時代時代の変化または新たなる分子の結合はありがちであるから、最初長者と打出小槌と古墳と水の神の信仰とが、この不可思議なる岩穴交通の話の基礎であったとしても、別にまたある事情の下に、鬼市もしくは黙市と称する土俗の記憶が、同じ物語の中に織り込まれたことは、絶無と断定しあたわぬからである。民俗学の現在の進歩程度では、残念ながら消極的にも積極的にも、何の決定をも下し得ぬことが明白であるからである。

自分が主として証明せんとしたのは、単に膳椀の持主または貸借の相手が、アイヌその他の異民族であったらしい痕跡が、まだ一つもないという点であった。これ以外において、何か手がかりとなるべき特徴ではないかと思うのは、話の十中の九まで、前日に頼んでおいて翌朝出してあったということ、すなわち先方が多くは夜中に行動をしたという点である。それよりもなお一段と肝要なのは、わずかな例外をもって貸した品が、常に膳椀その他の木製品であったことである。隠れ里から出すには他に物もあろうに、木地の塗物のと、最も土中水中に蔵置するに適しない品のみが常に貸されたことは、何か特別の仔細がなくてはならぬ。陸中の遠野などでは、フェアリイランドの隠れ里のことをマヨイガと称し、マヨイガに入って何か持ってきた者は長者になるという話がある。そうして自分の採録した話の中には、やはりその隠れ里の椀を授かって富貴になった一例がある。高知県長岡郡樫野谷の池は、村民が元旦にこの水をくむ風習あり、また村に不吉の事起こらんとする時には、水底に弓を引く音が聞こえたといい、時としては赤い椀の水面に浮かぶことがあるという。かくのごとき場合にまでいつも椀というもののついて回るのは、はたして何を意味するであろうか。

## 一四

伊勢の亀山の隣村阿野田の椀久塚《わんきゅうづか》は、また一箇の椀貸塚であって、貞享《じょうきょう》年中までこのことがあったと伝えている。土地の口碑では、塚の名の起こりは椀屋久右衛門、あるいは久兵衛という椀屋から出たという。この椀久は大阪の椀久のごとく、ある時代の長者であったらしく、数多《あまた》の牛を飼い、品物を送り、五穀を運ぶために、険岨《けんそ》の山路を道普請《みちぶしん》して牛の往来に便にしたといい、今も牛おろし坂という地名が遺《のこ》っている。椀久は農家ながら多くの職工を扶持して椀盆の類を造らせ、これを三都諸州へ送って利を収めた。その家断絶の後、旧地なればとてその跡に塚を築き、これを椀久塚と名づけた。村民の客来などのために膳椀を借らんとする者は、やはり前日にこの塚へ来てこれを祈ったということである。さてこの話を解釈するためには、最初にまず塗物師《ぬりものし》が器を乾かすために土室《つちむろ》を要したことを考えねばならぬ。次には木地師《きじし》[30]の本国が近江の愛知《えち》郡東小椋《おぐら》村であったことを注意する必要がある。亀山在から山坂を越えて行くといえば、行先は近江南部の山村である。しこうして東小椋村の中君ヶ畑と蛭谷《ひるたに》との二大字《おおあざ》は、数百年以前から今日まで引続いての木地屋村で、その住民は中世材料の欠乏して後、争うて郷里を出で、二十年、三十年の間諸国の山中を巡歴し、到るところにおいて轆轤《ろくろ》の仕事をしたことは、人のほぼ知るところである。諸国の木地屋はそれゆえに今でも大多数は、小椋あるいは大倉などの苗字をもっている。日本全国たいてい分布せぬ地方はない中にも、伊勢は山続きでも最も行きやすかったらしく、南伊勢から紀州へかけて、小椋氏の在住して木地を業とする者今も多く、いろいろの古文書の写しを伝え蔵し、同族のみで山奥の部落を作るために、なお若干の異なる習俗を保持しているらしい。自分は六、七年前の『文章世界』に木地屋の話を書いたことがある。[31]近日また少しばかりの研究を発表したいと思っている。近江の檜物荘《ひものしょう》の成り立ち、および中世盛んであった日野椀《ひのわん》、日野折敷《おしき》の生産と関係があるかと思うが、いまだ確かな証拠を発見せぬ。

伊勢にはまた安濃《あのう》郡曾根村字東浦の野中に、椀塚と称する丘があった。東西十五間、南北十間で頂上に大松があった。これには椀貸の話はあったといわぬが、昔は神宮の御厨《みくりや》の地で、秋葉重俊なる者近江より来り住し、文暦元年には判官職であった。その後片田刑部尉重時の時、兵乱に会って御厨は退転した。その時は太刀、神鏡、輿一連および庖厨《ほうちゅう》一切の器具を埋めたのが、この椀塚であったと伝えている。この言い伝えが、椀久系統の人の口から出たことは、わずかながら証拠がある。小椋の人々はどうしたわけか以前から、あまり歴史には名の見えぬ、ものものしい人名を引き合いに出す風があった。君ヶ畑・蛭谷の二村に今も大事にしており、諸国の旧い木地屋が必ず一組ずつ伝写している多くの古文書、それからこの地の旧記や社寺の縁起類は、持主の真摯なる態度に敬意を表し、新聞などで批評をすることは見合わせる。この村では清和天皇の御兄皇子小野宮惟喬《おののみやこれたか》親王、都より逃れてこの山奥に入り、山民に木地挽《ひ》く業を教えたまうと言い伝え、この宮を祭神とする御社は今も全国木工の祖神であるが、この由緒を述べた仁和五年酉五月六日とある古記録などには、親王に随従してこの地に落ちついたという人々が、大蔵大臣惟仲、小椋大臣実秀などと署名している。この実秀は太政大臣ともいい、今の小椋一統の先祖である。一説には小椋信濃守久良、小椋伯耆守《ほうきのかみ》光吉、親王よりこの芸を教えらるるともある。作州苫《とま》田《た》郡阿波村の木地挽《きじひき》が旧記には、奥書に承久二年庚辰九月十三日とあって、やはり大蔵卿雅仲、民部卿頼貞らの署名がある。伊勢でも多気郡の藤小屋村などでは、杓子を生業として、惟喬王子、倉橋左大臣を伴い、この地に隠れたまう時、土人にこの業を伝えたまうといっていた。右のほか、北近江でも吉野でも紀州でも飛驒でも、親王のかつてご巡歴なされたことを信じていて、あまりとしても不思議に思われるが、すでに明治の三十一年に田中長嶺という人が『小野宮御偉蹟考』三巻を著して、全部東小椋村の旧伝を承認し、本居・栗田らの大学者が序文や題辞を与えられた後であるから、自分にはまことに話がしにくい。詳しくは右の書について考えられんことを、読者中の物好きな人に向かって希望する。

## 一五

近江の東小椋村から出て、国々の山奥に新隠れ里を作った人々は、アメリカ合衆国の独立みたように、おりおりは郷里の宮寺にある旧記を裏切るような由緒書を作っている。東北では会津地方がことに木地屋の多いところであるが、これは蒲生家が領主であった時、郷里の近江から何人か連れてきたのを始めとするそうで、後年までこの徒は一定の谷に居住せず、原料の木材を追うて所々を漂泊し、この地方ではそれを「飛び」といったこと、『新編会津風土記』に詳しく出ている。

一方には会津から越後へかけての山村に多い高倉宮の古伝には、やはりいろいろの右大臣、大納言が従臣として来り、猪早太《いのはやた》輩と功を競い、またその子孫を各地に残して旧家の先祖となっている。その中には小椋少将などという人もよく働いている。越後の東蒲原郡上条谷の高倉天皇御陵などは、土地の名を小倉嶺といい、山下の中山村十三戸はみな清野氏で、御連枝《ごれんし》四の宮の従臣清銀太郎という勇士の子孫である。

大和吉野の川上の後南朝小倉宮の御事跡は、明治四十四年に林水月氏の著した『吉野名勝誌』の中に委曲論評を試みてあるから、自分は次の二つの点よりほかは何もいわぬ。その一つは、この山村に充満する多くの旧記類は、いずれも二百年このかたの執筆であること、その二は、小倉宮の御名は洛西嵯峨《さが》の小倉の地に因《ちな》むはずであるにもかかわらず、この宮は一時近江の東小椋村君ヶ畑の土豪の家にお隠れなされ、その家の娘を侍女として王子をお儲けなされたことである。

右の二か所の事例とは全然無関係に、自分は今左のごとく考えている。木地屋には学問があった。少なくとも麓にいて旅をしたことのない村民よりは識見が高かった。木地屋の作り出した杓子《しゃくし》や御器《ごき》はいかなる農民にも必要であって、しかも杓子のごときは山の神、里でオシラ神[32]などの信仰と離るべからざるものであった。新たに村の山奥に入りきたり、しかも里の人と日用品の交易をする目的のあった彼らは、相当の尊敬と親密とを求めるために、多少の知慮を費やすべき必要があった。必ずしも無人貿易をせねばならぬほどに相忌んではいなかった彼らも、少しも技巧を用いずには侵入し得なかったのは疑いがない。そこでさらに想像をたくましくすると、彼らは往々岩穴や土室の奥から、鮮やかな色をした椀などを取り出して愚民に示し、これを持っていれば福徳自在などと講釈して彼らに贈り、恩を施したことがないとはいわれぬ。常州真壁《まかべ》の隠れ里から貸した椀が、金で四つ目の紋をつけたのは一つの見どころである。四つ目はすなわち近江の一名族の紋所であった。断わっておくが、自分はまだ証拠をとらえぬから、決してこの仮定を主張するのではない。かりに鳥居氏の言われたのに近い交通があったとしても、この場合には相手の方がうまくやったので、同氏のいわゆる文明のステージが違うというのは、ちょうど逆様に違うのだから、いささか滑稽でないかと言いたいのである。

常民が食器に白い陶器を使うのは、むろん新しい変遷である。それ以前は木器であろうと信ずるが、少なくとも朱椀などは手が届かぬ上流の用であったであろう。それがしだいにたやすく生産せられるようになったのも、さして古いこととは思わぬ。漆器の歴史を調査する人は、必ずわが輩の隠れ里物語をその基礎の一つにせねばなるまい。またかの多情多恨の椀久という浄瑠璃曲中の好男子が、苗字は小椋で、後の屋号が伊勢屋であったか否か、これを明白にして下さるのは上方《かみかた》の学者方の任務である。

（大正七年五月『東京日日新聞』）

# 流され王

武州高麗《こま》本郷の白髭《しらひげ》社に、修験道をもって仕えてきた旧家の当主、自分も大いに白い髭あり、近来その苗字を高麗氏と名のり、そうして古い系図が伝わっていて、見にゆくほどの人はみな感心をする。これだけは正しく事実である。次に今より約千二百年前に、東日本に散在する高麗の帰化人千八百人ばかりを、武蔵国へ遷《うつ》したこと、および高麗人中の名族にして、あるいは武蔵守になったこともある高麗氏が、本貫《ほんかん》をこの郡に有していたことは正史に出ている。歴史がいかに想像の自由を基礎とする学問であるにしても、かほど顕著なる二箇の証跡は、ともにこれを無視して進むことを許されぬであろう。しかし右の二史実と今とのあいだには、茫漠たる一千余年が横たわっている。したがって彼からこれへ糸筋の引くものが、あるかと思うのはあるいは野馬陽炎《のまかげろう》である。この関係は、もしこれを決定する必要があるとすれば、ぜひとも今後においてこれを証明せねばならぬ。

　自分は試みにその問題の一小部分、すなわち白髭様だと自称する新堀村の大宮明神が、はたして高麗の王族を祀ったものと、解することを得るか否かを考えて、地方の旧伝をもてあつかっている人々の参考に供してみたいと思う。

古い証拠が必ずしも確実でない一例は系図である。古くからあったとすれば後の部分が気になる。そんなら新しいほど安全かと申せば、元はどうであったかがやはり疑いを招く。二者いずれにしても継目のところはつねに難物である。それというのが系図には、千年間の書き込みということが想像し得られぬゆえで、紙筆と文字とが昔からあったとても、これを書かせる人または家はそうは続きあたわぬからである。第一には系図を伝える動機が時代によって一様ではなかった。ある時は部曲《かきべ》を統御し、または代表するため、ある時は所領の相伝を証するため、あるいは信仰上の由緒を説くため、あるいは単に旧家の名聞のためと、その都度あたかもかくのごとき必要に遭遇していた家で、零落や早死の不幸がすこしもなかった場合でも、なおかつ後代の主人に一種の編集力とも名づくべき能力が入用である。すなわち身を後世におき、心を上古に馳《は》せても、ただいたずらに旧伝に忠誠であっては、むしろ不可解の誤謬《ごびゅう》を生ずるのが普通である。それが右の高麗郷にかぎり、近世的に鍔目《つばめ》がよく合っているとすれば、おそらく春日、阿蘇を始めとして、各地の旧社の信条をなすところの、神孫が神に仕えきたったという思想が、さかのぼって久しい七党繁栄の時代にまで、一貫していたためであろう。すなわち現今のいわゆる武蔵野研究者が、寄ってたかって一つの白髭様を重々しくしたと同じような外部の影響が、二百年前にも三百年前にも何度かくり返されてきたのかも知れぬ。高麗の一郷は離れ小島ではなかった。これを取り囲んだ武蔵国原にはさまざまの衝動があった。名族の去来盛衰も多かったあいだに、法師も入り込み浪人も遊行したのである。これを一々に想像し試みるまでもなく、白髭という神の御名がすでに適切に昔を語っている。この神の分布は日本のほとんど半ばにも及んでいて、もとより武蔵をもって発源地と目することはできぬ上に、この名を流行させた原因かと思う信仰の様式は、外蕃《がいばん》帰化の盛んであった時代のものではないようである。したがって高麗氏家伝が古い歴史のままということは、まだなかなか信をとりがたい。

ただし確信と真実が往々にして一致せぬと同じく、単純なる懐疑もまた決して学問とは言われぬ。ゆえに自分はすこしく歩を進めて、右の最近の現象が何事を意味するのかを、他の一側面から考えてみようと思う。まず第一に心づくのは、白髭明神の祭神がただに神職の家の始祖というだけでなく、特にこれを異国の王と伝えている点である。人はあまり言わぬが、同じ武蔵の内でもずっと東京に近く、旧新座《にいくら》郡の上新倉《にいくら》には新羅《しらぎ》王の居跡がある。昔新羅の王子、京より下って住むと称し、その地牛蒡《ごぼう》山という村の山田・上原・大熊の三苗字は、その随従者の後裔《こうえい》と伝えているが（『新編武蔵国風土記稿』四四）、これなどは以前は単に王または王子といったのを、新座郡だから新羅王とした形がよく見えている。日本に来てから新羅王もいぶかしいが、ことに珍なのは近く天文の元年にも、佐渡の二見港へ上陸した新羅王があった。玉井という井戸はこの王が掘らせたということと、毎日毎日大文字を書いては、とかく墨色がおもしろくないといって反故《ほご》にしていたという話とが残っている（『佐渡土産』中巻）。相川の高木氏、その子孫と称して家号をシイラ屋と呼んだ。島には往々にして新羅王と署名した揮毫《きごう》も伝えている（『郷土研究』二巻六号）。これだけでも誤聞軽信とは認めにくいのに、かけ離れた常陸《ひたち》の太田付近にも、同じく新羅王と署名をした書を持つ者が多く、これもさして古からぬ時代に、船に乗って到着した気狂いのような人であったといい、その書には諺文《おんもん》33かとおぼしく、読めぬ文字が多かったそうである（『楓軒偶記《ふうけんぐうき》』三）。旅の朝鮮人ならば字でも書くよりほかはなかったろうが、いかなる動機から新羅王などとみずから名のったものか。これが一つの不思議である。

　長門の秋吉村には、百済《くだら》国王が漂着して勧請《かんじょう》したと称する八幡宮がある。その境内の一古墳をその王の臣下の霊というがごときは、すなわち八幡信仰の常の形であれば、やはりこれも日本に面した対岸なるがために、百済というようになったとも思われ得る（『長門風土記』）。佐渡・常陸の新羅王のごときも、あるいはこういう旧伝と、後世の漂着譚とが混淆《こんこう》したのではあるまいか。若狭遠敷《おにゅう》郡椎崎、御垣大明神は、御垣山王とも称して山王様であるが、社の側の塚を王塚と名づけ、かつて異国より「王ざまの人」船に乗り渡り来って住み、死してこの地に埋めたと伝え、その船の屋形を取って作ったという御輿があった（『若狭国宮社私考』）。通例人はこの類の一部の形跡ある口碑などに接すると、あるいはそのようの事実があったのかも知れぬ、という程度で今までは観察を止めていた。しかし王にもせよ王子にもせよ、そのような漂流がおりおりあったはずもなし、またそれが日本の信仰になるわけもないから、塚とか神輿とかの旧物に託してこんな話のあるのは、何かそう誤伝せられるだけの事情があったものと、考えてみる必要があったのである。海近い村では神社を岬の山に斎《いつ》き、しからざればいわゆる御旅所《おたびしょ》を渚に構えた例が最も多い。祭の日に浜下《はまお》りなどと称する儀式を行なう風習は、ずいぶん奥の方の里まで行なわれている。西部日本にはことにその海岸の一地点を宮の浦と呼び、神の最初の影向《ようごう》にもこれから上陸されたようにいうのが普通である。しかもあたうべくは神を歴史上の実在の人と考えたいのが、近世一般の傾向であったから、そこで菅公左遷の航路が大迂回であったり、または神功《じんぐう》皇后が到るところに碇泊《ていはく》ばかりしておいでなされたことになる。島国であって天の神を祭っておれば、これはほとんど当然の帰結であって、岸から沖を見れば、海の末はすなわち空だから、すなわち鳥船《とりふね》・磐船《いわふね》の神話も起こり得るのである。東日本においては常陸の大汝《おおなむち》・少彦名《すくなひこな》の二柱の御神、または伊豆の事代主《ことしろぬし》神のごとく、まことに思い設けざる示現が古い世にもあった。これを顕わし申したのは、もとより神懸りの言であったゆえに、篤信の人にとっては事実と択《えら》ぶところはなかった。そこで対岸が三韓であった地方には、自然に新羅王・百済王などの名前が、託宣の中にも出てくることになったのではないか。高麗神渡来の話も二つはすでに聞いている。その一つは伊豆山の走湯権現《そうとうごんげん》で、お船はまず相州中郡の峰に着き、いったん高麗寺《こうらいじ》山の上に鎮座なされたと伝えている（『関東兵乱記』）。これはあるいは地名によって後にできた説とも見られるが、越中礪《と》波《なみ》郡の高瀬神社のごときは、何のつきもないのに、また高麗よりお渡りなされた神と称し、お着きの日は七月十四日、今の御旅所のあるたび川の流れは、そのおり御足袋《たび》を濯《すす》がせたまう故跡などというのである（『越中国神社志料』）。いわゆる客神蕃神の由来には、右のごとき分子も含まれていることを考えておかねばならぬ。

異国神渡来の説は、古くからあってもやはり歴史と認めがたいことは、『長寛勘文《ちょうかんかんもん》』にもある熊野の王子神、播州広峰から出たらしい牛頭天王《ごずてんのう》の王子神のこと、あるいは大隅正八幡の古縁起と伝えた七歳の王子とその御母の話のごとき、いずれもその証拠である。これは単に霊威の最も旺盛なる神が突如として顕われ祟る場合に、これを遠い国から移り臨みたまうものと考える傾向が、大昔からわれわれの中にあったということを示すまでで、決して元をたどりないし今風の考証をして後に、言い伝えたものではない。ことにこれを何の某《なにがし》の霊とまで断定することは、後作に非ざれば偽作である。陸前千貫松山の東平王の故跡談のごときは、話の古いだけに取り止めもないのがかえって大なる興味である。この付近の街道の傍に、昔旅の空で死んだ唐人の塚があって、その唐人の名はトウヘイワウであったということが、五百数十年前の著という『宗久紀行』にあるので、今に学者だけがこれを忘れることができない。ところがこれは一種の謎みたようなもので、単に故郷を思慕した旅人の墓の松が、ことごとく西に向かってなびいているのを見て、『文選《もんぜん》』（巻四十三）の中の名句に、「東平の樹、咸陽《かんよう》を望みて西に靡《なび》く」とあるを連想し、誰かがこれをいったのが、その人の墓のように伝えられた元であった。しかも後には塚の跡も不明になり、千貫松山の千貫松が、これもたぶんは同じ原因、すなわち東の風が多いために、著しく西の方へ靡いているのを見て、東平王の墓所をここにあるごとく推測し、しかも日本の東平王とは、大野東人《おおのあずまびと》のことだとか、または恵美朝獦《えみのあさかり》だとかいう類の、一種の古墳攷証《こうしょう》をした人もあったのである（『地名辞書』四〇七五頁）。これなども前代の好事家《こうずか》が、容易に来由の知れるような名をつけておいたために、幸いにしていわゆる史蹟の中に網羅せられることもなかったが、塚の神を遠来の霊として祀っておれば、ほどもなく貴人流寓の口碑となってゆくのは、いたって自然の変化であったので、塚の上の古木がもと来た都の方に片靡きをするというのも、かの西行法師の見返り松のごとく、東西には数多い説明伝説の例であった。

『吾妻昔物語』は江戸時代の初期に、僧徒などの手になったかと思う南部領の旧伝集である。その一節に次のような話がある。昔いつのころか、流され王と申すお方、稗貫《ひえぬき》郡鳥谷ケ崎の瑞興寺《ずいこうじ》に入らせられ、仏壇の上に登って本尊と並んでおいでなされた。朕《ちん》はもと四海の主なり、凡夫と居を同じゅうすべからざるゆえにここに坐すと仰せられた。寺の住持これを制止すると、さらにお言葉はなくて、この寺を出て寺林村の光林寺へ向かわせたまう。北野の君ケ沢という辺で南の方を指したまえば、見る見るその瑞興寺は焼けた。寺林から不来方《こじかた》の福士が館に入らせられ、津軽一見のお望みあり、急ぎ送り申せと仰せられたのを、福士は物むつかしく思ったか、道をたがえて比爪《ひつめ》の方へ送り参らすと、道祖神の傍の大槻木のあるを御覧《ごろう》じて、「これは朕が不来方の道である。福士朕を誑《たぶら》かしてあらぬ方へ送る、必ず末よかるまじ」と仰せられたが、はたして子孫に至って福士の家は衰えかつ亡びた。流された王はおそらくは吉野のみかど、長慶院の御事であろうとある。この書の中には天和年間のことまでは書いてある。当時すでに津軽浪岡《なみおか》城の旧史は完成していたか否か、これいまだ自分の究《きわ》めざるところであるが、とにかく一方は西海の果てにも、御遺跡の参考地があるというこの大君の御徳が、東北辺土の人々の仰ぎ慕うところとなったのも、相応に古くからであったことを知るのである。しかし単にこの類の御通過の物語のみならば、いかようにも折り合いの道はある。これに反して確信を切望する地方人士にとっては、第三、第四のお墓の発見を伝え聞いては、さぞ驚きもすれば嘲りもするであろうが、静かに物を考えると、日本海に面して三韓国王の漂着談があると同じく、中世以後の天子様で、行方なき旅にお出ましになったのは、長慶院御一方のみであったことが、あるいはついに右のごとき紛糾を解くべきものではなかろうか。

　諸国にひろく分布している王神・王塚の口碑のごときは、すでにその数において後代の『紹運録《しょううんろく》』などを震駭《しんがい》せしめている。世を隔てること遠ければ遠いほど、信じやすくなることはもちろんであるが、しかも単に皇子とばかりでは、固有名詞をすなわち歴史と思う人に容《い》れられぬためか、但馬《たじま》においては日下部《くさかべ》氏の始祖と伝える孝徳天皇の御子表米《ひょうまい》親王と説き、その東隣の丹後においては聖徳太子の御弟とて金麿親王を称えている上に、なおできるならばずっと後代の史書に見えている貴人を推戴せんとしているのは、すなわち一般に神を人の霊を祀るものとした時代の説であることを推定せしめる。たとえば会津・越後の山村において、各村往々にして両立せぬ旧話を伝えているのは、高倉宮以仁王《もちひとおう》の御事蹟である。この宮は『玉葉《ぎょくよう》』などを見ても、何年かのあいだ御生死が明白でなかったゆえに、田舎人の物語の中に、永く御隠れがを求めたまうこともできたのである。

しかも無謀なる確信家たちは、単に一人の皇族では満足し得ずに、かつてまた高倉天皇の行幸を説いた者もあったようであるが、今ではとうとう譲歩し得るだけの譲歩をして、ほぼ高倉宮説に統一せられている。ところがこの類の歴史との調和が、したくともとてもできない古伝がなお若干ある。その中の最もはなはだしい二、三をあげると、甲州の西山すなわち南巨摩《こま》郡の奈良田付近には、いつのころからか孝謙天皇を説いている。神の御名の奈良王であったことのほかに、今一つの原因らしいものは、畏《かしこ》いからここには公表せぬ。若くしておかくれなされた文武天皇も、二、三の地にその御遺跡を伝えているが、これは簡単に大宝天王という神の名から誤ったので、その名が今なお現実の信仰に生きている大梵天《ぼんてん》王の転訛であることは、自分らにはほとんどすこしの疑いもない。上総《かずさ》君津郡の俵田、およびその付近一帯の村々には、弘文天皇の御跡を伝え、今では鼻であしらうこともすこしいぶかるほどに、御陵と称する古墳などさえも指示せられている。これはバルバロサ実は死せずの伝説などとも少し異なり、正統の天《あま》つ日嗣《ひつぎ》が、そう凡人と同じような御最後を遂げたまう道理がないという、一種しおらしい春秋的論理も下に含まれ、はなはだ珍重すべき口碑とは思うが、しかも何がゆえにかかる東国の果ての一地域にかぎって、これまでの発達を見たかということは研究の値がある。また信ぜられぬの一言をもって解決すべき問題でもない。この地方で注意すべき点は、いわゆる大友皇子の話には必ず蘇我《そが》殿の名がこれに伴い、さらにまた田の神祭の由来談の存することである。蘇我は上総の古い郷名であるが、俵田などでは皇子の随従に蘇我大炊《おおい》という人物を説き、田植の時に入日を招き返したという話などもあって、村によっては四月十六日または五月一日、俵田では五月七日を、蘇我殿の田植日といって忌んでいる。すなわち蘇我の方が一段と古い固有名詞で、それから王子の神の名が出たようでもある。村岡氏などは大伴氏の旅人この地方に蕃衍《はんえん》して、その祖神を天皇に付会したように弁じておられるが、それもまた一説である。日吉《ひえ》神社の創立とともに説かれる近江湖南の大友与多王のごときも、漠然たることにかけては上総と弟兄するにかかわらず、土地が偶然に前朝の宮址《きゅうし》にも、また御最後の地にも近かったばかりに、吉田博士のごときすらほぼこれを信ぜられんとした。しかし御諱《いみな》を忌まなかったということが、すでにこの伝説の新しいことを証している。名古屋の市内撞木《しゅもく》町とかに、あるいは大友皇子の古墳かともいったオトモ塚のあったなども（『名古屋市史』地理篇六四七頁）、やはりその付会説の古くないことは同じである。しかもそのオトモという語に、何らか信仰または儀式と関係のある意味があって、特にこの天子の口碑を発達させる縁となったのではないかと思わせる。四国では伊予喜多郡の粟津森神社に、王子吉良喜命およびその御妃来って牛頭天王を祀り、後に己も祭神の中に列したまうという伝えがあって、王子は大友皇子の十世の孫と旧記に見えているそうだが、(『明治神社誌料』)、十世とはあまりに謙遜であった。次に九州でも南端大隅・薩摩の数か所に、大友皇子を祀った社があるが、これはいずれも主神を天智天皇と伝えるために、その王子の神として御名を掲げたこと、八幡の若宮というところから仁徳天皇菟道稚郎子《うじのわかいらつこ》を説くのと同じである。天智天皇はしばらく御駐輦《ちゅうれん》なされた筑後川右岸の朝倉のほか、土佐の朝倉にも盛んに御遺跡を主張しているが、鹿児島県のはまたさらに別様の事情があるようで、あるいは彦火々出見尊《ひこほほでみのみこと》の御事を誤り伝えたのだと、断定した国学者さえもあった。これもまた一種の妥協である。

自分が何かの折に述べてみたいと思っていたことは、右の類のなお多くの話が、史学者の側から受くべき待遇を受けていなかったことである。ひとしく村に伝わった無邪気な旧話なるに、誤って一歩を踏み越えると、ただちに荒唐無稽としてしりぞけられ、中に立つ者などがあってわずかの折り合いをすれば、すなわちまた史書の逸文のごとく尊重せられる。しかも故老の心持ちからいえば、二者のあいだにはこれという差異もなかったのである。近松門左が『用明天皇職人鑑《かがみ》』、古くはまた『舞の本』の「烏帽子折《えぼしおり》」の中にある、山路《さんろ》が草苅る夜の笛の話は、もとより突如として文筆の徒の結構に浮かび出るような事件でない。しかし何がゆえに儼乎《げんこ》たる正史の文面にそむいても、天皇潜幸のおおけなき物語を伝えたかを尋ねると、やはりまた誤謬《ごびゆう》にも一定の経路のあったことを知るのである。用明天皇を祀りたてまつるという伝は、摂州玉造の森之宮にもあった（『葦乃若葉』巻二上）。式内の苅田嶺《かったみね》神社に当たるという磐城刈田《かった》郡の旧称白鳥大明神にも、用明天皇の御后宮を斎《いわ》うと称して、その御名は豊後《ぶんご》と同じく玉世姫である上に、この地に来って皇子を生ませたまうという話もあり、近世の学者には白鳥によって日本武尊《やまとたけるのみこと》の誤伝だと、改訂を試みんとした人もあったが失敗した（『神社覈録《かくろく》』巻二二）。自分の見るところをもってすれば、用明天皇と申したてまつる理由はいたって簡明で、神の第一の王子をやはり太子とよぶ慣習がもとあったために、その御父の神を日本で最も有名なる太子の、御父帝なりと解したものにほかならぬ。ことに豊後の真野長者《まののちようじや》の伝奇において、長者の姫の玉世姫を、宇佐の申し子ともいえば、八幡神の放生会《ほうじようえ》の日の弓の式に、微賤の身に隠れたまう至尊の御上を神託によって知ったといい、一方にはまた姫岳の由来をさえも伝えているのを見ると（『豊後遺事』巻上）、神子《みこ》神巫《かんなぎ》の大神《おおみわ》氏古伝が姫岳から宇佐まで一貫して、久しくかつひろく物語られていたことも想像せられる。東日本においては陸中鹿角《かづの》郡小豆沢《あずきさわ》の五宮権現、継体天皇第五の王子を祀るという古伝が、長者のまな娘召されて御后となったという点まで、豊後の例と偶合している上に、金丸兄弟なる者御馬の口を取り、東の岳に登りたまうという一条は、最も甲斐の黒駒の話に近く、京近くの寺々で大切にしている太子の縁起が、古いながらにさらによって来るところあるを知らしめる。その金丸はまた丹後では金麿親王といい、あるいは聖徳太子の御弟椀子《わんこ》親王の御事だなどとも伝えるのは、また多くの固有名詞が全然でたらめではなかった証拠といえば証拠である。

薩摩・大隅の天智天皇にも、豊後の玉世姫とよく似た玉依姫《たまよりひめ》の話が伝わっている。これと同時に王子の神を主として祭った場合には、あるいは牛根郷の居世《こせ》神社には、欽明《きんめい》天皇の第一皇子といい（『薩隅日地理纂考』巻二二）、佐多郷の十三所大明神では忍熊《おしくま》王子と伝えて、いずれも神船漂着の口碑の存することは、北海岸で半島の国王を説くものに近い（『三国神社伝記』巻中）。忍熊王子は越前丹生《にゅう》郡にもあるが、十三所というにいたってはほぼその起源の熊野権現なることを示している。しかも熊野にはかぎらず越前では気比《けひ》・白山《はくさん》、東国では香取《かとり》・鹿島《かしま》、さては西州の阿蘇も宇佐も、王子すなわち苗裔《びょうえい》神をもって遠国を経略せられた神々は、指を屈するもなお足らず、三輪と賀茂とは申すまでもなく、播磨《はりま》の荒田里、常陸の哺時臥山《ねふしやま》のごとき、あるいはまた美濃の伊那波《いなば》神、上総の玉前《たまさき》神など、神が御子を産ませられて神徳を永く伝えたまうという話は、ほとんど日本国教の第一の特色といってもよい。それがわが国の民心に浸染したことは、後世の仏徒もこれを無視することができず、いかに謙遜なる念仏聖《ねんぶつひじり》の宗旨でも、御一方くらいは無名の皇族をわが本山にかくまい申さぬはなく、思いかけぬ田舎の寺にも、つねに流され王の物語は醸成せられつつあったのである。自分は古風土記に記された世々の天皇の御遺跡、ないしは国史の綾をなす英邁《えいまい》なる皇子の御事蹟まで、祖先民人が信仰の美しい夢であったとはいわぬが、少なくとも今日なおわれわれを迷わしめる国々の平家谷、小松寺や惟盛《これもり》後裔の旧記の類だけは、こういう立場から一応精細なる比較研究をして後に、それがどういう意味で、われわれの史料なるかを決定してみたいと思うのである。そっとしておいて、しだいに忘れさせようとか、またはごく内々で手を振るとかいう態度が、これによってゆくゆく改まったら、それこそ武州の高麗王らが無意識に世に残すところの大なる恩恵である。

（大正九年七月『史林』）

# 魚王行乞譚

## 一

江戸は音羽町の辺に、麦飯、奈良茶などを商いする腰掛茶屋の亭主、鰻の穴釣りに妙を得て、それを道楽に日を送っている者の店へ、ある日一人の客来って麦飯を食い、かれこれと話のついでに、漁は誰もすることながら、穴に潜んでいる鰻などを釣り出すのは罪の深いことだ。見受けるところご亭主も釣りが好きと見えて、釣道具がいろいろおいてあるが、穴釣りだけはぜひやめなさいと、意見して帰って行った。ところがその日もちょうど雨大いに降り、穴釣りには持ってこいという天気なので、好きの道は是非に及ばず、やがて支度をしてどんどん橋とかへ行って釣りをすると、いかにも大いなる一尾の鰻を獲た。喜び持ち帰ってそれを例の通り料理してみると、右鰻の腹より、麦飯多く出でけるとなりという話。

根岸肥前守守信著わすところの『耳囊《みみぶくろ》』巻一に、これが当時の一異聞として録せられている。『耳囊』は今から百二十年ばかり前の、江戸の世間話を数多く書き集めたおもしろい本である。これとよく似た書物はまだ他にもいくつかあるようだが、あのころの江戸というところは、特にこういう不思議な現象の起こりやすい土地であったろうか。ただしは、また単に筆まめの人が当時多かったから書き残されたというだけで、以前もそれ以後もまた他の町村でも、平均に同じような奇事珍談は絶えず発生していたのであろうか。両者いずれであろうとも、問題は一考の価値があると私は思う。われわれの文芸は久しく古伝実録の制御を受けて、高く翔《かけ》り遠く夢みることを許されなかった。それがいわゆる根無し草の、やや自由な境地に遊ぼうとしていたかと思うと、たちまち引き返して現実生活の、各自の小さな経験に拘束せられる結果になったのである。空想は畢竟《ひっきょう》するところこの島国の民に取って、一種鉄籠中の羽ばたきに過ぎなかったのか。はたあるいは大いに養わるべきものが、いまだその機会を得ずして時を経たのであるか。日本のいわゆる浪漫文学には未来があるか否か。これを決するためにも、今少しく近よって、自分たちの民間文芸の生い立ちを、観察しておく必要があるようである。『耳嚢』の同じ条には、さらに右の話に続いて、それに似たることありといって、また次のような話も載せている。

昔虎の御門のお堀浚《さら》えがあった時、その人足方を引受けたる親爺《おやじ》、ある日うたた寝をしていると、夢ともなく一人の男がやって来た。仲間も多勢あることゆえ、その内の者であろうと心得、起き出してよもやまの話から、堀浚えのことなども話し合った。ややあってその男のいうには、今度のお堀浚えでは定めてたくさんの鰻が出ることであろうが、その中に長さが三尺（約九〇センチ）、丸みもこれに準じた大鰻がいたならば、それは決して殺してはいけません。その他の鰻もあまり多くは殺さぬようにと頼んだ。それを快く受け合って、あり合わせの麦飯などを食わせ、明日を約して別れたそうである。ところが次の日はこの親爺差しつかえがあって、ようやく昼のころに場所に出かけ、昨日の頼みを思い出して、鰻か何か大きな生き物は出なかったか。もし出たならばそれをこの親爺にくれというと、出たことは確かにすさまじく大きな鰻が出たが、もう人足たちが集まって打ち殺してしまったあとであった。そうしてこれも腹を割《さ》いてみると、食わせて帰した麦飯が現れたので、いよいよ昨日来て頼んだのがこの鰻であったことがわかり、その後は鰻を食うことを止めたという話である。そうして筆者根岸氏はこれに対して、両談同様にていずれが実、いずれが虚なることを知らずと記している。

## 二

すなわち二つの話の少なくとも一方だけは、誰かがいわゆる換骨奪胎したことが、もう聞く人々にも認められていたのである。江戸にはこのころ風説の流布ということを、ほとんど商売にしていたかと思うような人が何人もいた。たとえば『兎園《とえん》小説』やその他の随筆に、盛んに書いている常陸《ひたち》国藤代村の少女、八歳にして男の子を生んだという話もウソであった。その地の領主が特に家臣をやって確かめたところが、そういう名前の家すらもなかったと、鈴木桃野の『反古《ほご》の裏書』には書いてある。また同じ書物には、ある夜二十騎町の通りを、鳶職体《とびしょくてい》の者が二人提灯を下げて、女の生首の話をしながら、通って行くのに会ったという記事がある。今市ヶ谷の焼餅坂の上で、首を前垂《まえだれ》に包んで棄てにきた者がある。番人に咎められていずれへか持ち去ったが、門先に棄首があっては迷惑なので、はや方々の屋敷でも見張りの者を出しているといった。辻番所の者もこれを聞いて、それは油断がならぬと夜明しをして騒いだが、翌朝尋ねてみると丸ウソであった。そうして小石川・巣鴨・本郷から、浅草・千住・王子在までも、一晩のうちにその噂が伝わっていたということである。板谷桂意という御絵師などは、どうかして一度このウソを流布させてみたいと思って、永いあいだ心がけていたそうである。彼がある人から梅の鉢植をもらい、それを二、三年も過ぎて後に栽え換えようとすると、その根の下から五寸（約一五センチ）ばかりの真黒な土のかたまりのごときものが現れた。その形が魚に似ているので、よく見ていると少しずつ動き、眼口髭などもだんだんにわかり、水へ入れてみるとまったくの鯉であった。これを桜田あたりの濠内に放したといって、御手のものの見取図が、方々に写し伝えられたそうな。これなどはおおよそ成功の部であったというが、しかもその思いつきたるや、少しばかりありふれていたのである。盆栽の土の底に珍とすべき一物あるを知って、わざと植木が気に入ったような顔をして値をつける。そうして明日またくるといって帰って行く。持主はなんにも知らないから、お化粧をさせたつもりで別のりっぱな鉢へ栽え換えておく。あの鉢の土はどうした。もうどこへかぶちまけてしまった。実は欲しかったのはこの木の根にあったこれこれの品物なのである。あたら稀世の珍宝を種なしにしたと、足摺りをして残念がる。これがわが国では長崎の魚石の話としてひろく行なわれ、また最近には胡商《こしょう》求宝譚の名の下に、石田幹之助氏などが徹底的に研究しておられる、途法もなく古い昔話の系統に属するものであった。江戸の落語の天才がせいぜい苦心をして、これに新たなる衣裳を着せようとしたのが、猿と南蛮鉄との話などであったかと思う。海道の、とある掛茶屋の柱に、きたない小猿が一匹つないである。その鏈《くさり》の三、四尺（約九〇、一二〇センチ）ほどのものが、南蛮鉄であることを知った男、一計を案じてこれを猿ぐるみ安く買い取ろうとする。あるいは母親がこの猿に生まれかわっているという夢を見たともいい、もしくは死んだわが子に似ていると称して泣いてみせるなどの、おかしみを添えても話すのである。結局売り渡す段になって茶屋の亭主が、新しい紐を持ってきて結わえなおすので、これこれどうしてその鏈をつけておかぬかというと、いやこれはまた次の猿をつないで、売らなければなりませんというのが下げになっている。しかもこれなどもまだ人によっては、かつてそのころ藤沢・小田原あたりの松並木の蔭において、実際あったことのようにも考えていた人があるのである。

世間話の新作ということも愉快な事実だが、それよりも自分たちの興味をいだくのは、隠れて糸を引いておった伝統なるものの力である。ウソをつく気ならば思い切って、新機軸を出したほうが自由であったろうに、何ゆえにかく際限なく前代の滑稽に纏綿《てんめん》し、忠実にただ一つの話の種を守ろうとしたのであろうか。古人の根気はいくらでもあらたに創造するにたり、後人の技能はわずかに追随踏襲を限度としていたのであろうか。あるいは西洋でいうインディヤニストのように、[34]根源を求めてある一団の種族の、特殊の才分に感謝しておればよいのであろうか。ないしはまたウソにも法則があり真理があって、厳重にそれに遵拠《じゅんきょ》したものだけが、こうして末永くわれわれを欺き得たのであろうか。この疑問を一通り解決してからでないと、われわれはとうてい明日の文学を予言することができぬのである。奇妙なことではあるがわれわれの大事にして保存していた話、時々取り出して人を驚かしていた話には、魚に関したものがどういうものか多い。前に掲げた長崎の魚石もそれであるが、別になお一つ有名なる物をいう魚の話がある。これがグベルナチスなどのつとに注意した笑う魚の系統に属することは、比較を進めてゆくうちにはわかってくるように思うが、あまり長くなるから他の機会まで残しておく。さしあたり自分の集めてみたいと思うのは、飯を食って帰ったという魚の話の、内外の多くの例である。現在私はまだほんのわずかしか聞いていない。しかしこうして話していると、それならば今少し捜してみようという人が、おいおい出てくるだろうということだけは信ずるのである。

# 三

江戸でこの話をし始めたよりずっと以前、寛保二年の序文ある『老媼茶話《ろうおうちゃわ》』という書に、昔蒲生《がもう》飛驒守秀行、会津を領するころ、これとよく似て今少しく公けなる事実があったということを話している。時は慶長十六年辛亥の七月、殿様只見《ただみ》川の毒流しを試みたまわんとて、領内の百姓に命じて、柿渋・薤《にら》・山椒の皮を舂《つ》きはたいて家々より差し出させた。そのおりふしに藤という山里へ、旅の僧夕暮に来り宿借り、主を呼んでこのたびの毒流しのことを語り出し、有情非情に及ぶまで、命を惜しまざる者はない。承《うけたまわ》れば当太守、明日この川に毒流しをなされる由、これ何の益ぞや。はたして業報を得たまうべし。何とぞ貴殿その筋へ申し上げて、やめたまえかし。これ莫大の善根なるべし。魚鼈《ぎょべつ》の死骨を見たまうとて、太守のお慰みにもなるまいに、まことに入らぬことをなされると深く嘆き語った。主人も旅僧の志に感じ、御僧のお話しごくことわりながら、もはや毒流しも明日のことである。その上にわれわれしきの賤《いや》しい者が申し上げたとてお取り上げもありますまい。このことは先だって御家老たちも諫言《かんげん》せられたれども、御承引がなかったと聞いておりますといった。それから私方はご覧の通りの貧乏で、何も差し上げるべき物とてもありませぬ、わびしくともこれをお上がり下さいと言って、柏《かしわ》の葉に粟の飯を盛ってその旅僧にもてなしたが、夜明けて僧は深く愁いたる風情にて立ち去り、村ではいよいよ用意の毒類を家々より運んできて、それを川上の方から流し込む。そうすると無数の魚鼈、死にもやらずふらふらとして浮かび出る中に、長さ一丈四、五尺（約四百二十、四百五十センチ）の大鰻が一匹出て取られる。その腹があまりに太いので、怪しんで割《さ》いてみると、中には粟の飯がある。昨夜の亭主進み出でて仔細を語り、さては坊主に化けたのは、この大鰻であったかということに帰着したのである。

そうしてこの話にはさらに若干の後日談があった。同じ秋八月二十一日、大地震、山崩れがあって会津川の下流をふさぎ、洪水はたちまち四郡の田園を浸《ひた》そうとしたのを、蒲生家の長臣町野岡野ら、多くの役夫を集めてかろうじてこれを切り開いたが、山崎の湖水はこの時にでき、柳津虚空蔵《やないづこくうぞう》の舞台もこの地震に崩れて落ち、その他塔寺の観音堂も新宮の拝殿もみな倒れ、それから次の年の五月には、太守秀行は早死をしてしまった。これしかしながら河伯《かはく》龍神の祟りなるべしと、諸人おののき恐れたと記してあるのである。この大事件があってから、話が書物になるまでに百三十年ほどたっている。けれども柳津の御堂は人もよく知るごとく、数多《あまた》の遊魚を放生した清き淵に臨んでいる。この寺に参詣して舞台の上から、只見川の流れを見下していた人々には、この昔話は思い出す場合が多かったはずである。そうしてまたそれが物哀れに成長してゆく機会も、決して乏しくはなかったのである。藤という山里もここからは遠くない。話はおそらくは、この虚空蔵菩薩《こくぞうぼさつ》の信仰圏内において発生したものなのである。

東北は一帯に神仏の使令として、氏子が生物を尊信している例が多い。八幡の鳩とか弁天の蛇とかいうのは、他の地方でもしばしばいうことであるが、奥州にはそれ以外にも、いろいろの魚の忌みがある。虚空蔵を社に祀っている二、三の村について聞いてみると、信者が一生の間決して食わぬ魚、もし捕えたら必ず境内の池に放す魚は、いずれも鰻であったのは偶然でないようである。江戸で麦飯をふるまわれたという大鰻などは、二つとも何でもない男に化けてきているのだが、あるいはこれが僧であったという方が、形は一つ古いのではあるまいか。最近佐々木喜善君が採集した岩手県の一例は、「聴耳草紙《ききみみぞうし》」という題で、昨年九月の『三田評論』に載っているが、これもまた旅僧になっている。盛岡の町から近い滝沢という村で、これも七月盆のころに、若い者が集まって臼で辛皮《からかわ》を舂《つ》いているところへ、一人の汚ない旅僧が来て「それを何にするか」ときいた。「細谷地の沼さ持って行って打ってみる」というと、悲しそうな顔をして、「そうか、その粉でもまれたら大きな魚も小さいのも、あれなかれみな死ぬべ。小魚などは膳の物にもなるまいし、思い止まりもせ」といった。若者らは口を揃えて、「なにこの乞食坊主が小言をぬかせや。きょうは盆の十三日だ。赤飯をけるからそれでも食らって早く行け」というと、旅僧は何もいわずに、その小豆飯を食って立ち去った。それから沼へ辛皮を入れてもむと、やがて多くの魚が浮いてきて、その中の大きな鰻の、体はごまぼろになっているのが出た。それを捕ってずぶ切りに切って煮ようとすると、腹の中から赤飯が出たので、先刻の旅僧は池の主であったことを知った、というばかりで、後の祟りの話のないのは、たぶん跡を弔うたことを意味するのであろう。これなども結末の方から振り返ってみると、僧宝を敬うべしという教訓が、若者らの反語の中に含まれているような気がする。東北の説話の主要なる運搬者は、ボサマと称する遊行《ゆぎよう》の盲法師であったが、彼らの残した昔話には、ボサマを軽蔑し、または虐待して、損をしたという類のものが多かった。彼らは笑ってもそんな話をしゃべり、またまじめにもいろいろの因縁話をしたかと思われる。それから類推して鰻の旅僧の話も、やはりまたそういうきたない旅僧が、おりおりこのあたりをあるいていたことを、暗示するものでないかと私は思っている。

## 四

美濃恵那《えな》郡の川上・付知《つけち》・加子母《かしも》の三か村、また武儀《むぎ》郡板取川の谷などでも、岩魚《いわな》は坊主に化けてくるものだといっていたそうである。そうして現に化けてきた実例が毎度あった。恵那の山村では山かせぎの若者ども、あたりの谷川に魚多きを見て、今日は一つ昼休みに毒もみをして、晩の肴の魚を捕ってやろうと、朝からその支度をしていた。その辺でも辛皮と称して山椒の樹の皮を使うが、これに石灰と木灰とを混じて煎じつめ、小さな団《だん》子《ご》に丸めて水底に投ずる。わずか二粒か三粒もあれば、淵にいる魚の限りはみな死ぬという。ただし小便をしこむと、その毒が一時に消えてしまうなどともいっている。さていよいよ用意も整うて、一同が集まって中食をしていると、どこからともなく一人の僧がやってきた。お前たちは毒もみをするらしいが、これは無体なことだ。他のことで魚を捕るのはともあれ、毒もみだけはするものでないと言った。いかにも仰せの通りよくないことかも知れません、以来は止めましょうと挨拶をすると、かの坊主、毒もみばかりは魚としては逃れようもなく、まことに根だやしとなる罪の深い所業じゃ。もうふっつりと止めたがよいと、なお念を入れて教訓をするので、連中も少しは薄気味悪くなり、もう慎みましょうといいながら食事をしていたが、その僧はすぐにも立ち去らず、側にたたずんでいるので、おりから人々団子を食っていたのを、これ参らぬかと進めるとうまそうに食べた。それから飯も出し汁もたくさんにあるので、汁かけ飯にして与えると、少し食べにくい様子であったが、残らず食べてしまって、そのうちに出て行った。跡で一同顔を見合せ、あれはどういう人であろう。この山奥は出家の来べきところでない。山の神の御諫めか、または弘法大師ではなかろうか。どうだ、もう毒もみは止めようではないかという者もあった。しかし気の強い人々は承知せず、山の神や天狗が恐ろしくば、始めから山かせぎなどはせぬがよいのだ。心の臆した者はどうともせよ。おれたちばかりでやってのけると、屈強の二、三名が先に立って、とうとうその日も毒もみをした。はたして獲物の多かった中に、岩魚の大いさ六尺（約一八〇センチ）あまりもあるのがまじっていた。坊主の意見を聞いていたら、このような魚は得られまいなどと、喜んで村へ持ち帰って多くの見物の前で、その大魚の料理に取りかかると、こはいかに昼間旅僧に与えた団子を始め、飯などもそのまま岩魚の腹の中から現れた。これには最前の元気な男どもも、さすがに気おくれがしてその魚は食わずにしまったそうである。

尾張の旅行家の三好想山《しょうざん》は、久しく恵那の山村に在勤していた友人の、中川某からこの話を聞いた。そうしてかねがね岩魚は僧に化けてくるという言い伝えのあるのも、偶然ならざるを知ったと言っている。それから他国をあるいている際には、常に注意して同じ例の、ありなしを尋ねてみたとも記している。ところが文政三年の夏のころに、信州木曽の奈良井藪原のあたりで、人足の中に岩魚の坊主になってきた話を、知っている者を二人見つけたそうである。これも同じ御岳《おんたけ》山の麓ではあるが、美濃とはちょうど裏表になったこの近くの山川で、やはり毒流しをして大岩魚を捕ったことがあった。一尾は五尺（約一五〇センチ）以上、他の一尾は今少し小さくて五尺ほどあったが、腹の中から団子が出てきたそうである。それがその日山中において、見知らぬ坊主に与えた覚えのある団子なので、大いなる不思議に打たれたということであった。みなみなはなはだ恐れ候との話はたしかにたまわり候《そうら》えども、われわれは少しところちがい候ゆえ、その魚は得見申さず候といったそうである。

もちろんこれは魚の腹に団子の残っているのを、見たとか見なかったとかの問題ではないのである。われわれにとっては三好想山を始めとし、こういう話を聞いてさもありなんと、信じえた者がどれくらい、またどの時代まであったかが興味ある問題となるのである。今日の生物学を出発点とすれば、人はただ訛言《かげん》造説が世上を走る速力、もしくはこれを移植繁茂せしむべき要件を問うてやむかも知れぬが、われわれの自然知識には当初今一つ、別に濃厚緻密にして系統だち、かつすこぶる誤っていたものがあって、過去の文化はこれに導かれて、ついに今見るごとき形態にまで成長していたのであった。それがこういうやや奇なる説話の残片によって、少しずつ元の力の働きを理解させてくれるとすれば、ただ笑ってばかりも聞いているわけにはゆかない。ことに巨大なる鰻、または岩魚が、時々は人に化けてくるという信仰が前からあって、それが腹中に小豆飯、団子を見出したという珍聞を、他のいろいろの不思議話よりもより多く信じやすいものとしたということは、日本人にとっては好箇の記念である。異魚の奇瑞《きずい》を実験したように考える者は、必ず始め洋海のほとりに住み、または大湖の岸に往来していた種族でなければならぬが、それが山深く分け入って細谷川の水源に近く、いわゆる壺中の天地に安居して後までも、なお六尺(約一八〇センチ)の岩魚や一丈(約三メートル)有半の鰻を、夢幻の中に記憶していたということは、意味の深い現象といってよいのである。仏教が公式に輸入せられ、その机上の研究がこれほどまで進んでいても、なお日本の島にはこの島らしい仏教のみが発達した。あらゆる経典のどの個条でも、説明することのできなかった地蔵や閻魔《えんま》や馬頭観音、さては弘法大師の村めぐりという類の特殊なる言い伝えが、実は多数民衆の信仰の根を固めていた。だから私などは、世のいわゆる伝播論者のように、単なる二種族の接触によって、ただちに一方の持つものを他の一方に持ち運び得たと、解することを躊躇《ちゅうちょ》するのである。この点に関しては、説話と伝説との分界を、明らかにすることがことに必要である。説話は文芸だから、おもしろければ学びもしまねもしよう。伝説に至ってはとにかくに信仰である。万人がことごとく欺かれ、または強いられて、古きをすてて新しきに移ったとは思えぬ。外国の教法がこの土に根づくために、多くの養分日光をここで摂取したごとく、伝説もまたこれを受け入れて支持する力が、最初から内にあったがゆえに、これだけの発展をとげることが可能であったかも知れぬのである。

## 五

ただし国民として、それをどの程度までに意識していたかは、また別箇の問題に属する。自分らだけではまったく新しい出来事かと思い、あるいは極端な場合にはウソをつくつもりで話された話でも、それが偶然に国民のかねて信ぜんと欲した条件に合致すれば、意外な力をもって保存せられ、伝承せられる例はいつの世にもある。誰がしたとも知れぬ伝説の部分的改訂、風土と歴史に調和させようとする新しい衣裳づけ、それからまたアタビズムに類した各地方の分布状態なども、いずれもこの隠れたるわれわれの趣味傾向、もしくは鑑別標準とも名づくべきものを認めなければ、これを解説することがおそらくはできなかったのである。ことに物語を昔々のその昔の、物かげ多き暁闇の中に留めおかずして、しいて暴露の危険あるわれわれの眼前まで、持って出て楽しもうとした態度に至っては、これを国柄とまではいうことができずとも、少なくとも近世日本の一つの時代風であった。支那はどうあるか知らぬが、他の多くの文明民族には、そういう例はありそうにも思われない。前に引用した木曾と恵那との岩魚なども、現にただ一人を仲において、ともに山で働いていた者の集まり見た話になっているが、次に述べようと思う山口県豊浦郡滝部村の一例のごときも、またつい近ごろの事件のように伝えられているのである。滝部では一夏非常な大旱魃《かんばつ》があって、村を流れる粟野川の骨ケ淵の水を、いよいよしゃくって田に入れるということに評議一決し、村民総がかりになってくみ上げていると、やはり中食の時に一人の見知らぬ坊主がやってきて、どうか頼むから淵の水をかえ出すのを止めてくれと言った。必死の場合だから、一同はうんといわなかったが、その中の一人が弁当の小豆飯を分けて与えると、僧は黙ってそれを食べてしまうと、突如として骨ケ淵の水中に飛び込んで見えなくなった。不思議に思いつつもなお水をくんでいくと、おいおいにたくさんの川魚が捕れたが、坊主の姿はどうしても見つからず、後にその魚類を片端から料理してゆくうちに、一番大きな恐ろしい鰻があってその腹をさいてみると先刻の小豆飯が現れた。この鰻もまた淵の主が化けて出てきたのであったことが、これで明らかになったといっている。

鰻は他の民族にも気味悪がってこれを食わぬ習わしが多い。最近耳にした例は、台湾紅《こう》頭嶼《とうしょ》の島民であるが、単にその形のぬらぬらと長いためばかりでなく、別にその習性に対する精微なる観察が、何か容易ならぬ俗信を発生せしめているらしく感ぜられるが、まだ確実でないかぎりはそれを説いて蒲焼屋の怨みを買うにも当たらない。日本では盛んに食っているにもかかわらず、群の中のすぐれたるただ一つだけは、霊物としてしばしばその奇《き》瑞《ずい》を説かれていた。神が鰻に騎して年に一度来往したまう話なども、豊後《ぶんご》の由布院《ゆふのいん》には伝わっている。あるいは年功を経た大鰻のみは、耳を生じているということもよく聞くが、それは生物学上に説明し得ることであろうかどうか。久しく日本に留まって学問をしたニコライ・ネフスキイ[35]君は、かつて南海の諸島を歴遊して後に、こんな意見を発表した。いわく支那では虹を蛇の属に入れているが、日本各地の虹の語音は最も鰻に近い。たとえば羽後の一部では虹をノギ、琉球の諸島も中央部のヌーヂ・ノージから、はしばしに向かえばノーギ、ノーキまたはモーギなどになっていて、鰻を意味するウナジ、ウナギと似ている。蛇も本土の古語にはノロシ、ナフサがあるから、二者はもと差別しなかったのかも知らぬが、とにかくに水底の霊怪のヌシという語をもって呼ばるるものが、蛇とよく似たまた別種の大動物と想像せられていたのは、少なくとも基づくところは鰻であったろうというのである。アナゴとウナギの本来は一語であったことだけは、なるほどもう誰にも承認せられる。宮城県の一部にははもをアナゴ、穴子をハモという海岸があることは私も知っている。何にもせよNとGとの子音を用いて、表示しなければならぬ水中の霊物があったことは、われわれがまだ池沼の岸を耕さず、山川の淵の上に家居せざる前から、すでにこの世には知られていたので、それが坊主になって近ごろまた出てきたのである。

岩魚は鰻とは違って必ずしもうす暗い淵の底にのみはおらず、時あって浅瀬にも姿を現すであろうが、その代わりには挙動の猛烈さ、ことに老魚の眼の光のすごさを認められていた。鳥や獣に比べると成長したものの形に、非常な大小の差のあることが、おそらく魚の親方の特に畏敬せられた理由かと思うが、よくよくの場合でないとそういう偉大なものの目に触れることはないために、これも常には深い淵の底に、一種の龍宮を構えているものと考えたのであろう。水の神の信仰の基調をなしたものは怖畏である。人は泉の恵沢を解する前、すでに久しくその災害を体験していた。水の災いの最初のものは掠奪《りゃくだつ》であって、なかんずく、物の命の失われた場合に、その事件の場所近く姿を見せた動物を、あらゆる水の威力の当体と信じたのではなかろうか。とにかくに古くわれわれが畏《おそ》れまた拝んだのは、水その物ではなく水の中の何物かであり、それがまた常に見る一類の動物の、想像し得る限りの大いなるもの、または強力なるものであったのである。岩魚とよく似た川魚で怪をなすものを、紀州などではコサメといっている。大蛇で知られた日高川の水域にも、コサメが僧になった話がいくつもあったが、あいにくその参考書を人に借りられて、引くことができぬ。紀ノ川支流の一たる野上川の落合に近く、また同類の話があって、これは鯉であった。前の半分は会津只見川の昔語に近く、ただその期日が一方は盆であり、これは五月の節供であった。紀州の殿様が端午の日に、大川狩をしようと企てたところ、前の晩の夜ふけて、その奉行の宿へ、白衣の一老翁あって訪い来ると言っている。私は山崎の淵の主であります。この度の御漁にはしょせん殿様の網は免れがたい。願わくば一族の小魚を助けたまえといった。何ゆえに夜の内に遠く逃れて、この厄難を避けぬのかと問うと、私が逃れると外の小魚がみな捕われるからと答えたというのは、早くも近世道義律の潤色を帯びているのである。しかし相手の奉行のみは依然として古風に、別れに臨んでボロソ餅という団子を食わしめて帰している。ボロソはこの辺の五月節供の晴の食物で、小麦を粒のままに交えた特色ある団子であった。翌日の川狩にはたして一尾の小魚もかからなかったが、最後に野上川の山崎の淵において、長さ六尺（約一八〇センチ）にも余る大鯉を獲《え》て、試みに体内を検すれば、昨夜のボロソ餅が出てきたという。これは城龍吉氏の報告によって知ったのであるが、今でも淵の上の小倉という村に、鯉の森と称する小さな社がある。当時この奇怪に感動した人々が、鯉を葬って供養した遺跡というそうで、すなわちこれなどは明白に一つの伝説となって保存せられているのである。

## 六

最初にあげた江戸の二つの話では、簡単に麦飯と片づけられているが、これはもと必ずしも魚とその化けた人との合致を、立証する材料として借りられたものではなかった。団子や小豆飯などの変わった食物を調製し、集まってそれを食う式日、すなわち古く節供と称する改まった日でなければ、こういう大切な事件は起こることがないように、昔の人が考えていた名残でもあれば、同時にまたその日の晴の膳に向かう度ごとに、一年に一度は想い起こす機会があったことを意味するのでもあるが、そのことを説こうとするとあまりに長くなる。ただ一点だけこれに伴うて述べたいことは、過去の記念物に対するわれわれの祖先の、敬虔なる態度である。彼らがウソを構え出すに巧みであり、かつまたこれを守持するに頑強であったような誤解は、不幸にして主としてこれに基づいているのであった。古人は性霊の大いなる刺衝にあうごとに、文士を傭《やと》うてこれを金石に勒《ろく》せしむるがごとき技術は知らなかった。だから一家一郷のあいだにおいても、永く保存し得る場所または地物を指定して、日を期し相会して当時を追念し、さらに感激を新たにしたのであった。これが祭と名づくる公けの行為の、根源をなすものと私などは信じている。少なくともわれわれの霊地はそれぞれの伝説を持ち、また伝説のあるということが霊地の条件であった。しかるに人生は決して平和なる親子、孫、曾孫の引き続きでなかった。飢饉や動乱のあいだには記憶はしばしば絶え、ひとり外形の最も貴げなる遺蹟のみが、累々《るいるい》としてむなしく里閭《りりょ》に満ちたのであった。新たなる伝説の来ってこれによらんとすることは自然である。しかも世上には職業としてこれを運ぶ者が、昔は今よりもはるかに多かったのである。巫《ふ》覡《げき》、遊行僧《ゆぎょうそう》の妄談は必ずしもすべて信ぜられはしない。土地に住む人たちが周囲の事情、ことに内心の表示し得ない感覚によって、受持しまた信頼すべしとするもののみが、再び根を下し蔓《つる》をからみ、花咲き茂ることになったのである。われわれの語り物の沿革は、文字に現れた部分だけは、いわゆる国文学の先生も知っている。以前はこの資料が概して単純であり、土地で養われた知識経験が、ただ無意識に組み合わされて出ただけであったが、後しだいにその供給の源が複雑となって、その大部分はこれを昔通りの伝説として、かわいた海綿の水を吸うように、受け取ることができなくなった。しかし根本の需要は、もと欠乏の補充にあったがゆえに、永いあいだには比較的残りやすいものが残ったのである。いったん京を通ってきた外国の文学が、かりに一隅において再び伝説となって信ぜられていようとも、それをもってただちに上古諸種族の親近を証明することができぬのはもちろんだが、さりとてただ偶然の誤謬《ごびゅう》とばかりも解することは許されぬ。おそらくはこれもまた磁石と鉄との関係であって、種は外から来ても牽《ひ》く力はかねて内に潜んでいたのである。そうでないか否かを検するために、少なくとも話を日本人にわかりやすく、また覚えやすくした手順を究《きわ》めてみる必要がある。いわゆる要点の比較だけによって、無造作に説話の一致を説くことの、いたずらに大きな混迷の渦巻を起こすに過ぎなかったことは、われわれはすでに例の羽衣式、また三輪式伝説などの研究と称するものによって、経験させられているのである。

　中古以来の輸入説話にして、まだ最初の衣裳を脱ぎつくしていないために、この国へ来てからの変化の痕の、幾分か尋ねやすいものもだんだんある。東北地方に行なわれている蚕神《かいこがみ》の由来、名馬と美姫とが婚姻して天に昇ったというのもそれかと思っているが、この大魚の飯を食ったという話などもそれに近い。これを土地に適用している昔からの約束とつなぎ合わせ、幽《かす》かに遺った住民の感覚と、相反撥せぬものに引き直していくことは、ずいぶんと面倒な仕事であったろうと思うが、幸いに聴衆の多数が大まかであったために、初期のヨーロッパのヤソ教徒はそれに成功し、日本でも田舎めぐりの布教僧たちは、古くは曼陀羅《まんだら》や三十番神《さんじゅうばんしん》の思想により、近くはまたものものしい縁起の漢文などをもって、どうにかこうにか目的を達していた。今の人の目から見るとおかしなことも多い。本地物などといったのは、途方もない外国風の奇談を述べたて、末にただ一句この人後に何々明神となる、実は何如来の化身であって、衆生《しゅじょう》に物の哀れ世の理を示したまうべく、かりの姿を見せられたなどといっている。そんなことでも一応はまず済んだのである。その代わりには永くは栄えなかった。やがて忘れられ、またはただの昔話に化し、あるいはえせ文人の小説の趣向になった。しかしこうしているうちにも、少しずつ沈澱してこの島の土に混じ、分かつべからざるに至ったものもあったはずで、私がこれからなおいろいろの諸国の例を集めてみようとしているのも、目的は結局なにが残り、なにが国風《くにぶり》と調和せずして、消え去るべき運命をもっていたかを知りたいからである。

たとえば三河の宝飯《ほい》郡長沢村の泉龍院の鰻塚、昔大鰻が僧に化けてきて、田村将軍に射殺された。その屍《しかばね》を埋めたという言い伝えになっている。腹から飯が出てきたという話はもう落ちているが、その後この沼の水をくむ者が、みな疫病になったとも称して、鰻を殺したのが悔ゆべき所業であったことだけは察せられる。毒蛇退治の他の多くの物語と同じく、それがおいおいと英雄および霊仏の功績の方に移ってきたのである。実際飯を魚腹に探るの一条などは、後の耽奇《たんき》派には何でもないことだが、昔の常の人の想像力には、やや荷が勝ち過ぎていたのである。次には下総銚子《しもうさちょうし》の白紙明神の由来譚にある鮭と蕎麦《そば》、これは同僚鈴木文四郎君などが詳しく知っているが単に一個の長者没落物語の、前景を作るために利用せられていた。今の松岸の煙花巷に近く、昔は垣根の長者という広大なる富豪が住んでいた。利根《とね》の流れに簗《やな》を打って、鮭を漁してこのような長者にはなったのである。ある日一人の旅僧来って、殺生《せっしょう》の業報《ごうほう》を説いて諫《いさ》めたけれども、それを聞かずして蕎麦を食わせて帰した。これも後に大いなる鮭の魚を獲て、腹を開けばすなわち蕎麦が出たというのである。長者最愛の一人娘延命姫、その祟りを受けて生まれながらにして白髪であった。おりふしこの土地に流寓していた安倍晴明を恋い慕うとあって、日高川と同系の話が伝わっている。晴明は姫をあざむいて、帯掛の松に帯を解きかけ、何とかの浜に下駄を脱ぎおき、身を投げたごとく装うて遠く逃れた。姫はその跡を追い、嘆き悲しんで海に入り、その亡骸が漂うて、この磯辺に上がったというのである。これだけの細かなまた美しい哀話が、かつて一たび遊女の扇拍子に乗ったものでないということは、おそらくは一人もこれを断言し得る者はあるまい。しかもその結構には右のごとく、彼らの与《あずか》り知らざる由緒があったのである。だから私どもは、記録を超脱している民間口承の文芸にも、やはり後ついに尋ね究め得べき興味深き沿革あることを信じているのである。もっと率直にいうならば、今日残っているだけのわずかなテキストに基づいて、一国の文学史を説こうとする人の迂拙《うせつ》を嘲《あざけ》るのである。

## 七

話が長くなり過ぎたから、議論の方を省略する。私の説いてみたかった一事は、一国民の文芸技術が、終始書巻の外において成育しつつあったということである。本はただ単なる記録者に過ぎなかったということである。これより以上に昔を問う道のなかった場合にかぎって、初めて助力をこれに求むべしということである。ハナシという日本語は、古い字引の中には見つからない。これは語りごとの様式方法の、今は昔と大いに異なっていることを意味するかと思う。そうして軍陣羈旅《きりょ》のことに盛んであった時代になって、咄《はなし》の衆なる者は世に現れて活躍したのである。咄または噺《はなし》という文字が新案せられ、この語のしきりに用いられたのが、ハナシの技術の急に進化した時代と見てよかろう。技術は進んでも、内容はもと外部からの、自然の供給に仰がなければならなかった。すなわち話は上手になっても、話の種は乏しかった。そこで近代の話し家同様の、いとも熱心なる捜索と、やや無理なる変形とが始まったのである。いわゆる武辺咄《ぶへんばなし》の流行がほぼ下火になると、御《お》伽這子《とぎぼうこ》一流の新渡《しんと》小説の焼き直しが始まっている。ウソにもまた一種の社会需要があった。世間話の種の常に欠乏して、目先を変えるために伝説縁起の境まであさり歩かなければならなかったのは、驚くべき幸福なる太平無事ではあったが、聞く者の側からいうと、自分らの生活慣習とは打ち合わない、翻案の痕の生々しいものよりははるかによかった。昔の読者は少なくとも自主であった。少なくとも今よりはナショナルであった。作者は努めてこの要求に追随していたことは、曾我[36]が三百年ものあいだ、毎年初春の芝居であったのを見てもわかる。

以前京都の地に今日の東京のごとく、話の問屋のあったことは、おおよそ疑いのない証拠がある。自分らのゆかしく思うのは、彼処の番頭らの見本鑑定眼、それを全国的に捌《さば》いてゆく品柄見立ての腕前であった。那津《なのつ》堺津の貿易のころから、外国の文芸の次々に船載せられたことは、事情もこれを推測せしめ、痕跡も顕著に残っている。それをわれわれ国民が手伝ってやって、今ではりっぱな国産品にしたのである。私は魚が僧になってきて飯を食った話の、必ずもと輸入であることを信じて、今でもいろいろの方面を捜している。『法苑珠林《ほうおんじゅりん》』などは索引がないために、ありそうに見えてまだ資料を見つけない。南方熊《みなかたくま》楠《ぐす》氏のような記憶のよい人に助けてもらうの他はないと思っている。しかし『太平広記』

の中には、少なくとも二つの例があった。つぎに引いておくものが、すなわちそれである。その一つは同書巻四百六十九に、『広古今五行記』を引いてこう記している。ただし私の持つ本は新刻の悪本であるが、大要だけはたぶん違うまい。いわく晋安《しんあん》郡の民、渓《たに》を断じて魚を取る。たちまち一人の白袷《しろあわせ》黄《き》練《ねり》の単衣《ひとえぎぬ》を着て来り詣るあり。すなわち飲饌《いんせん》を同じくす。饌しおわりて語りていう。明日魚を取るに、まさに大魚のはなはだ異なるが最も前にあるを見ん。慎《つつし》みて殺すなかれと。明日果して大魚あり。長《たけ》七、八丈（約二一、二四メートル）（尺？）、ただちに来りて網を衝《つ》く。その人すなわちこれを刻（？）殺す。腹を破《さ》きて見るに、食うところの飯ことごとくあり。その人の家死亡してほぼ尽くとある。その二も同書同巻に『朝野僉載《ちょうやせんさい》』を引いて、唐の斎州に万頃陂《ばんけいは》という所あり。魚鼈《ぎょべつ》水族あらざるところなし。感亨《かんこう》中たちまち一僧の鉢を持して村人に乞食するあり。長者施すに蔬《そ》供《く》をもってす。食し訖《おわ》って去る。時に漁網して一魚を得たり。長六、七尺（約一八〇、二一〇センチ）。緝鱗鏤甲《しゅうりんろうこう》、錦質宝章《きんしつほうしょう》あって、特に常の魚に異なれり。齎《もたら》して州に赴きて餉遺《しょうい》せんと欲するに村に至りて死す。共に剖《ひら》いてこれをわかつに、腹中において長者施すところの蔬《そ》食《し》を得たり。儼然《げんぜん》として並びにあり。村人ついに陂《は》中において斎《とき》を設け過度（？）す。これより陂中に水族なし。今に至ってなお然りとある。

この話が直接に日本へ移植せられた元の種でないことは想像し得られる。そうして現にまた二国以外の民族のあいだにも行なわれているのである。何か総論の書で頭を養われた人は、必ず待ちかねていたようにして、源はインドといわんとすることであろう。もちろんそれもまた決して不自然なる推量ではなかった。何にしてもこういう現実に遠い話は、非常に古く始まり、かつひろく旅行をしていたものと見なければ、第一に人の信じたことを説明し得ないのである。しかもはたして天竺の雲のかなたより、漂泊してここに到ったものと仮定すれば、さらに日本以外の古い一国においても、人に説話を伝説化せしめんとする傾向あり、珍聞をわが地に固着させ、努めてこれを信じやすい形にして信じようとする無意識の希望があったことを、明瞭にした結果になっておもしろいのである。われわれの昔話は信じ得ないのを一つの特徴にしている。ウソの最も奔放なるものならんことを、むしろ要求さえしたのである。それが流伝のあいだに何度となく、伝説を欲する人々、すなわち郷土を由緒あるものにしたい念慮ある者に執《とら》えられて、あたかも歴史の一部を構成するかのごとく、取り扱われようとしていたのは奇異であるまいか。これをしも旅の芸術家の説話の妙に帰して、土人はただ均《ひと》しくこれに欺《あざむ》かれおわりたるものと解する説には、自分一人は断乎として与《くみ》しない。発育する者には食物の自然の要求がある。そうして教えられずして養分のいずれにあるかを知っている。国土山川は広く連なり、浮説は数かぎりもなくその上を去来していた中に、ひとりそのある一つがこうしてある一所と結合したというのには、もっと特別な原因がなくてはならぬ。古人はこれを察してしかも名づくるの途を知らず、ただ漫然として因縁と称していた。われわれの新たなる学問はぜひともその因縁を精確にすべきである。魚の人間に化けて飯を食った話は、またサンチーヴの聖母論(Les Vierges Mères et les Naissances Miraculeuses; Saintivesi P.116)にも一つ出ていることを、近ごろ松本信広君によって注意せられた。ランドの『安南説話伝説集』(一八八六年)に、昔一人あり、子なし。ある大川の落合にすむ鰻魚《まんぎょ》を捕りて食わんとす。そこに来合せたる僧あって、切に助命を乞うも肯《がえん》ぜず。去るに臨んで仏法の式によって調理せられた無塩の蔬食を供した。後にいよいよこの流れに毒揉《も》みをしてその大魚を捕殺し、腹を割《さ》いてみたところが、前に法師に供したる食物がそのままにあったので、僧はすなわち鰻の仮形なることを知ったという。しかもこの男が鰻を食うてほどなく、妻身ごもりて男児を産み、それが彼の家の没落の原因となったことは、下総銚子の垣根長者と同じであって、人はこれを鰻の亡霊の報讐《ほうしゅう》に出でたものと認めたといっている。鰻の精分と生誕との関係、ことにこの魚の形態が男子のある生理機関を連想せしめることが、はたして最初からのこの話の本意であったかどうか。この問題を外国の学者とともに論ぜんことは、とうてい私などの趣味ではない。ここには単にわれわれの捜索が、まだまだ進んでより古き民族に及び得ること、そうして必ずしも一つの大陸のあいだにはかぎらず、あるいはなお遠く洋海の地平の外まで、分布していないとはきめられぬことを説きたいのである。日本だけでさえもここにははや十に近い変化が数え得られた。今後さらに頻々たる類例の発見に逢うても、なお最初の一定説を固守するまでに、西洋の学者は普通には頑陋《がんろう》ではない。それゆえにその学説の早期の受け売りは日本のために有害である。われわれはその前にまず十分に、自分の中の事実を知るべきである。

（昭和五年一月『改造』）

# 物言う魚

## 一

児童文庫本の『日本昔話集』（上）に、私の採録した「泥鼈《すっぽん》の親方」という一話は、今から百年あまり前に、美濃国のある浄土宗の僧の著わした『山海里《さんかいり》』という書物に出ているものであった。大垣の城下から一里東の中津村で、古池を替えほして大きな泥鼈《すっぽん》を捕った男、それを籠に入れ肩に負うて、町の魚屋へ売りに行く途中、他の一つの池の堤を通ると、その池の中から大きな声で、

何処《いずこ》へ行くぞ

という者がある。そうすると背中の籠の中から、

きょうは大垣へ行くわい

とまた大きな声で答える。

いつ帰るぞ

と池の中から問えば、

いつまでおるものぞ、あしたはじきに帰るわいと背中の泥鼈《すっぽん》は答えた。籠を負うた男は肝を消して、これは池の主だったと見える。しかしひけ目を見せてはならぬと、ことさらに籠の蓋《ふた》に気をつけ縄を強くかけて、明日は帰るというからには殺されるのではなかろう。金を取って寺へ施物とし、われも魚屋も罪滅ぼしをして、これをかぎりに殺生をやめようと思案して、だまってその泥鼈を魚屋に持って行って売った。その次に町へ出た時に魚屋に行ってみると、魚屋の亭主のいわく、あれは誠に怖ろしい泥鼈であった。刃物がなくては人にも切り破れないような生州《いけす》に入れておいたのに、いつの間にか見えなくなっていたと談《かた》った（以上）。こういう風に実際あったこととして記している。説教の種本には古くから、こういう話し方が普通であったのである。

二

私がこの『山海里』の記文を選択した理由は、竹籠を背にした村の老夫が、池を見つめて驚いて立っている絵様《えよう》が、特に児童の幻にあざやかであろうと思ったからで、この話は決してこれがただ一つでもなく、また代表的なものでもなかった。大もとはむしろ魚もまれには物言うという古い信仰で、泥鼈《すっぽん》はただその印象を新たにしたに過ぎなかった。同じ形の昔話は日本群島以外にも、残っているか否かはまだ詳しくは知らぬが、とにかくに今はわれわれのあいだの目録を作っておく必要があるようである。

この例の一つは鳥取県の『日野郡誌』に、多里村大字新屋《にいや》の山奥の出来事として伝えられるもの、これもただの魚ではなくて蜥蜴《とかげ》の方に近い大山椒魚、土地の方言でハンザケというもののことになっている。昔この谷川に長さ一間（約一八〇センチ）あまりのハンザケがいたのを、村の者数人がかりで捕えて担ってきた。それが境の峠の上までくると、不意に大きな声を出して、

行ってくるけになア

といったので、びっくりして担《にな》い棒とともに投げ捨てて、逃げて帰ったという話であるが、この怪魚もやはり大垣の泥鼈と同様に、土地の方言で叫んでいるのがおもしろいと思う。

それよりもなお珍しいのは、海から入ってきた一つの昔話が、こういう深山に土着するまでの経過である。中国の奥在所にはこの例が多かったと見えて、嶺一重をへだてた岡山県にも似たる口碑があった。たとえば『東作誌《とうさくし》』の巻三に、鯰《なまず》が物をいったという話を二つまで載せている。その一つは今の勝田郡古吉野村大字河原の三休淵、梶並川筋の堂ノ口というところの淵で、昔三休という人が六尺（約一八〇センチ）ばかりもある大鯰を釣り上げたことがあった。手に下げることもできぬので背に負うて帰ってくると、途中でその鯰が大声を出して、おれは三休の家へ背を炙《あぶ》りに行くのだと人語したので、びっくりして元の淵へ持ちもどって放したと伝えている。たぶんはもっとおもしろい顚末《てんまつ》であったのを、地誌の著者が省略して載せたのであろう。

## 三

それから今一つも同じ郡の隣村、勝田村大字余野での出来事で、これはなお一段と実話らしくしるされている。享保年中にこの村に道善という者があって、大鯰《おおなまず》の背に負うて尾が土の上を引きずるほどのを釣り上げた。これも途中で背の上から道善道善とわが名を呼びたてるので、恐ろしくなって路傍の古井戸の中に投げこんだと称して、その井戸がつい近頃まであった。二つも同じ話があるのが変だといったところで、山一つかなたの伯州のハンザケ、もしくはこれから列記しようとする島々の話なども、引き比べてみた上でなければ、本家争いは実はできなかったのである。私はむしろ三休だの道善だのと、特殊な固有名詞の伴うているのを将来注意すべきことのように思っている。

ただし三休が背の鯰にただ驚かされたというだけで、その名が三休淵の名になるのは少しおかしい。これはことによると淵の主であった怪魚の名であるのを、後に伝える者が釣人の名のごとく解したのかも知れない。鯰に名があるのも稀有《けう》なことに相異ないが、問答でもしようというには名がなくてはすまなかったろう。そうして九州にはそのような例もあるのである。大分県直入《なおいり》郡柏原村の話は、さきに『民俗学』38の一巻五号に、長山源雄氏がこれを報告した。この村鴫田《しぎた》部落の小字網掛の下に、黒太郎淵という淵があった。ある時ヒロトというところの者が、ここで網を打って大きな魚を得た。それをたずさえて網掛

の坂まで上ってくると、不意に下の淵から、

黒太郎公、貴公はどけえ行くんか

と、豊後《ぶんご》方言でよびかけた声がした。すると網の中の魚はこれに答えて、

ヒロトさに背の甲あぶりに行く

といったそうで、その人も肝をつぶして、網のままその魚を松の木の枝のあいだにおいて逃げ帰ったとある。網掛という坂の名はその時からというらしいが、黒太郎淵の名も当然にそれ以前には人が知ろうはずはなかった。

## 四

それからまたずっとかけ離れて、宮城県登米《とよま》郡錦織《にしごり》村大字嵯峨立の、昌坊滝《まさぼうたき》の例は『登米郡史』にも見えている。ちょうど岩手県の東磐井《ひがしいわい》郡黄海《きのみ》村と接した境の山で、滝壺は一反歩ほどの湖水になっていた。昔この水中に大なる鰻がいて、時々現れて人を驚かした。

昌坊来るか来んかと声すれど

来るも来ざるも嵯峨のまさ坊

という歌のような文句があって、それゆえに滝の名を昌坊滝というとの口碑はあるが、これだけでは何のことかわからない。ところが幸いなことには『郷土研究』[38]の一巻十二号に、鳥畑隆治君の岩手県側の報告が出ている。昔この黄海村の農夫が、この滝壺に来て大きな

鰻を捕え、それを籠の中に入れて帰ってこようとすると、

　まさ坊まさ坊いつ帰るか

という声があり、その返答としてはやや不明であるが、

　来るか来ぬかのまさ坊だ

といったとかで、恐れて魚をすてて逃げてもどった。それよりして滝の名を来不来滝と書いて、まさぼう滝というようになったとある。だいぶん記憶が損じているようだが、とにかく同じ話の分布であったとだけはいえる。

　実際ただこればかりの話では、永く覚えていられなかったのももっともである。早川孝太郎[39]君が『民族』三巻五号に報告した静岡県の例などは、幾分か話が込み入っているけれども、それだけに解説がいよいよ困難で、二つ以上を比べてみないと、何のことやらちょっと把捉《はそく》しかねる。遠州周智《しゅうち》郡水窪《みさくぼ》町大字草木字桐山という部落には「おとぼう淵」という淵があった。昔この崖の上に一軒の物もちがあって、淵の主と懇親を結んで水中から膳椀を借り、また金銭の融通をも受けて、それで富裕な暮しをたてていた。この家へはたびたび淵の主のところから使者がきたが、蓼汁《たでじる》だけは嫌いだと常にいっているにもかかわらず、ある時家人がつい忘れて、振舞《ふるまい》の膳に蓼を添えて出したところが、一口喰ってこれはしまったと叫んで、そのまま前の淵にころがり込んで行った。その姿を見ると今までの人間の形とは変わって、赤い腹をした大きな魚になっていた。そうしてだんだんに川下へ流

れて行ったが、流れながらしきりに「おとぼうや、おとぼうや」とよばわったという。それ以来この長者は淵の主との縁も切れて、たちまち家運は傾いてしまい、今はむなしくおとぼう淵の名をとどむるばかりになったが、幽《かす》かながらも魚には何坊という子供見たような名をもつ者もあったことが、ここでもわれわれには推測し得られるのである。

## 五

そうして同時にまた魚が人語したという伝説の、日本では相応ひろい区域にわたり、またこれよりもずっと複雑な形をもって、かつて行なわれていた時代のあったことを、窺《うかが》い得るような気もする。実際この話はただの一つの伝説として、ある地に根をはやし永く残るためにも、少しばかり簡単に失している。ましてやこれが次から次へと、しばしば何人《なんぴと》かによって持ち運ばれたものにしては、あまりにも荷造りが不完全である。もとはおそらくは今一段とまとまった説話であったのが、世の流行におくれて廃れてしまい、最も印象の深かったこの部分だけが、ちょうどまた伝説のように消え残ったものであろう。そうでなかったならば単にこれだけの話が、かように数多く分布しているはずはないのである。

この私の想像が当たっているか否かは、今後の採集がおいおいにこれを決してくれると思うから、今はただ心づいている事実だけを列挙するにとどめておくが、宝暦二年（一七五二）の序文ある『裏見寒話』の末の巻にも、すでにまた一つの同じ例を載録している。

甲州は奥逸見《おくへんみ》の山間の古池で、ある夏の日の午後に土地の者が釣をすると、その日にかぎって夕方まで一尾も竿《さお》にかからず、もう帰ろうとしているころになって、色の白い眼のきらきらと光った見なれぬ魚を釣り上げた。それをびくに入れてはやばや帰ってくると、一町半（約一六〇メートル）も離れて後の池の方から、しきりにその名をよぶ者があったというのは、釣人の名を呼んだというのであろう。何となくものすごく覚えて家に来てその魚を大盥《たらい》に入れ、上からよく蓋《ふた》をして寝についたが、その夜夢の中に人来って憤怒の相を現し、われは池の神なり、なんじ何がゆえにわが眷属《けんぞく》を捕え苦しむるぞといって怒った。そうして翌朝起きて盥《たらい》を見ると、あれほど厳重に蓋《ふた》をして大石を載せておいたのに、どうして出たものかその魚の姿は見えなかったと記している。これなども説話としては首尾の照応もなく、何かある一つの話の忘れ残りのごとき感あることは同じだが、それでも「一ぴき魚」といい神の使わしめというところに、多少の結構の痕を存している。こういう言い伝えが次々と今いくつか出てくれば、以前どういう形をもってこれが流布していたかの、見当だけはつくことと思う。

## 六

それから今度はずっと土地をかえて、これが沖縄県の方ではどうなっているかと見ると、前年故佐喜真興英《さきまこうえい》[40]君の集めた『南島説話』の中に、中頭《なかかみ》郡美里村大字古謝《こじゃ》の出来事として、次のような口碑が採録せられている。昔この村に一人の塩焼男があって、海水をくみに出て一尾の魚を捕り、それを籠に入れてわが家の軒につるしておいた。するとやがてその籠の中から「一波寄するか二波寄するか三波寄するか」という声がする。不思議に思って覗《のぞ》いてみても、魚より他には何物もいない。こんな魚は放す方がよいと思って家を出ると、途中に知り合いの無頼漢《ぶらいかん》に出会った。放すよりは私にくれといって、持って行って料理をして食べようとしていると、ちょうどその時に大海嘯《おおつなみ》がやってきて、近隣の人畜ことごとく押し流してしまったというのである。

この話も伝承者の幾階段を重ねて、よほど破損したらしい形跡はあるが、それでも若干はもとの姿を髣髴《ほうふつ》することができる。すなわち物をいう霊魚を害しようとした者が大津波によって罰せられたということは、同時に一方のこれを放そうとした者の助命を意味し、この塩焼男が生き残ったゆえに、恐ろしいいましめの話は後に伝わったことになっているのである。話がこれまでくれば類型は決して乏しくない。奥州でよくいう黄金坑埋没の話、もしくは木曾川流域に数多い「やろか水」の洪水などのごとく、小賢《ざか》しくかつ不注意なる者は災いを受けて死に、愚直にして霊異を恐るる者が助かってその見聞を述べたというのは、昔話の最も普通の、しかも由緒ある一つの様式であった。

南の島々の古くからの災害として、いわゆるシガリナミ（海嘯）の記憶の最も印象強く残っているのは自然であるが、これがただわずか一尾の魚を尊敬するかせぬかによって、そういう恐ろしい結果を生じたごとく伝えるのは、考えてみれば不思議なことである。尋ねたら必ず他の多くの離れにもあることと思うが、この沖縄本島の珍しい例なども、早くから決して孤立のものではなかった。寛延元年（一七四八）にできた『宮古島旧史』という記録は、当時この群島の稗田阿礼《ひえだのあれ》たちによって、口で伝えていたアヤゴを国文にしたものらしく、中にも魚が物いうた一つの話が、今少し具体的に記されている。見ぬ人が多かろうと思ってこれだけは原文のまま転載すると、

むかし伊良部島《いらぶ》の内、下地《しもぢ》といふ村ありけり。ある男漁に出でゝヨナタマといふ魚を釣る。この魚は人面魚体にしてよくものいふ魚となり。漁師思ふやう、かゝる珍しきものなれば、明日いづれも参会して賞翫《しょうがん》せんとて、炭を起してあぶりこにのせて乾かしけり。その夜人静まりて後、隣家に或童子俄《にわ》かに啼きをらび、伊良部村へいなんといふ。夜中なればその母いろいろこれをすかせども止まず。泣き叫ぶことといよ〱切なり。母もすべきやうなく、子を抱きて外へ出でたれば、母にひしと抱きつきわなゝきふるふ。母も怪異《かいい》の思ひをなすところに、遥かに声を揚げて（沖の方より？）

ヨナタマ、〱、何とて遅く帰るぞ

といふ。隣家に乾かされしヨナタマの曰く、

われ今あら炭の上に載せられ炙《あぶ》り乾かさるゝこと半夜に及べり、早く犀《さい》をやりて迎へさせよ

と。こゝに母子は身の毛よだつて、急ぎ伊良部村にかへる。人々あやしみて、何とて夜深く来ると問ふ。母しか〲と答へて、翌朝下地村へ立ちかへりしに、村中残らず洗ひ尽されて失せたり。今に至りてその村の跡形はあれども村立はなくなりにけり。かの母子いかなる隠徳ありけるにや。かゝる急難を奇特にのがれしこそめづらしけれ。

## 七

宮古郡伊良部島の下地には、現在はすでにまた村ができている。そうしてこの仲宗根《なかそね》氏の『宮古島旧史』の存在を、まったく知らぬ人が多いのである。彼らの耳で伝えている大昔のシガリナミは、これをいかなる原因に基づくものと伝えているだろうか。必ずしもこの一部落でなくても、小さな島々にはどこにもこの類の話は残っていることであろう。それを何となく聞き集めてみることが恐らくはこの一節の説話の、巧まざる注釈を供与することと思う。

一つの観点は物をいう魚の名を、この島ではヨナタマといっていたことである。ヨナはイナともウナともなって、今も国内の各地に存する海を意味する古語、たぶんはウミという語の子音転換であろうということは、前に『風位考資料』のイナサの条[41]において説いたことがある。それがもし誤りでないならばヨナタマは海霊、すなわち国魂郡魂《くにたまこおりたま》と同様に海の神ということになるのである。知らずして海の神を焼いて食おうとしたものが、村をあげて海嘯《つなみ》の罰を受けたという語り事だとすれば、単なる昔話という以上に、もとは神聖なる神話であったかも知れぬ。それが信仰の零落に伴うて、豊後では「背の甲をあぶりに行く」という話にまでなっていたのであった。もしその中間の過程を示す伊良部の記録が伝わらなかったならば、これはただ農民空想の奇異なる一例としか考えられなかったであろう。

次に幼児の無意識の挙動によって、母と子のただ二人が命を全うしたということも、何かまた信仰上の意味が含まれていたのかも知れぬ。というわけはわが国の海の神は、つとに少童の文字をもって示されていたごとく、しばしば人間の世に向かって叡智《えいち》なる若子を送っていたからである。しかしこの点を深く説こうとするのには、今はまだ材料がたりない。単に後年そういう発見をする学者の出ずべきことを、ここでは試みに予言しておくまでである。

それから最後に日本以外の民族の伝承が、将来どういう風な光をこの問題の上に投げるであろうかを考えてみると、われわれがまだ多くを知っておらぬというのみで、魚が物言った話はおいおいに出てくるらしいのである。近ごろ読んでみたジェデオン・ユエの『民間説話論』に『グリム童話集』の第五十五篇A、「ハンスの馬鹿」という話の各国の類型を比較して、その最も古い形というものを復原しているが、このおろか者が海に行って異魚を釣り、その魚が物を言ってわが命をゆるしてもらう代わりに、願いごとの常にかなう力をこの男に授けたことになっている。出処は示してないがいずれかの国に、そういう話し方をする実例があったのである。私の想像ではわが国の説話におけるヨナタマも、一方に焼いて食おうとする侵犯者を厳罰したと同時に、他方彼に対して敬虔であり従順であった者に、巨大なる福徳を付与するといった明るい方面があったために、かようにひろく東北の山の中まで、「物言う魚」の破片を散布することになったのではなかったか。もしそうであったならば、今にどこからかその証跡は出てくる。そういつまでも私の仮定説を、むなしく遊ばせておくようなことはあるまいと思う。

（昭和七年一月『方言と国文学』）

# 餅白鳥に化する話

## 一

正月が来るたびに、いつも思い出すばかりでまだ根源は知らぬのだが、伏見の稲荷様の一番古い記録に、餅が鳥になって飛び去ったという話がある。

都が山城《やましろ》国に遷《うつ》された以前、今の稲荷山の麓の里に秦中家忌寸《はたのなかついえのいみき》の一族が住んでいた。その家の先祖秦公伊呂具《はたのきみいろぐ》の時に、あったこととしてその話は伝えられる。伊呂具富裕にして粟米充《み》ちあふるるままに、餅を用いて的としたところ、その餅白き鳥に化して飛び翔《かけ》りて山の峰におり、そこに稲が成生した。社の名もこれによって起こり、さらに山を隔てて北の方、鳥部野《とりべの》鳥部山の鳥部という地名も、その餅の鳥が飛んできて、とまった森の跡だからというのであった。この話の永く世に伝わった理由、すなわちこの物語が古代の人々に供した絵様は、今われわれがこれによって感受するものと、だいぶんの相異があったのではないかと思う。いわゆる白い鳥の何鳥であったか、何ゆえに不思議がその鳥の形を仮りて、よく人間の驚嘆を深くし得たかということは、すでに日本武尊《やまとたけるのみこと》のお墓作りの一条においても、決しかねた問題であったが、この場合はことにその点がはっきりせぬと、昔の心持ちをたどりにくいような感じがする。

福島県の苅田《かった》嶺《みね》神社は、近世の学者によって、日本武尊を祀ると説明せられているが、土地の口碑を聞けば明白に満能《まんのう》長者同系の物語で、天子のご寵愛を受けた玉世姫と、その王子の尊霊とを神に仰いだものである。そうしてこの神のお使わしめの白い鳥は、ハクチョウすなわち Swan であった。豊後の田野長者の故跡と称する山間の草原には、以前は年ごとに二羽の鶴来り遊び、それを長者が飼っていた鶴だというために、あるいは『豊後風土記』の中にもある同じ話、すなわち餅が化してなったという白い鳥を、鶴ではないかと思う人もあるかも知れぬが、もちろんこれによって即断をすることはできぬのである。『豊後風土記』の餅白鳥に化する物語は、これをくり返す必要もないほど、最初にあげた『山城風土記』の逸文とよく似ている。この二つの風土記は文体から判断しても、できた年代に若干の差があるらしいから、一方の話がひろく世に行なわれて、後に九州の方でもこれを説くに至ったのかも知れぬが、それにしてはあまりに根強く、新しい風土に適応し、かつ年を追うて成長している。あるいは今一つ古い時代から、この民族に持ち伝えた空想が、何ぞのおりにはこうしてそちこちに、芽を吹き花を咲かせる習わしであったのではないか。

二国の物語の最も著しい差別は、山城の方では秦氏の子孫再び神に許されて故の地に繁栄し、みずから家の奇瑞《きずい》を述べているに反して、豊後においてはその田野は永く荒廃し、たまたまその地を過ぐる者が、いろいろに聞き伝え語り継いだ昔だけが遺っている点である。田野とは田に似たる荒野という意味でつけられた地名であった。今の玖珠《くす》郡飯田《はんだ》村の中に、千町牟田《むた》と称する広いムタがあるのを、いわゆる田野長者の耕地の跡としてあるが、果して『風土記』以来の田野はこれなりや、まだ少しばかりの疑いはある。『風土記』には速見郡田野里とあるのに、右の千町牟田は分水嶺を越えてさらに西、筑後川の水系に属する玖珠郡の地であり、かつ速見郡の方面にも、南北由布《ゆふ》村のごとく、田野とも名づくべきムタすなわち水湿の地はいくらもあるからである。

ムタは関東東北でヤチといい、中部ではクゴともフケとも称して、排水のむつかしい平《へい》衍《えん》なる湿地のことである。海川に近い低地であるならば、何としてなりとも水田に開くが、山中にあっては温度その他の条件が具備せず、打ちすてておかれて禾本科《かほんか》の雑草が野生するゆえに、地面を大切に思う農民たちは、これを見るごとに心を動かし、神の田または天狗の田などと名づけて、いろいろの奇異を付会した例が多い。豊後の田野でもそれに近い事情の下に、ありもしない大昔の長者を想像するようになったのであろう。千町牟田なども『豊日誌《ほうにちし》』の記事によれば、今も畦畝《けいほ》、厳として存し、春夏は草離々《りり》として畝《うね》ごとに色を異にす、あるいは青くあるいは赤く、禾苗《かびょう》早晩の状をなすとあるのである。餅が白い鳥になって飛んでいったという昔話に、似つかわしい舞台であった。

## 二

長者の栄華きわまり福分つきて、一朝にして没落したという物語は、琵琶でも説経でも何度となくくり返されたる、いとやすやすとした題目であるにかかわらず、律儀なる昔の人はその空想のよりどころを求めていた。因幡《いなば》の湖山《こやま》の池は、砂が造ったただの潟湖であるが、これあるがために湖山の長者は、昔あの岸の丘に住んだことになり、入日を招き返した天罰によって、数千町の美田がことごとく水の底になった。飛騨《ひだ》の白川の中流には姫子松の林を取りめぐらした大薙《おおなぎ》があった。大昔の帰雲《かえりぐも》城は、その絶壁の下に埋まっていると伝えられる。その他津軽の十三潟、信州青木の三湖のごとき、金碧《きんぺき》をもって荘厳《しょうごん》した七堂伽藍《がらん》が、門前の町屋とともに覆没し、時あって大釣鐘の龍頭《りゅうず》を、晴れたる浪の底に見るという類は、いずれも自然の風光を力杖として、よろぼい立っている忘却の翁である。荒涼たる田野の千町牟田のまん中へ、かつては朝日長者の名国内に響き渡り、大野の満能長者の花聟《はなむこ》となって、およそ人生の歓喜のかぎりを見きわめたほどの大分限者《だいぶげんしゃ》をつれてきたのも、あるいはこの水草のあいだに静かに遊んでいた若干の白い鳥ではなかったか。こういう風に考えていくと、稲荷の三つのお山の頂上に近い平地に、最初は稲に似たある種の植物の繁茂する霊地があって、これへ往来する白い鳥の姿を、高い国からのお使のごとくに感じた人々が、やがては餅と鳥との昔話を拾い上げて、これをわが家文《いえぶみ》の綾に織り込んだのではなかったかとも思われる。

『豊後風土記』には田野里の口碑の他に、また次のような話も採録せられてある。豊国《とよのくにの》直《あたえ》の先祖菟名手《うなて》なる者、初めてこの国に使して、豊前《ぶぜん》仲津郡中臣《なかとみ》村に行き至り、一夜の宿を借りたるに、次の日の曙にたちまち白き鳥の群れあり、北より飛び来ってこの村に集まる。僕《しもべ》をやりて見せしむるにその鳥化して餅となるとある。それが片時にしてさらに、化して芋草千株となる。株葉冬も栄えたりとあって、南国の土民に用だつべき作物が、白鳥の神異に伴われて容易に見つかったことは、なるほど重要なる語り草であった。しかしその中間にほんの少しのあいだ、いったん餅になっていたという点に不思議がある。ことによるとこの時代の人の心持ちに、白い鳥はいたって餅に化しやすいもの、もしくは餅は往々にして飛び去ることありというような考えが、何となくはさまっていたのかも知れぬ。

私はまじめに右のごとく思っているのである。近世の子守歌にも、「縁があるならば飛んでこい牡丹餅《ぼたもち》」などと、笑いながらだが歌っていた。手毬《てまり》唄のしょんがえ婆さまにも、餅にこがれておって行ったというような歌がある。童話の鼠の浄土などにも、正直爺を団子《だんご》が導いて隠れ里へつれて行くとあった。鎌倉期の始めに成ったという『塵袋《ちりぶくろ》』の巻九には、餅の白い鳥に化した話を、豊後の玖珠郡の事件として載せている。古風土記を見て書いたろうといわれているが、果してどうであったろうか。今ある『豊後風土記』とは、単に郡の名がちごうているのみならず、全体において記事がむしろ後世の言い伝えの方に近い。しかしその中でも、何ゆえに餅が飛び去って長者の運が傾いたかの説明だけは、少なくともあの時代の人の考え方と見てよいと思う。すなわち餅をもって的《まと》とするなどは、ただの奢《おご》りの沙汰として神の憎しみを受けるのみでない。餅は元来福の源であるゆえに、これとともに福神が飛び去ったのだといっている。『塵袋』の著者の時代には、福引というのは餅を二人で引合うことであった。恐らくは今でも若い人たちが戯れに煎餅《せんべい》をもってするように、餅の両端をとらえて引合いねじ合い、結局二つに割れたとき大きい方を得た者を勝とし、勝てばその年は福が多いなどといったものだろう。

餅をフクデと呼んだのは、焼けばふくれるからの名だろうと思うが、しかもその音の耳に快きをめでて、次第にこれを福の物と考えるに至ったのも、中世以来の習わしであった。それがまた新たなる興味を刺激して、こんなたわいもない昔話を、ほぼ元の形で今日まで保存し得たのは、殊勝なることであった。常に史料の乏少を悲しむ前代生活の研究者たちは、この類の機会を軽んじてはならぬのである。

## 三

そこでこの餅が化して飛び立ったという白い鳥の、白鷺ではなかったかということを、少しばかり考えてみる。宮古島では荷川取《にちゃどり》村の百姓、湧川《わくがわ》のまさりやなる者、かつて釣に出でて大なる鱏《えい》の魚を娶《めと》ったことがあった。後日再び海のほとりに遊ぶとき、みずからその子なりと名のる小児三人、彼を誘いて海の宮に到りその母に会わしめたるに、気高い美女であった。楽しみ留まること三日三夜、別れにのぞんで贈るに一箇の瑠璃《るり》の壺をもってす。これをたずさえて里に帰れば、すでに人間の三年三月を過ぎていた。壺の中には味甘《かん》露《ろ》のごとき酒があって、呑めどもつきることなく、一家これを服して長寿となる。島中の人これを聞き伝え、壺を見にくる者引きも切らず、主人あまり煩わしさに虚誕《うそ》をついて、この神酒はいつも同じ味で、もう飲みたくもないのだというや否、たちまちにして白鳥に化して飛び去る。群衆の者これを見て、いずれも地に伏してわが方へ飛んで来《こ》よと招いたが、鳥は東の方へ翔《かけ》って、宮国村のしかほやという家の庭の木に下りて姿を消したとある。それから後のことは伝わらぬが、もちろんまさりやは次第に貧しく、しかほやは新たに富んだことは確かであったろう。そうして沖縄の島においては、鷺を神の使とした話が別に伝わっているのである。

たとえば『宇治拾遺物語』の、博打の聟入《むこいり》と同系の昔話で、われわれの中では「隣の弥太郎を聟に取れ」というのが、南の島では次良《じら》の聟入の物語として、民間にもてはやされていた。次良は長者の信心につけ込み、夜ひそかに一羽の白鷺を抱えて、庭の木の茂みによじ登り、娘の聟に次良を迎えよと、神の作り声をして命令した後に、そっとその鷺を放したので、うまうまと長者はだまされてしまった。すなわち神が鷺の姿で天に帰りたまうと信じていたのである。

鷺を霊物とする信仰は、旧日本の方でも例が多かった。摂津の住吉、越前の気比《けひ》、ともにこの鳥を神使としたまい、諏訪《すわ》にも白山にも鷺を祀った末社があった。尾張の熱田でも同じことで、神領の民は鷺を白鳥と呼んで、忌みかつ崇んだ。信長が桶狭間《おけはざま》に義元を討ち取った時も、かねて祈願の効むなしからず、白鳥ありて社殿を飛び出し、今川の陣場に近づき森の樹に羽を休めた。その故跡と称して鷺ヶ森の地あり、古木は今枯れて石塚に記念の碑が立っている。関東その他にはこれらの大社とは独立して、なお無数の鷺の森明神あるいは鷺ノ宮がある。祭神も信仰も、今では区々《まちまち》になっているだろうが、初めてこの鳥を斎《いつ》き祀った人の心持ちは、そうそう変わっていたものとは思われぬ。

馬琴の『化競丑満鐘《ばけくらべうしみつのかね》』などを見ると、白鷺は化物界の家老格にたてられている。鷺が化けたという話はずいぶん聞くが、それは古くから言うことではないらしい。一つには声の恐ろしい五位鷺《ごいさぎ》との混同もあろうし、一つには苗代をよく荒らして追われることと、人間ならばまことに感心せぬ眼つきをしていることなどが、この説を助けたものであろう。

しかもその挙動がいつも落ちついていて、来往の場所や食物を求める習性に特色があり、ことにその形と羽の色の著しいために、宵暁の神の社《もり》の出入が、つとに農民たちの注意をひき、時として異常の場所に集まることなどがあれば、何かの兆候として警戒せられたのが、転じて一種の悪評にもなったのであろう。豊後の人たちは例の餅がなったという白い鳥を、白鷺のこととときめていたらしい。三浦梅園の『豊後事跡考』には餅白鷺と化して飛んで大分《おおいた》郡河南の庄内にとどまると記し、『豊薩《ほうさつ》軍記』には、白鷺は朝日長者の福神にてありけるが、飛び去りたまいて後は、長者の威光しだいに減少したと述べている。この国の長者譚には、宇佐信仰の影響が最も強く、八幡は本来農作の愛護者であって、今も諸国の田植歌の中に、白鷺のとまりはどこぞ八幡山《やはたやま》云々というのが、盛んに歌われていることを考えると、いわゆる田野の荒れたる水草原に立って、行きて帰らぬ神のお姿を慕うたのも、まことに無邪気な昔人の心であったとうなずかれる。武蔵の府中の六所《ろくしょ》様では、今でも五月五日の大祭の翌日に、御田植と名づけて神田の中で祭の式がある。楓《かえで》の若葉をもって飾った傘鉾《かさほこ》の上に、白鷺の形を造り添えて田の辺に建て、これを回って古風な歌を唱え、太鼓を打ってはやすという。すなわち神の森から神の田へ、暁に出ては夕に帰るこの鳥の習慣を、やはり神霊の去来のごとく、関東地方の人々も感じていたらしいのである。

# 四

正月三が日もしくは松の内のあいだ、雑煮《ぞうに》を食わぬ家、あるいは餅をついてはならぬという一族は、思いのほか多いものである。その理由は地方ごとに区々で、もう不明に帰したものも多く問題の興味あるにかかわらず、まだ真の原因を知ることができぬが、その中で石見《いわみ》那賀郡川波村大字波子《はし》の一例は、ちょうど私の話に関係がある。『石見外記』の記すところによれば、昔この村に富豪あり、その家の息子、正月に破魔弓《はまゆみ》の遊びをするおりふし、的がなかったので、歳徳《としとく》の神に供えてあった鏡餅を廻して射たところが、不思議なるかな、その鏃《やじり》に血がついた。この神罰であったか、その年からして餅をつけばいつも凶変があるので、ついに正月に餅をせぬことになった。この一族を的場党と呼ぶそうだ云々。

この話が山城から豊後の風土記を見てからできたものであったら、白い鳥を略してしまうわけはない。そうするとずっと古くからこの類の口碑が、ひろく諸国に保存せられていたのである。破魔弓を射たという点も古い記録にはないが、『豊後事跡考』のできたころには、あの土地でもそういっていた。田野長者一千町の田あり、一人の姫に聟を迎えたが、正月破魔弓の遊びに興のあまり、鏡餅を投げてこれを射たれば、その餅白鷺に化して飛んでしまったとある。

ハマはごく近いころまでは初春の遊戯であった。関東以北の田舎においては、弓で射るかわりに、樹の枝竹の竿などをもって転がるハマをけしとめる。その方法に二通りあって、空中で払い落とそうとするのと、路上を転がして横合から抑えるものとある。東京の近くでは路の上の遊びだが、雪の深い国では空中を飛ばすので、アイヌの中にまで行なわれていた。京都以西においては、小弓で射留めるのが普通であった。古い画などに見えているのは、少年が弓を張って路の側に並び、やや高いところからハマを転がし、はずみをもって飛び下るところを、横合からハマの穴を射貫こうとしたものらしい。武芸の練習にはなったが、すこぶる危険な遊戯で、おりおりは生酔《なまよい》の礼者の足元を射たりするので、都市においてまず禁ぜられ、次第に田舎でも破魔弓ばかりが飾り物として残ることになった。しかもその一つ前にさかのぼれば、決して少年ばかりの遊びでなかったことが、全国各地の村境、あるいは神社に因《ちなみ》ある土地の名に、浜射場というものがいたって多いことから推測せられる。ちょうど諸国の神社の春の祭に、歩射《ふしゃ》といいまたは百手《ももて》などと名づけて、的射《まとい》の勝負を争ったと同じく、一年の縁喜を祝い、諸願の成就を卜するために、成長したる氏子も精進して、晴の芸を試みる習いであり、あるいはこの役を勤めるために特定の家筋などもあったかと思われる。

　ハマはあるいは鈌の字を書いて金属の輪をまわしたものもある。関東では車戸の車のごとく、樫《かし》の木で作った径五、六寸（約一五、一八センチ）の円盤を用い、これをハンマまたはハマコロなどと呼んでいる。その他に東北では簡単に柳の枝などをわがね、あるいは大和の山村や備後《びんご》では、縄を円座のように巻いて釜敷のごとき物を作り用い、または藤蔓《ふじづる》を円く巻いてハマとした例もある。土佐の高知などでは円盤でなく、小提燈の形にして紙を張り、武家の青年がこれを飛ばして射芸を習ったという話もある。肥後の五箇山でも樹枝をもって球形のものを作って高くほうり上げ、鑓《やり》をもって突き留める遊戯があって、猿を捕る練習だといい、またこれに似た風習が高砂族[42]のあいだにもあって、非常に興味の多い競技としてある。稲荷の秦氏の餅を的としたのも今風に射垜《あずち》に置きまたは樹の枝につるしたのではなく、こうして高く投げているうちに、ふいと鳥になって飛んでしまったから驚いたのであるらしい。石見の餅をつかぬ一族が、的場党と呼ばれていることは、また次のような想像をも可能にする。彼らの祖先はむしろ餅をハマとして、弓占をする職業であった。それが何かの異変があってから、この式を中止してその話だけが残った。そうして他の多くの餅をつかぬ家々と同じく、この家においては餅は神聖の物なるゆえに最初から忌んでいたのであろう。山城・豊後二国の類例も、ことによると白い鳥の奇瑞《きずい》によって、餅を射る旧い儀式を中止しただけではなかったか。それをただ奢《おご》りの沙汰なるがゆえに神の罰を受けたとする説明のごときは、的射の行事のいたって神秘なものであることを忘れてしまった外国風の考え方のようにも感ぜられる。

（大正十四年一月『東京朝日新聞』）

# ダイダラ坊の足跡

## 巨人来往の衢

東京市はわが日本の巨人伝説の一箇の中心地ということができる。われわれの前住者は、大昔かつてこの都の青空を、南北東西に一またぎにまたいで、歩み去った巨人のあることを想像していたのである。しこうして何人《なんぴと》が記憶していたのかは知らぬが、その巨人の名はダイダラ坊であった。

二百五十年前の著書『紫の一本《ひともと》』によれば、甲州街道は四谷新町のさき、笹塚の手前にダイタ橋がある。大多《だいだ》ぼっちが架けたる橋のよし言い伝う云々とある。すなわち現在の京王電車線、代田橋の停留所と正に一致するのだが、あのあたりには後世の玉川上水以上に、大きな川はないのだから、巨人の偉績としてははなはだ振るわぬものである。しかし村の名の代田《だいた》は偶然でないと思う上に、現に大きな足跡が残っているのだから争われぬ。

私はとうていその旧跡に対して冷淡であり得なかった。七年前に役人をやめて気楽になったとき、さっそく日をトしてこれを尋ねてみたのである。ダイタの橋から東南へ五、六町（約五四五、六五四メートル）、そのころはまだ畠中であった道路の左手に接して、長さ約百間（約一八〇メートル）もあるかと思う右片足の跡が一つ、爪先あがりに土深く踏みつけてある、と言ってもよいような窪地があった。内側は竹と杉若木の混植で水が流れると見えて中央が薬研《やげん》になっており、踵《きびす》のところまで下るとわずかな平地に、小さな堂が建ってその傍にわき水の池があった。すなわちもう人は忘れたかも知れぬが、村の名のダイタは確かにこの足跡に基づいたものである。

あのころ発行せられた武蔵野会の雑誌には、さらにこの隣村の駒沢村の中に、今二つのダイダラ坊の足跡があることを書いてあった。それを読んでいた自分はこの日さらに地図をたどりつつ、そちらに向かって巡礼を続けたのである。足跡の一つは玉川電車から一町（約一〇九メートル）ほど東の、たしか小学校と村社との中ほどにあった。これも道路のすぐ左に接して、ほぼ同じくらいのくぼみであったが、草生の斜面を畠などに拓《ひら》いて、もう足形を見ることは困難であった。しかし踵《きびす》のあたりに清水が出ており、その末は小流をなして一町歩ばかりの水田にそそがれている。それから第三のものはもう小字《こあざ》の名も道も忘れたが、何でもこれから東南へなお七、八町（約七六〇、八七〇メートル）も隔てた雑木林のあいだであった。付近にいわゆる文化住宅が建とうとして、盛んに土工をしていたから、あるいはすでに湮滅《いんめつ》したかも知れぬ。これは周囲の林地よりわずか低い沼地であって、自分が見た時にもはや足跡に似た点はちっともなく、住民は新地主で、尋ねても言い伝えを知らなかった。そうして物ずきないわゆる史蹟保存も、さすがに手をつけてはいなかったようである。

代田と駒沢とは足の向いた方が一致せず、おまけにみな東京を後にしているが、これによって巨人の通った路筋を考えてみることはできぬ。地下水の露頭のために土を流した場所が、通例こういう足形窪を作るものならば、武蔵野は水源が西北にあるゆえに、ダイダラ坊はいつでも海の方または大川の方から、奥地に向いて濶歩《かつぽ》したことになるわけである。江戸には諸国よりいろいろの人が来て住んで、近世初めて開けた原野が多かろうと思うに、いつの間に所々の郊外に、こうして大昔の物語を伝えたものか。自分たちはこれを単なる不思議と驚いてしまわずに、今すこししんみりと考えてみたいと思っている。

ただ不幸なことには多くの農民の伝説が、江戸の筆豆にも採録せられぬうちに消えてしまった。百年あまり前のことである。小石川小日向台《こびなただい》の本法寺という門徒寺《もんとでら》の隠居に、十方菴敬順という煎茶《せんちや》のすきな老僧があった。たたみ焜炉《こんろ》という物を茶道具といっしょに携帯して、日返りに田舎へ出かけて、方々の林の陰に行って茶を飲み、野らに働く人たちをとらえて話を聞いた。『遊歴雑記』と題するこの坊さんの見聞録が、『江戸叢書』の一部として出版せられている。それを捜してみるとほんの一つだけ、王子の豊島の渡しの少し手前の畑の中に、ダイダボッチの塚というものがあったことを記してある。ここでも土地の字は代田といい、巨人がこの辺を歩いた時、その草鞋《わらじ》にくっついていた砂が落ちこぼれて、この塚になったと村の人たちが彼に話したとある。その塚は今どこにあり、その口碑を談《かた》った農夫の家は、どうなってしまったかも尋ねようはないが、とにかくきまじめにこんな昔話を聞いたり語ったりした者が、つい近年まではこの地にさえいたのである。

## デエラ坊の山作り

『松屋筆記《まつのやひっき》』にはまたこんな話を書いている。著者は前の煎茶僧とほぼ同じ時代の人である。いわく、武相の国人常にダイラボッチとして、形大なる鬼神がいたことを話する。相模野の中にある大沼という沼は、大昔ダイラボッチが富士の山を背負って行こうとして、足を踏張った時の足跡のくぼみである。またこの原に藤というものの少しもないのは、彼が背縄にするつもりで藤蔓《ふじづる》を捜し求めても得られなかった因縁をもって、今でも成長せぬのだと伝えている云々。自分は以前何回もあの地方に散歩してこのことを思い出し、果して村の人たちが今ではもう忘れているか否かを、確かめてみたい希望を持っていたが、それを同情して八王子の中村成文君が、特にわれわれのために調べてくれられた結果を見ると、なかなかどうして忘れてしまうどころではなかった。

右の大沼とは同じでないかも知れぬが、今の横浜線の淵野辺《ふちのべ》停車場から見えるところに、一つの窪地があって水ある時にはこれを鹿沼といっている。それから東へ寄ってこれも鉄道のすぐ傍に菖蒲沼《しょうぶぬま》があり、二つの沼の距離は約四町（約四三六メートル）である。デエラボッチは富士山を背負おうとして、藤蔓を求めて相模野の原じゅうを捜したが、どうしてもないので残念でたまらず、じんだら（地団太）を踏んだ足跡が、この二つの沼だという。またこの原の中ほどには幅一町（約一〇九メートル）ばかり、南北に長く通った窪地がある。デエラボッチが特鼻褌《ふんどし》を引きずってあるいた跡と称し、現にその地名をふんどし窪ととなえている。境川を北に渡って武蔵の南多摩郡にも、これと相呼応する伝説はいくらもある。たとえば由井村の小比企《こびき》という部落から、大字宇津貫《うつぬき》へ越える坂路に、池の窪《くぼ》と呼ばるる凹地がある。長さは十五、六間（約二七、二九メートル）に幅十間（約一八メートル）ほど、梅雨の時だけは水がたまって池になる。これもデエラボッチが富士の山を背負わんとして、一またぎに踏んばった片足の痕で、今一方は駿河の国にあるそうだ。なるほど足跡だといえばそうも見えぬことはない。また同郡川口村の山入という部落では、縄切と書いてナギレと訓《よ》む字《あざ》に、付近の山から独立した小山が一つある。これはデエラボッチが背に負うてやってきたところ、縄が切れてここへ落ちた。その縄を繋ぐために藤蔓を探したが見えぬので、大いにくやしがって今からこの山にふじは生えるなといったそうで、今日でも山はこの地に残り、ふじは成長せぬと伝えている。ただしそのふじというのは葛《くず》のことであった。巨人なればこそそのような弱い物で、山でもかついで持ち運ぶことができたのである。

甲州の方ではレイラボッチなる大力の坊主、麻殻《おがら》の棒で二つの山をにない、遠くへ運ぼうとしてその棒が折れたという話が、『日本伝説集』にも『甲斐の落葉』にも見えている。東山梨郡加納岩村の石森組には、そのために決して麻はうえなかった。植えると必ず何か悪いことがあった。その時落ちたという二つの山が、一つは塩山であり他の一つは石森の山であった。ある知人の話では、藁《わら》の茎で二つの土塊を荷なっていくうちに、一つは抜け落ちて塩山ができたといい、その男の名をディラボウと伝えていた。ディラボウはそのまま信州の方へ行ってしまったということで、諸所に足跡がありまたいくつかの腰掛石もあった。

われわれの祖先はいつの世からともなく、狐山の峰の秀麗なるものを拝んでいた。飯盛《いいもり》山《やま》というのが、その最も普遍した名称であった。御山御岳として特に礼拝する山だけは、この通り起源が尋常でないもののごとく、説明せられていたように思われる。後にはもちろんこれを信ずるあたわざる者が、いわゆる大話の着想の奇に興じたことは確かだが、最初に重きをおいたのは麻殻葛の蔓の点ではなかったろうかと思う。むつかしくいうならばこの種巨人譚の比較から、どのくらいまで精密に根源の信仰がたどっていかれるか。それを究《きわ》めてみたいのがこの篇の目的である。必ずしも見かけほどのんきな問題ではないのである。

## 関東のダイダ坊

自分たちはまず第一に、伝説の旧話を保存する力というものを考える。足跡がある以上は本当の話だろうということは、論理の誤りでもあろうし、また最初からの観察法ではなかったろうが、とにかくにこんなおかしな名称と足跡とがなかったならば、いかに誠実に古人の信じていた物語でも、そう永くはわれわれのあいだに、留まっていなかったはずである。東京より東の低地の国々においては、山作りの話はようやくまれにして、足跡の数はいよいよ多い。すなわち神話は遠い世の夢と消えて後に、人は故郷の伝説の巨人を引き連れて、新たにこの方面に移住した結果とも、想像せられぬことはないのである。けだし形状の少しく足跡に似た窪地をさして、深い意味もなくダイラボッチと名づけたような場合も、ある時代には相応に多かったと見なければ、説明のつかぬほどの分布があることは事実だが、大本にさかのぼって、もしも巨人は足痕をのこすものなりという教育がなかったら、とうていこれまでの一致を期することはできぬかと思う。

上総《かずさ》下総《しもうさ》は地名なり噂話なりで、ダイダの足跡のことに遍《あま》ねき地方と想像しているが、自分が行ってみたのは一か所二足分に過ぎなかった。旅はよくしてもなかなかそんなところへは出くわせるものでない。上総では茂原《もばら》から南へ丘陵を一つ隔てて、鶴枝川が西東に流れている。その右岸の立木という部落を少し登った傾斜面の上の方に、いたって謙遜なるダイダッポの足跡が一つ残っていた。足袋底《たびぞこ》の型程度の類似はもっているが、この辺が土ふまずだと言われてみても、なるほどとまでは答えにくい足跡であった。面積はわずかに一畝と何歩、周囲は雑木の生えた原野なるに反して、この部分のみは麦畠になっていた。爪先はここでも高みの方を向いている。土地の発音ではライラッポとも聞こえる。川の両岸の岡から岡へ一またぎにしたというのであるが、向かいの上永吉の方では、松のある尾崎が近年大いに崩れて、もう足跡だと説明することができなくなっている。ただその少しの地面のみが別の地主に属し、左右の隣地を他の一人で持っている事実が、たぶん以前は除地《よけち》であったろうことを、想像せしめるというだけである。

『埴生《はにゅう》郡聞見漫録』を見ると、この地方の海岸人がダンダアというのは、坊主鮫《ざめ》とも称する一種の怪魚であった。それが出現すると必ず天気が変わると伝えられた。あるいは関係はないのかも知れぬが、ことによるとダイダ坊も海からくると想像したのではあるまいか。常陸《ひたち》の方では『風俗画報』に出た「茨城方言」に、ダイダラボー、昔千波沼《せんばぬま》辺に住める巨人なりという。土人いうこの人大昔千波沼より東前池《とうまえいけ》まで、一里あまりの間を一またぎにし、その足跡が池となったと言い伝うる仮想の者だとある。その足跡の話は吉田氏の『地名辞書』にも見え、あるいは椎塚村のダッタイ坊などのごとく、そちこち徘徊《はいかい》した形跡はもちろんあるが、それを「古風土記」の大櫛岡《おおくしおか》の物語が、そのまま残っていたものと解することは、常陸の学者には都合がよろしくとも、他の方面の伝説の始末がつかなくなる。

自分はそういう風に地方地方で、独立して千年以上を持ち伝えたようには考えていないのである。

下野《しもつけ》ではまた鬼怒川《きぬがわ》の岸に立つ羽黒山が、昔デンデンボメという巨人の落としていった山ということになっている。この山にかぎって今なお一筋の藤蔓もないのは、山を背負って来た時に藤の縄が切れたためだというのは、少々ばかり推論の綱が切れている。あるいはこの山に腰をかけて、鬼怒川で足を洗ったといい、近くにその時の足跡と伝うる二反歩《たんぶ》ばかりの沼が二つあり、土地の名も葦沼《あしぬま》と呼ばれている。足のすぐれて大きな人を、今でもデンデンボメのようだといって笑うというのも（『日本の伝説』）、信州などの例と一致している。

枝葉にわたるが足を洗うという昔話にも、何か信仰上の原因があったのではないかと思う。私の生まれた播州の田舎でも、川の対岸の山崎というところに、淵に臨んだ岩山があって、夜分その下を通った者の恐ろしい経験談が多く流布していた。路をまたいで偉大なる毛脛《ずね》が、山の上から川の中へぬっと突込まれたのを見たなどといって、その土地の名を千束と称するが、センゾクはたぶん洗足であろうと思っている。江戸で本所の七不思議の一つに、足洗いという怪物を説くことは人がよく知っている。深夜に天井から足だけが一本ずつ下がる。これを主人が裃《かみしも》で盥《たらい》を採って出て、うやうやしく洗いたてまつるのだというなどは、空想としても必ず基礎がある。洗わなければならなかった足は、遠い路を歩んできた者の足であった。すなわち山を作った旅の大神と、関係がなかったとはいわれぬのである。

## 百合若と八束脛

上野国《こうずけ》では三座の霊山が、初期の開拓者を威圧した力は、かえって富士以上のものがあったかと想像せられる。すなわちその峰ごとに最も素朴なる巨人譚を、語り伝えたゆえんであろう。たとえば多野郡の木部の赤沼は、伊香保の沼の主に嫁いだという上﨟《じょうろう》の故郷で、わが民族のあいだにことに美しく発達した二所の水の神の交通を伝うる説話の、注意すべき一例を留めている沼であるが、これもダイラボッチが赤城山に腰をかけて、うんと踏張った足形の水たまりだという口碑がある。榛名《はるな》の方ではまた榛名富士が、駿河の富士よりも一もっこだけ低い理由として、その傍なる一孤峰を一畚山《ひともつこ》と名づけている。あるいはそれを榛名山の一名なりともいい、今一畚たらぬうちに、夜が明けたので山作りを中止したとも伝える。その土を取った跡が、あの閑《しず》かな伊香保の湖水であり、富士は甲州の土を取って作ったから、それで山梨県は擂鉢《すりばち》の形だと、余計な他所のことまでこのついでをもって語っている。この山の作者の名は単に大男と呼ばれている。榛名の大男はかつて赤城山に腰をかけて、利根川の水で足を洗った。そのおりに臑《すね》についていた砂を落としたのが、今の臑《すね》神の社の丘であるともいう。

それから妙義山の方では山上の石の窓を、大太《だいだ》という無双の強力《ごうりき》があって、足をもって蹴《け》開いたという話がある。中仙道の路上からこの穴のよく見える半年石《はんねいし》というところに、路傍の石の上に大なる足跡のあるのは、その時の記念なりと伝えられた。『緘石録《かんせきろく》』という書には、大太は南朝の忠臣なり、出家してその名を大太法師、またの名を妙義と称するが、いかなる行き違いからであろうか、貝原益軒の『岐蘇路記《きそじき》』を始めとし、この地をすぐる旅人は、多くはこれを百合若《ゆりわか》大臣の足跡と教えられ、あの石門は同人が手ならした鉄の弓をもって、射抜いた穴だという説の方が有力であった。百合若は『舞の本』によれば、玄海の島に年を送り、とても関東の諸国までは旅行をする時をもたなかったように見えるが、各地にその遺跡があるのみか、その寵愛の鷹の緑丸までが、奥羽の果てでも塚を築いて弔われている。いかなる順序をへてそういうことになったかは、ここで簡単に説きつくすことは不可能だが、つまりは村々の昔話において、相応に人望のある英雄ならば、思いの外無造作にダイダラ坊の地位を、代わって占領することを得たらしいのである。

自分のこれからの話は大部分がその証拠であって、特に実例をあげるまでもないのだが、周防《すおう》の大島の錨《いかり》ケ峠の近傍には、現在は武蔵坊弁慶の足跡だと称するものが残っている。昔笠佐の島が流れようとした時に、弁慶ここに立って踏張ってこれを止めたというのである。紀州の日高郡の湯川の亀山と和田村の入山《にゅうやま》とは、同じく弁慶が畚《もっこ》に入れて荷《にの》うてきたのだが、鹿瀬峠で朸《おうご》が折れて、落ちてこの土地に残ったといい、大和の畝傍《うねび》山と耳成《みみなし》山、一説には畝傍山と天神山とも、やはり『万葉集』以後に武蔵坊《むさしぼう》がかついできたという話がある。朸がヤーギと折れたところが八木の町、いまいましいと棒を捨てたところが、今の今井の町だなどとも伝えられる。そんなことをしたとあっては、弁慶は人間でなくなり、したがってこの世にいなかったことになるのである。実に同人のためにはありがた迷惑な同情であった。

それはともかくとして信州の側へ越えてみると、また盛んにダイダラ坊が活躍している。戸隠《とがくし》参詣の道では飯綱《いいづな》山の荷負《におい》池が、『中陵漫録《ちゅうりょうまんろく》』にも出ていてすでに有名であった。これ以外にも高井郡沓《くつ》野《の》の奥山に一つ、木島山の奥に一つ、更級《さらしな》郡猿ケ番場の峠にも一つ、大楽法師の足跡池があると、『信濃佐々礼石《さざれいし》』には記している。少し南へ下れば小県《ちいさがた》郡の青木村と、東筑摩郡の坂井村との境の山にも、その間二十余丁を隔って二つの大陀《だいだ》法師の足跡があり、いずれも山頂であるのに夏も水気が絶えず、莎草《さそう》科の植物が茂っている。昔巨人は一またぎにこの山脈を越えて、千曲《ちくま》川の盆地へ入ってきた。そのおり両手にさげて来たのが男岳・女岳の二つの山で、それゆえに二峰は孤立して間が切れているという。

東部日本の山中にはこの類の窪地が多い。それを鬼の田または神の田と名づけて、あるいは蒔《ま》かず稲の口碑を伝え、またあるいは稲に似た草の成長をみて、村の農作の豊凶を占う習いがあった。それが足ノ田・足ノ窪の地名をもつことも、信州ばかりの特色ではないが、松本市の周囲の丘陵にはその例がことに多く、たいていはまたデエラボッチャの足跡と説明せられているのである。その話もしてみたいが長くなるからがまんをする。ただ一言だけ注意を引いておくのは、ここでも武相の野と同じように、相変わらず山を背負うて、その縄が切れていることである。足跡の湿地にははなはだしい大小があるにかかわらず、落し物をして去ったという点はほとんど同一人らしい粗忽《そこつ》である。小倉の室山に近い背負山は、デエラボッチャの背負子《しょいこ》の土よりなるといい、市の東南の中山は履物《はきもの》の土のこぼれ、倭《やまと》村の火打岩は彼の燧石《ひうちいし》であったというがごとき、いずれも一箇の説話の伝説化が、到るところに行なわれたことを示すのである。

　ただし物草太郎の出たという新村の一例のみは、あるいはダイダラ坊ではなく三宮明神の御足跡だという説があったそうだ。今日の眼からは容易ならぬ話の相異ともみえるが、そういう変化はすでにいくらでも例がある。上諏訪の小学校と隣する手長《てなが》神社なども、祭神は手長足長という諏訪明神のご家来と伝うる者もあれば、またデイラボッチだという人もあって、旧神領内には数か所の水溜りの、二者のどちらとも知れぬ大男の足跡からできたという窪地が今でもある。手長は中世までの日本語では、単に給仕人また侍者を意味し、実際は必ずしも手の長い人たることを要しなかったが、いわゆる荒海の障子[43]の長臂《ながひじ》国、長脚国の蛮民の話でも伝わったものか、そういう怪物が海に迫った山の上にいて、あるいは手を伸ばして海中の蛤《はまぐり》を捕って食い、あるいは往来の旅人を悩まして、後に神明仏陀の御力に済度《さいど》せられたという類の言い伝えが、方々の田舎に保存せられている。名称の起こりはどうあろうとも、畢竟《ひっきょう》は人間以上の偉大なる事業をなしとげた者は、必ずまた非凡なる体格を持っていたろうといううきわめてあどけない推理法が、一番の根源であったことはほぼ確かである。それが次々にさらに畏《かしこ》き神々の出現によって、征服せられ統御せられて、ついに今日のごとく零落するに至ったので、ダイダばかりか見越し入道でも轆轤首《ろくろくび》でも、かつて一度はそれぞれの黄金時代を、もっていたものとも想像し得られるのである。

ゆえに作者という職業の今日のごとく完成する以前には、コントには必ず過程があり、種子萌芽があった。そうしてダイダラ坊は単に幾度か名を改め、その衣服を脱ぎ替えるだけが、許されたる空想の自由であった。たとえば上州人の気魄《きはく》の一面を代表する八掬脛《やつかはぎ》という豪傑のごときも、なるほど名前から判ずれば土蜘蛛《つちぐも》の亜流であり、また長髄彦《ながすねひこ》、手長《てなが》足長《あしなが》の系統に属するように見えるが、その最後に八幡神の統制に帰服して、永く一社の祀りを受けているという点においては、依然として西部各地の大人《おおひと》弥五郎の形式を存するのである。しかもかつては一夜の中に榛名富士を作り上げたとまで歌われた巨人が、わずかに貞任《さだとう》、宗任《むねとう》の一族安倍三太郎某の、そのまた残党だなどと伝説せられ、縄梯子《なわばしご》を切られて巌窟の中で餓死をしたというような、花やかならぬ最後を物語られたのも、実はまた無用な改名にわずらわされたものであった。八掬脛はそうたいした名前ではない。一掬を四寸（約一二センチ）としてもせいぜい三尺（約九〇センチ）あまりの臑《すね》である。だから近世になるといろいろな講釈を加えて、少しでもその非凡の度を恢復しようとした跡がある。たとえばこの国の領主小幡宗勝《おばたむねかつ》、毎日羊に乗って京都へ参覲《さんきん》するに、午《うま》の刻に家をたって申《さる》の刻には到着する。よって羊太夫《ひつじだゆう》の名を賜わり、多胡《たご》の碑銘に名を留めている。八束小脛《やつかこはぎ》はその家来であって、日々羊太夫の供をして道を行くこと飛ぶがごとくであったのを、ある時昼寝をしている腋《わき》の下を見ると、鳥の翼《つばさ》のごときものが生えていた。それをむしり取ってから随行ができず、羊太夫も参覲を怠るようになって、後には讒言《ざんげん》が入って主従ながら誅罰《ちゅうばつ》せられたなどと語り伝えて、いよいよわがダイダラボッチを小さくしてしまったのである。

## 一夜富士の物語

話が長くなるから東海道だけは急いで通ろう。この方面でも地名などから、自分が見当をつけている場所はだんだんあるが、実はまだ見に行くおりを得ないのである。遠州の袋井在では高尾の狐塚の西の田圃に、大ダラ法師と称する涌水の池があるのを、山中共古翁《きょうこ》は行ってみたといわれる。見付の近くでは磐田原の赤松男爵の開墾地の中にも、雨が降れば水のたまる凹地があって、それは大ダラ法師の小便壺といっていたそうである。尾張の呼続町《よびつぎ》の内には大道法師の塚というものがあることを、『張州府志』以後の地誌にみな書いている。『日本霊異記』の道場法師は、同じ愛知郡の出身であるゆえに、かれとこれと一人の法師であろうという説は、主としてこの地方の学者が声高く唱えたようであるが、それも弁慶・百合若同様の速断であって、とうてい一致のできぬ途法もない距離のあることを、考えてみなかった結果である。

たとえば丹羽郡小富士においては、やはり一簣《き》の功を欠いた昔話があり、木曽川を渡って美濃に入れば、いよいよそのような考証を無視するにたる伝説が、もういくらでも村々に分布しているのである。通例その巨人の名をダダ星様と呼んでいるということは、前年『民俗』という雑誌に藤井治右衛門氏が書かれたことがある。この国旧石津郡の大清水、兜《かぶと》村とかの近くにも大平《だいだら》法師の足跡というものがあると、『美濃古蹟考』から多くの人が引用している。里人の戯談にこの法師、近江の湖水を一またぎにしたということは有名な話である。

『奇談一笑』という書物には何によったか知らぬが、その近江の昔話の一つの形かと思うものを載せている。古大々《だだ》法師《ぼうし》という者あり。善積《よしずみ》郡の地をあげてことごとく掘りて一簣となし、東に行くこと三歩半にしてこれを傾く。その掘るところはすなわち今の湖水、その委土《すてつち》は今の不二山なりと。しこうして江州にあるところの三上・鏡・岩倉・野寺などの諸山は、いずれも簣《もっこ》の目より漏り下るものというとある。孝霊天皇の御治世に、一夜に大湖の土が飛んで、駿河の名山を現出したということは、ずいぶん古くから文人の筆にするところであったが、それが単に噴火の記事を伝えたのなら、おそらくこのようには書かなかったであろう。すなわち神聖なる作者の名を逸したのみで、神が山を作るということは当時いたって普通なる信仰であったゆえに、詳しい年代記として当然にこれを録したというに過ぎなかった。『日本紀略』には天武天皇の十三年十月十四日、東の方に鼓を鳴らすがごとき音が聞こえた。人ありていう、伊豆国西北の二面、自然に増益すること三百余丈、さらに一島をなす。すなわち鼓の音のごときは神この島を造りたまう響きなりと。伊豆の西北には島などはなく、大和の都まで音が聞こえるはずもないのに、正史にもれて数百年にしてこのことが記録に現れた。しかも日本の天然地理には、こう感じてもよい実際の変化は多かった。すなわち山作りの神の、永く足跡を世に遺すべき理由はあったのである。

琵琶湖の付近において、この信仰が久しく活きていたらしいことは、白髭《しらひげ》明神の縁起などがこれを想像せしめる。木内石亭は膳所《ぜぜ》の人で、石を研究した篤学の徒であったが、その著『雲根志』の中に次のごとく記している。甲賀郡の鮎河《あいが》と黒川との境の山路に、八尺（約二四〇センチ）六面ばかりの巨石があって、石の上に尺ばかりの足跡が鮮やかである。宝暦十一年二月十七日、この地を訪ねてこれを一見した。土人いう、これは昔ダダ坊という大力の僧あって、熊野へ通ろうとして道に迷い、この石の上に立った跡であると。ダダ坊はいかなる人とも知らず、北国諸所には大多《おおた》法師の足跡というものがあって、これもいかなる法師かを知る者はないが、思うに同じ人の名であろうと述べている。自分の興味を感ずるのは、ダダ坊というような奇妙な名はこれほどまでひろく倶通《ぐつう》しておりながら、かえってその証跡たる足形の大いさばかり、際限もなく伸縮していることである。

そこで試みにこの大入道が、果していずれの辺まで行って引き返し、もしくは他の霊物にその事業を譲って去ったかを、尋ねてみる必要があるのだが、京都以西はしばらく後回しとして北国方面には自分の知るかぎり、今日はもうダイダ坊、あるいは大田坊の名を知らぬ者が多くなった。しかし『三州奇談』という書物のできたころまでは、加賀の能美《のみ》郡の村里にはタンタン法師の足跡という話が伝わり、現にまたその足跡かと思われるものが、少なくもこの国に三足だけはあった。いわゆる能美郡波佐谷《はさだに》の山の斜面に一つ、指の痕まで確かに凹んで、草の生えぬところがあった。その次に河北郡の川北村、木越の道場光林寺の跡という田の中に、これもいたって鮮明なる足跡が残っていた。下に石でもあるためか、一筋の草をも生ぜず、夏は遠くから見てもよくわかった。今一つは越中との国境、有名なる栗殻《くりから》の打越にあった。いずれも長さ九尺（約二七〇センチ）、幅四尺（約一二〇センチ）ほどとあるから、東京近郊のものと比べものにならぬ小ささだが、その間隔はともに七、八里（約二八、三二キロメートル）もあって、あるいは加賀国を三足に歩いたのかと考えた人もある。もちろんそのような細引のごとき足長は、つり合いの上からもとうていこれを想像することを得ないのである。

## 鬼と大人と

高木誠一君の通信によれば、福島県の海岸地方では、現在は単にオビトアシト（大人足跡）と称えている。しかもその実例はきわめて多く、現に同君の熟知する石城《いわき》双葉の二郡内のものが、九か所まで数えられる。その面積は五畝歩から一段《いったん》まで、いずれも湿地沼地であり、または溜池に利用せられている。鉄道が縦断してから元の形は損じたけれども、久ノ浜中浜の不動堂の前のつつみ、それから北迫《きたさこ》の牛沼のごときは、大人がこの二か所に足を踏まえて三森山に腰をかけ、海で顔を洗ったという話などがまだ残っているという。

宮城県に入ると伊具《いぐ》郡霞《か》狼山《ろうざん》の巨人などは、久しい前から手長明神として祀られていた。山から長い手を延ばして貝を東海の中にとって食うた。新地村の貝塚はすなわちその貝殻をすてた故跡などという口碑は、必ずしも常陸の古風土記の感化と解するをもちいない。名取郡茂庭の太白山を始めとして、麓の田野には次々に奇抜なる印象が、多くの新しい足跡とともに散乱していたのである。ただし大人の名前ぐらいは、別に奥州の風土に適応して、発生していてもよいのであるが、それさえなお往々にして関東地方との共通があった。たとえば『観蹟聞老志《かんせきぶんろうし》』は漢文だからはっきりせぬけれども、昔白川に大胆子と称する巨人があって、村の山を背負って隣郷に持ち運んだ。下野の茂邑山《もむらやま》はすなわちこれであって、那須野の原にはその時の足跡があるという。ただしその幅は一尺（約三〇センチ）で長さが三尺（約九〇センチ）云々とあるのは、これも少しばかり遠慮過ぎた吹聴であった。

もっとも大胆子を本当の人間の大男と信ずるためには、実は三尺、二尺（約六〇センチ）といってみてもなお少しく行き過ぎていた。だから悪路王《あくろおう》・大竹丸・赤頭《あかがしら》という類の歴史的人物は、後にその塚を開いて枯骨を見たという場合にも、脛の長さは三、四尺（約九〇、一二〇センチ）にとどまり、歯なども長さ二寸（約六センチ）か三寸（約九センチ）のものが、せいぜい五十枚ぐらいまで生えそろうていたようにいうのである。したがって名は同じく大人といっても、近世岩木山や吾妻山に活きて住み、おりおり世人に恐ろしい姿を見せるという者は、いわば小野川・谷風の少しのびたほどでたくさんなのであった。それが紀伊大和の弁慶のごとく、山を背負い岩に足形を印すということも、見ようによってはいよいよもって尊び敬うべしという結論に導いたかも知れない。すなわち近江以南の国々の足跡面積の限定は、一方においては信仰の合理的成長を意味するとともに、他の一方には時代の好尚に追随して、大事な昔話を滑稽文学の領域に、引き渡すに忍びなかった地方人の心持ちが窺《うかが》われると思う。もしそうだとすれば中世以来の道場法師《どうじょうほうし》説のごときは、また歴史家たちのこの態度に共鳴した結果といってもよいのである。

奥羽地方の足跡のだんだんに小さくなり、かつ岩石の上に印した例の多くなっていくことは、不思議に西部日本の端々と共通である。自分などの推測では、これは巨人民譚の童話化とも名づくべきものが、琵琶湖と富士山との中間において、ことに早期に現れたためではないかと考える。しかも山作りの一条のその後に付添した挿話でなかったことは、ほぼ確かなる証拠がある。会津柳津《やないづ》の虚空蔵堂の境内には、有名なる明星石があって、石上の足跡を大人のだと伝えているに、猪苗代《いなわしろ》湖の二子島では、鬼が荷のうてきた二箇の土塊が、落ちてこの島となると称し、その鬼が怒って二つに折れた天秤棒《てんびんぼう》を投げ込んだという場所は、湖水の航路でも浪の荒い難所である。すなわち足跡はたいてい人間より少し大きいくらいでも、神だから石が凹み、鬼だから山を負う力があったと解したのである。『真澄遊覧記』には、南秋田の神田という村に、鬼歩荷森《おにのかちにもり》があると記して、絵図を見ると二つの路傍の塚である。あんな遠方までもなお大人は山を運んであるいた。そうして少なくともその仕事の功程によって判ずれば、鬼とはいってもわれわれのダイダラ坊と、もともと他人ではなかったらしいのである。

## 太郎という神の名

自分らが問題として後代の学者に提供したいのは、必ずしも世界多数の民族に併存する天地創造譚の些々《ささ》たる変化ではない。日本人の前代生活を知るべく一段と重要なのは、いつからまたいかなる事由の下に、われわれの巨人をダイダラ坊、もしくはこれに近い名をもって呼び始めたかという点である。京都の付近では広沢の遍照寺の辺に、大道法師の足形池があることを、『都名所図会』に挿画を入れて詳しく記し、乙訓《おとくに》郡大谷の足跡清水は、『京羽二重《きょうはぶたえ》』以下の書にこれを説き、長さ六尺（約一八〇センチ）ばかりの指痕分明なりとあって、今の長野新田の字大道星はすなわちこれだろうと思うが、去って一たび播州の明石まで踏み出せば、もうそこには弁慶の荷塚《にないづか》があって、奥州から担いで来た鉄棒が折れ、怒ってその棒で打ったと称して頂上が窪んでいた。だからダイダ坊などはよいかげんの名であろうと、高をくくる人もあるいはないと言われぬが、自分だけはまだ決してそう考えない。畿内の各郡から中国の山村にかけて、行ってはみないが大道法師、ダイダラ谷、ダイダラ久保などという地名が、並べてよければいくらでもここにあげられる。つまりは話はおもしろいが人は知らぬゆえに、大人という普通名詞で済ましておき、弁慶が評判高ければあの仁でもよろしとなったのであろう。笠井新也君が池田の中学校にいたころ、生徒にすすめて故郷見聞録を書かせた中に、備前赤磐《あかいわ》郡の青年があって、地神山東近くの山上の石の足跡を語るのに、大昔造物師という者がきて、山から山をまたいで去った。それで土人がその足跡を崇敬すると述べている。ヤソ教伝道の初期には、いずれの民族にもこんな融合はあったものである。

紀州の百あまりの足跡はその五分の一を弁慶に引き渡し、残りを大人の手に保留している。美作《みまさか》の大人足跡もその一部分を土地の怪傑目崎太郎や三穂《さんぼ》太郎に委譲している。西は備中・備後・安芸・周防、長門・石見などでもただ大人で通っている。それから四国へ渡ると讃州長尾の大足跡、また大人の蹴切山がある。伊予でも同じく長尾という山の麓に、大人の遊び石という二箇の巨巌があった。阿波は剣山山彙をまとって、もとより数多い大人さまの足跡があり、あるいは名西《みょうざい》地方の平地の丘に、山作りの畚《もっこ》の目から、こぼれてできたというものも二つもある。土佐でも幡多《はた》、高岡の二郡には、いろいろの例があっていずれも単に大人田、もしくは大人足跡で聞こえていた。だからもうこの方面にはダイダラ坊の仲間はないのかと思うと、あに測《はか》らんや柳瀬貞重の筆録を見ると、かえって阿波に近い韮生《にろう》郷の山奥に、同名の巨人は悠然として隠れていた。すなわちこの筆者の居村なる柳瀬の在所近くに、立石・光石・降石《ぶりいし》の三箇の磐石があって、前の二つはダイドウボウシこれを棒にかつぎ、降石はたもとに入れてこの地まで歩いてくると、袖がほころびてすっこ抜けてここへ落ちた。それで降石だと伝えているのである。

　そこで私たちは、これほどにしてまでもぜひともダイドウボウシでなければならなかった理由は何かということを考えてみる。それにはまず最初に心づくのは、豊後《ぶんご》の媼岳《うばだけ》の麓において、神と人間の美女との間に生まれた大太という怪力の童児である。山崎美成の『大多法師考』に引用する書『言字考』には、近世山野の際に往々にして大太坊の足蹤《あしあと》と伝うるものは、疑うらくはこの皹童《あかがりわらわ》のことかと言っている。証拠はまだ乏しいのだから冤罪であっては気の毒だが、少なくとも緒方氏、臼杵氏などの一党が、この大太を家の先祖とせんがために、すこぶる古伝の修正を試みた痕は認められる。なるほど後に一方の大将となるべき勇士に、足跡が一反歩もあっては実は困ったもので、山などはかついでこなくとも、別に神異を説く方便はあったのであろう。しかしどうして大太というがごとき名が付いたかといえば、やはり神子《みこ》にしてかつ偉大であったことが、その当初の特徴であったゆえなりと、解するの他はなかったのである。

柳亭種彦の『用捨箱《ようしゃばこ》』には、大太発意《だいたぼっち》はすなわち一寸法師の反対で、これも大男をひやかした名だろうと言ってある。大太郎といういみじき盗の大将軍の話は、早く『宇治拾遺』に見えており、烏帽子《えぼし》商人の大太郎は『盛衰記』の中にもあって、いたってありふれた名だから不思議もないようだが、自分はさらにさかのぼって、何ゆえにわれわれの家の惣領息子を、タラウと呼び始めたかを不思議とする。漢字が入ってきてちょうど太の字と郎の字をあててもよくなったが、それよりも前から藤原の鎌足だの、足彦《たらしひこ》、帯姫《たらしひめ》だのという貴人の御名があったのを、まるで因《ちな》みのないものと断定することができるであろうか。筑後の高良《こうら》社の延長年間の解状《げじょう》には、大多良男《だいだらお》と大多良咩《ひめ》のこの国の二神に、従五位下を授けられたことが見え、宇佐八幡の『人聞菩薩朝記』には、豊前《ぶぜん》の猪山にも大多羅咩神を祭ってあったと述べている。少なくもそのころまでは、神にこのような名があっても怪しまれなかった。そうして恐らくは人類のために、射貫《ぬ》き蹴裂《けさ》きというような奇抜きわまる水土の功をなしとげた神として、足跡はまたその宣誓の証拠として、神聖視せられたものであろうと思う。

## 古風土記の巨人

そう考えるとダイダラ信仰の発祥地でなければならぬ九州の島に、かえってその口碑のやや破砕して伝わった理由もわかる。すなわち九州東岸の宇佐とその周囲は、巨人神話の古くからの一大中心であったゆえに、同じ古伝を守るときは地方の神々はその勢力にまき込まれる懸念があったのみならず、一方本社にあっては次々の託言をもって、山作り以上の重要なる神徳を宣揚した結果、自然に他の神々が比較上小さくなってしまうので、むしろこれを語らぬのを有利とする者が多くなったのである。これは決して私の空漠たる想像説ではない。日本の八幡信仰の興隆の歴史は、ほとんど一つ一つの過程をもって、これを裏書きしていると言ってよいのだ。

これを要するに巨人が国を開いたという説話は、本来この民族共有の財産であって、神を恭敬《くぎよう》する最初の動機、神威神力の承認もこれから出ていた。それが東方に移住して童幼の語と化し去る以前、久しく大多良の名は仰ぎ尊まれていたので、その証跡は足跡よりもなお鮮明である。諾冊《なぎなみ》二尊の大八洲《おおやしま》生誕は説くも畏《かしこ》いが、今残っているいくつかの古風土記には、地方の状況に応じて若干の変化はあっても、一つとして水土の大事業を神にゆだねなかったものはないと言ってよろしい。その中にあって常陸の大櫛岡の由来のごときはむしろ零落である。それよりも昔なつかしきは出雲の国引きの物語、さては播磨の託賀《たか》郡の地名説話のごとき、目を閉じてこれを暗《そら》んずれば、親しく古え人の手を打ち笑い歌うを聞くがごとき感がある。まだ知らぬ諸君のために、一度だけこれを誦《じゅ》してみる。いわく、右託加《たか》と名づくるゆえんは、昔大人《おおひと》ありて常にかがまりて行きたりき。南の海より北の海に到り、東より（西に）巡り行きし時にこの土に来到《きた》りていえらく、他の土は卑《いやし》くして常にまがり伏して行きたれども、この土は高くあれば伸びていく。高きかもといえり。かれ託賀《たか》の郡《こおり》とはいうなり。その蹈《ふ》みし跡処《あとどころ》、数々《あまた》、沼となれり（以上）。私の家郷もまた播磨である。そうして実際こう語った人の後裔であることを誇りとする者である。

証拠は断じてこればかりではなかった。南は沖縄の島に過去数千年のあいだ、口づから耳へ伝えて今もなお保存する物語にも、大昔天地が近く接していた時代に、人はことごとく蛙のごとく這《は》ってあるいた。アマンチュウはこれを不便と考えて、ある日堅い岩の上に踏張《ふんば》り、両手をもって天を高々と押し上げた。それから空は遠く人は立って歩み、その岩の上には大なる足跡を留めることになった。あるいはまた日と月とを天秤棒《てんびん》にかついで、そちこちを歩き回ったこともある。その時棒が折れて月日は遠くへ落ちた。これを悲しんで大いに泣いた涙が、国頭本部《くにがみもとぶ》の涙川となって、末の世までも流れて絶えせずと伝えている（故佐喜真興英君の『南島説話』による）。アマンチュウは琉球の方言において、天の人すなわち大始祖神を意味しており、正しくこの群島の盤古《ばんこ》であった。そうしてこれが赤道以南のポリネシヤの島々の、ランギパパの昔語りと近似することは、私はもうこれを絮説《じょせつ》するの必要を認めない。

## 大人弥五郎まで

これまでに大切なわれわれが創世紀の一篇は、やはり人文の錯綜《さくそう》に基づいて、後ようやく微にしてかつ馬鹿馬鹿しくなった。九州北面の英雄神は、故意に宇佐の勢力を回避して外海に向かわんとしたかのごとき姿がある。壱岐《いき》の名神大社住吉の大神は、英武なる皇后の征韓軍に先だって、まずこの島の御津浦に上陸なされたと称して、『太宰管内志』には御津八幡の石垣の下にある二石と、この浦の道の辻に立つ一つの石と、三箇の御足形の寸法を詳述している。いずれもその大いさ一尺一、二寸（約三三、三六センチ）、爪先は東から西に向いている。信徒の目をもって見れば、それ自身が神の偉勲の記念碑に他ならぬのだが、しかも『壱岐名勝図誌』の録するところでは、この島国分《こくぶ》の初丘《はつおか》の上にあるものは、大はすなわち遥かに大であって、全長南北に二十二間（約四〇メートル）、拇指《おやゆび》の痕五間半（約一〇メートル）、踵《きびす》の幅二間（約三メートル六〇センチ）、少し凹んで水《み》づいているとあるが、これは昔大《おお》という人があって、九州から対馬《つしま》に渡る際に足を踏み立てた跡だといい、しかも村々にも同じ例が多かったのである。それまではまだよいが、肥前平戸島の薄香《うすか》湾頭では、キリシタンバテレンと称する怪物があって、海上を下駄ばきで生月《いきつき》その他の島々にまたいだともいっている。すなわち古く近江の石山寺の道場法師の故跡と同じく、残っているのは下駄の歯の痕であったのである。

それから南へ下っては肥後鹿本《かもと》郡吉松村の北、薩摩では阿久根の七不思議に数えられる波留《はる》の大石のごとき、ともに大人の足跡というのみで、神か鬼かのけじめさえ明瞭でない。その名の早く消えたのも怪しむに足らぬのである。ところがこれから東をさして進んで行くと、諸所にあたかも群馬県の八掬脛《やつかはぎ》のごとく、神に統御せられた大人の名と話が分布している。阿蘇明神の管轄の下においては鬼八法師、または金八坊主というのが大人であった。神に追われて殺戮《さつりく》せられたというかと思うと、塚あり社あって永く祀られたのみならず、その事業として残っているものが、ことごとく凡人をして瞠目《どうもく》せしむべき大規模なものであり、しかも人間のためには功績があって、あるいはもと大神の眷属《けんぞく》であったようにも信ぜられたのであった。

その矛盾の最初から完全に調和せぬものであったことは、さらに日向大隅の大人弥五郎と、比較してみることによって明白になるかと思う。弥五郎は中古に最も普通であった武家の若党家来の通り名で、それだけからでも神の従者であったことが想像せられる。しこうして大人弥五郎の主人は八幡様であった。大隅国分《こくぶ》の正八幡宮から、分派したろうと思う付近多くの同社では、その祭の日に必ず巨大なる人形を作ってこれを大人弥五郎と名づけ、神前に送り来って後に破却し、または焼きすてること、あたかも津軽地方の佞武多《ねぶた》などと一様であった。そうしてその行事の由来として、八幡宮の大人征服の昔語を伝えているのである。あるいはその大人の名を、大人隼人《はやと》などと説いたのも明白なる理由があった。すなわち和同養老の九州平定事業に、宇佐の大神が最も多く参与せられ、その記念として今日の正八幡があるのだという在来の歴史と、こうすれば確かにやや一致してくるからである。

『大人隼人記』という近代の伝記には、国分上小川の拍子橋《ひょうしばし》の上において、日本武尊《やまとたけるのみこと》大人弥五郎を誅戮《ちゅうりく》したまうなどといっているそうだ。その屍《しかばね》を手切り足切り、ここに埋めそこに埋めたという類の話は、今も到るところの住民の口に遺っているのだが、しかも一方においては大人はなお霊であって、足跡もあれば山作りの物語も依然として承継せられるので、それほど優れた神を何ゆえに凶賊とし、屠《ほふ》って後また祭らねばならなかったかの疑いは、実はまだ少しも解釈せられてはいなかった。大隅市成村諏訪原の二子塚は、一つは高さ二十丈（約六〇メートル）、周五町（約五四五メートル）あまり、他の一つはほぼその半分である。相距《へだた》ること一町（約一〇九メートル）ばかり、これも昔大人弥五郎が草畚《ひもっこ》で土を運んだ時に、棒が折れてこぼれてこの塚となったという点は、富士以東の国々と同じである。ひとり山を荷《にの》うてきたのみでない。日向の飫肥《おび》の板敷神社などでは、稲積弥五郎大隅の正八幡を背に負い、この地に奉安して社を建てたといい、やはりその記念として行ならうところの人形送りは、全然他の村々の浜殿下《はまどのお》りの儀式、隼人征討の故事というものと一つである。それから推して考えていくと、肥前島原で味噌五郎といい、筑豊長門において塵輪《じんりん》といい、備中で温羅《おんら》といい、美作《みまさか》で三穂太郎目崎太郎といい、因幡で八面大王などと伝えている怪雄、それから東に進むと美濃国の関太郎、飛騨の両面の宿儺《すくな》、信州では有明山の魏石鬼《ぎしき》、上州の八掬脛、奥羽各地の悪路王、大武丸《おおたけまる》、およびその他の諸国で簡単に鬼だ強盗の猛なる者だと伝えられ、ほとんど明神のご威徳を立証するために、この世に出てあばれたかとも思われる多くの悪者などは、実は後代の神戦の物語に、若干の現実味を鍍金《めっき》するの必要から出たもので、例えば物部守屋《もののべのもりや》や平将門が、死後にかえって大いに顕われたごとく、本来はそれほど純然たる凶賊ではなかったのかも知れぬ。それは改めてなお考うべしとしても、少なくとも弥五郎だけは忠実なる神僕であった証拠がある。しこうしてそれが殺戮せられて神になったのは、また別の理由があったのである。

もう長くなったからとにかくにこの話だけの結末をつけておく。われわれの巨人説話は、二つの道をあるいて進んできたらしい跡がある。その一方はつとに当初の信仰と手を分ち、単なる古英雄説話の形をもって、諸国の移住地に農民の伴侶として入りきたり、彼らが榾《ほだ》火《び》の側において児女とともに成長した。他の一方は因縁深くして、春秋の神を祭る日ごとに必ず思い出しまた語られたけれども、ここでも信仰が世とともに進化して、神話ばかりが旧い型を固守しているということは難《かた》かった。すなわち神主らは高祖以来の伝承を無視する代わりに、それを第二位、第三位の小神に付与しておいて、さらに優越した統御者を、その上に想像し始めたのである。名称は形であるゆえに、もとよりこれを新たなる大神に移し、一つ一つの功績だけは古い分からこれを下﨟《げろう》の神におろしたまわったのである。菅原天神が当初憤恚《ふんい》激怒の神であって、後久しからずしてそれは眷属神の不心得だから、訓《くん》誡《かい》してやろうと託宣せられ、牛頭《ごず》天王が疫病散布の任務を八王子神に譲られたというがごとき、いずれも大人弥五郎の塚作りなどと、類を同じくする神話成長の例である。いくら大昔でもそんなことはあり得ないと決すれば、恐らくはまた次第に消えて用いられなくなることであろう。

村にさびしく冬の夜を語る人々に至っては、その点においてやや自由であった。彼らはたくさんな自分の歴史を持たぬ。そうして昨日の向こう岸を、茫洋《ぼうよう》たる昔々の世界につなぎ、必ずしも分類せられざるいろいろの不思議を、その中に放しておいてながめた。一たん不用になって老嫗《ろうおう》の親切なる者などが、孫どもの寝つかぬ晩のために貯えていた話も、時としては再び成人教育の教材に供せられる場合があった。すなわち童話と民譚との境は、渚の痕のごとく常になびき動いていたのである。しこうしてもし信じ得べくんばつとめてこれを信じようとした人々の、多かったことも想像し得られる。伝説は昔話を信じたいと思う人々の、特殊なる注意の産物であった。すなわち岩や草原に残る足形のごときものを根拠としなければ、これをわが村ばかりの歴史のために、保留することができなかったゆえに、ことにそういう現象を大事にしたのである。しこうしてわが武蔵野のごときは、かねて逃水《にげみず》・堀兼井《ほりがねのい》の言い伝えもあったごとく、最も混乱した地層と奔放自在なる地下水の流れをもっていた。泉の所在はたびたびの地変のためにいろいろと移り動いた。郊外の村里にはかつて清水があるによって神を祭り居を構え、それがまた消えた跡もあれば、別に新たに現れた例もまた多い。かくのごとき奇瑞《きずい》が突如として起こるごとに、あるいはかのダイダラ坊様の所業であろうかと解した人の多かったことは、数千年の経験に生きた農夫として、いささかも軽率浅慮の推理ではなかった。説話はすなわちこれに基づいて復活し、またしばしばその伝説化をくり返したものであろうと思う。

（昭和二年四月『中央公論』）

# 熊谷弥惣左衛門の話

## 一

私の小さな野心は、これまでよほどの回り路をしなければ、遊びに行くことのできなかった不思議の園――この古く大きくまた美しいわれわれの公園に、新たに一つの入口をつけてみたいということであります。われわれは彼処《かしこ》がまことによい安息所であることは昔から知っているけれども、そこへ踏み入るためには今日ではいろいろの手数があってわずらわしい。型と名づくるもののたくさんを承認しなければなりませぬ。

幽霊は井戸のほとり、いつも柳の下に出るというのは、泥鰌《どじょう》のようでおかしな話、狸の小僧の酒買いなどは、粉雪のちらちらとする寒い晩を待たなければならぬ。東京で怪譚《かいだん》を夏の夜のものといたしたのは、たぶん白小袖と散らし髪の連想でありましょうが、これもまた不自由な話であります。第一に不思議を夜の世界にかぎるものとし、それをさらにきわだたせるために、丑三《うしみ》つの鐘がゴーンなどと、余計な条件を設けることになって、かえってその他の時刻、真昼間や宵の口には、得体の知れぬものが飛び回る結果を見るのであります。

われわれの不思議の園は荒れました。一筋の径は雑草におおわれて、もはやプロムナードに適しなくなりました。鏡花先生のことに愛せられる青い花のありかが、いよいよ不明になろうとしているのであります。これはまことにおおいなる人生の疲れでなければなりませぬ。そこで私どもは今一度、あらゆるこれまでの様式から脱け出して、自在にかつ快活に、いわゆる青天白日下の神秘を求めなければならぬのでありますが、それには残されたるもう一つの入口、すなわち、ちょうどこのわれわれの社会の方へ向いた、まだ開かれない大通りがあるように私は思います。今回の催しはいわばそのための土地測量のようなものであります。

それゆえにもし諸君の中に、今時そんな問題に苦労をしている人間があろうとは「不思議な話」だという人が、もしあったならば、もうそれだけでも道が切り開かれたことになるのであります。少なくとも差し当たって、今晩の目的は達せられたわけであります。

二

しかし理屈をいうことは、不思議な話にははなはだ似つかわしくない。不思議はただ感ずべきものであります。だから私はここに型を破って、試みにできるだけ事実材料ばかりをのべてみたいと思います。

話はわれわれが尊敬する泉鏡花氏のご郷里から始まります。加賀国は鏡花門徒のわれわれにとって、また一個のエルサレムのごとき感があるが、この地方の旧いことを書いたものに、『三州奇談』という一書があって、すでに活版になっております。その中に金沢城外浅野山王権現《さんのうごんげん》境内のお稲荷さまのことが書いてあります。これは元前田家の家中の小幡宮内という人の屋敷にありましたのを、後にここへ移して今もって繁昌しているのであります。その起源をかいつまんで申すと、明暦年中のこと、前田侯の家来に熊谷弥惣左衛門《くまがややそうざえもん》、本姓は渡辺という人があった。知行《ちぎよう》は三百石、弓の達人でありました。ある年の山科高雄（そんなところはない）のお狩の日に、この渡辺弥惣左衛門お供をして、孕《はら》める一匹の白狐を見つけ、あまりの不便《ふびん》さにわざと弓を射損じて、その命を助けてやりました。それゆえに殿の不興を蒙《こうむ》って弥惣左衛門、浪人となって隣国の越前に行って住みました。ところが前に助けてやった牝狐が恩返しに、彼を武州秩父に棲《す》むところの夫の狐のところへ紹介し、それからだんだんでづるを得て江戸に出て浅草辺にわび住居《ずまい》をしておると、白狐はこれに授くるに奇術をもってし、よくもろもろの病を治すことができた。仙台の殿様の御簾中《ごれんちゆう》、彼が名を聞いて召してその異病を加持させられたところ、即座に効を奏して禄《ろく》五百石に取り立てられ、子孫を渡辺三右衛門というとあります。その渡辺氏がお礼のために、浅草観世音の境内に熊谷稲荷というのを建立したというのであります。金沢の方では右申す渡辺の旧友小幡正次なるもの、その話を聞いて、自分もその稲荷を祀って同様の利益にあずかろうというので、浅草観世音境内の稲荷を勧請《かんじょう》して邸内に祀っていた。小幡宮内はその正次の子孫でありましたが、狐を祀るというなどは馬鹿げていると、その稲荷の祠《ほこら》を取りつぶしたところ、早速祟りを受けて小幡の家は断絶、それで本家小幡氏の領地浅野村の百姓たちが、そのことあってから約五十年の後、宝永四年四月に、再び祀ったのがこの山王権現社のお稲荷さまだということになっております。

まるっきり跡形のないことではない証拠には、確かに近いころまで浅草観音の境内に熊谷稲荷がありました。ただ今では他の社と合祀せられて千勝《せんしょう》神社となりましたが、『江戸名所図会』その他には熊谷稲荷、一名安左衛門稲荷——弥惣左衛門ではなく安左衛門稲荷と出ているのであります。

## 三

私は今からもう十数年も前に、早川孝太郎君と協力して『おとら狐の話』という書物を世の中に出したことがあります。おとらは三州長篠《ながしの》の古城のほとりに住んで、今でもあの付近の農村に非常な暴威をたくましゅうする老狐であります。老狐が暴威を振るうということはさもあるべしとしても、それにおとらなどという名のあるのは不思議ではなかろうか。私は物ずきな話でありますが、これを問題にして大いに苦労しました。しかし不思議には相違ないけれども、そういう例は諸国にいたって多いのであります。たとえば三河の隣の尾張小牧山の吉五郎、山中藪の藤九郎、同じくその近所の御林のおうめにおりつなど、これがみな男女の狐であります。中でもことに有名なのは、大和の源九郎狐、これは『諸国里人談』にも出ておりまして、その女房は伊賀の小女郎という牝狐だといって、いろいろの優しい話がある。

この源九郎狐は人に頼まれて、飛脚となって江戸とのあいだを始終往来しておったところ、ある年小夜《さよ》の中山で犬に食われて死んだ。けれどもその持っていた状箱ばかりは完全に先方へ届いたともいうのであります。甲府にはかつて浪人の姿をして伊勢詣りをしたという庄の木の八右衛門という狐が稲荷に祀られ、信心者のたくさん詣ってくる御社でありました。それから陸前松島の雄島の稲荷さま、これは新右衛門様と申して現在でも信心せられていることは、松島見物にお出でのお方はたぶんご承知であろう。非常に霊験のあらたかなお稲荷さまで、久しく江戸へ出て帰ってきた、留学の狐でありました。私はすでに二、三年前の朝日新聞に、記者として報告をしておいたことがあります。

これはきっと何かの理由のあることと思いますが、それを論究しているとお約束にそむく。まず今回は省略しておきますが、とにかくに祀ってもらうことのできるほどの狐ならば、名があり時としては苗字があるのは、いわばあのころの当然でありました。ただ一つの不思議は、この場合においては熊谷弥惣左衛門は、祀られる狐の名ではなくして、これを祀った人の名前と認められていることであります。この点だけが他の例と違っている。

それがどこまで他のいろいろの狐の信仰と、一致するかということが問題であります。

加賀の隣の福井県では、南条郡南日野村大字清水という北国街道の傍の村に、同じく熊谷弥惣左衛門稲荷というのがありました。その由緒を記したものはいろいろありますが、『越前国名蹟考』に書いておるのは、加州藩の浪人で苗字は不明、通称を弥惣左衛門という者夫婦、この村にきたって高木某という村の旧家に、二、三年厄介になっていました。その後夫婦は江戸へ出て行くことになって、途中武州熊谷の堤にさしかかったとき、一匹の白狐に出逢い、その白狐の依頼を受けて、浅草の観世音の境内に、新たに建立して祀ったのが今の熊谷稲荷である。後年前の高木の主人次左衛門が江戸へ出てきて、かねて世話をしたことのある加州浪人弥惣左衛門を訪ねたところが、その稲荷のためにだいぶん工面《くめん》がよくなっている。それならば自分も祀りたいと、勧請して帰ったのがこの越前清水村の熊谷弥惣左衛門稲荷であるというのであります。このとき高木氏が国へ帰る道すがら、二匹の白狐が後先になってついてきたが、その一つがやはり途中で犬にくわれて死んだ。それだから今のは後家だということも書いてあります。

## 四

この通り、加賀と越前の熊谷弥惣左衛門稲荷は、ともに松島の新左衛門同様に江戸帰りであります。ところがその浅草の熊谷稲荷の縁起も、現在あるものと古くからのものとは、よほど違っているのであります。第一には稲荷の名でありますが、『江戸総鹿子《そうがのこ》大全』という元禄年中の書には、明瞭に熊谷弥惣左衛門稲荷とありますのに、『江戸砂子』の方には熊谷安左衛門稲荷とあります。現在の多くの書物の安左衛門は、すべて『江戸砂子』によったものと思われます。

そこで『江戸砂子』の話をまた簡単に申し上げると、年代はだいぶん食い違っておりますが、越前の大守、ある年三日三夜の大巻狩を企てられたところ、その前夜に、御先手を勤める熊谷安左衛門のところへ、一匹の老狐がやってきていうには、どうか今度の巻狩には、私どもの一族だけはぜひおゆるしを願いたいと、これは狐にも似合わぬ利己主義な話でありますが、どうか私の一族だけは助けて下さいと頼みました。そこで安左衛門が、お前の一族だか、他の狐の一族だか、その区別がどうして人間にわかるかといったところが、私の一族は尾の先が一寸白いからわかります。どうか尾の先の白い狐は許して下さいといって帰りました。そこでさっそく殿様に話し、殿様もまた人の好い方で、それでは助けてやろうということになって、翌日からの狩には、白い尻尾を立てて見せた狐だけは助けてもらうことができました。この安左衛門も後にやはり何かの理由で浪人をして、これも江戸に出て、白銀町に住んでおりました。ところが小伝馬《こでんま》町の薬師堂の前に住む障子作り、建具職の倅《せがれ》の長次郎という者が、ある日浅草観世音に参詣して、手洗場の付近で、一見したところ田舎者らしき若い夫婦の者と喧嘩して帰ってきた。そうしたらその晩から狐がついて、大騒ぎになりました。俺は越前の国の狐である。無礼をしたからこの男に取り憑《つ》いた。どんなことをしたって落ちないぞと、しきりに威張っているそばから、しかしもしこの近所に熊谷安左衛門という人がおりはしないか。この人にはかつて狩場の恩があるから、その人がくると俺はいかんともすることができないと言った。捜してみたところ白銀町の、いずれひどい裏長屋でありましょうが、熊谷安左衛門という浪人が住んでいた。ぜひぜひお願い申しますと言って頼んで連れてきたところが、狐は平身低頭をして早速に落ちてたちのいたというのは、何だかあらかじめ打ち合わせでもしておいたような話であります。ここに至ってかこの熊谷安左衛門が狐を追い落とすということが評判になって、小石川のさるご大家に抱えられて立身したという話であります。その結果最初には紺屋町辺の宮大工の店から、小さいお宮を買ってきて家に祀っておったが、後ほどなく浅草観世音の境内に、熊谷稲荷として祀ることになった、というのが、『江戸砂子』の説であります。『江戸砂子』が有名な著書であるごとく、この話も一般に非常に有名な話であります。『武江年表』にもちゃんと出ているのであります。

寛文三年六月十五日（『浅草志』には寛文二年）浅草に熊谷安左衛門稲荷社を勧請と、『武江年表』の中には出ております。それから四十五、六年もたって、また同じ年表の宝永四年九月四日の条には、熊谷安左衛門卒す。墓は新堀端横町本法寺にありとあって、辞世の歌一首をかかげております。

払へども浮世の雲のはても無し曇らば曇れ月は有明

人に狐などをつけておきながら、これはまたあまりにすまし返った辞世の歌だと思われますが、狐と彼との関係とてもやはり一つの伝説で、ごくごく確かな話とはいえないのでありまず。第一にさきほど申すごとく、この浪人の名字が熊谷だということはよほど疑わしいのであります。現にこの辞世の歌の刻んである本法寺の墓を見ますと、どこにも熊谷という名字は書いてないのであります。石碑の表は夫婦で、男の方は山本院東雲日頼居士とあって、本来山本という名字であったことが想像できるのであります。浅草の熊谷稲荷の傍にも、元は一つの石碑がありました。この石碑には山本院一中日頼とあって、妻妹の戒名と連名になっておりました。とにかくに曇らば曇れ月は有明の歌をよんだ安左衛門という人は法華の行者でありまして、浅草の観世音の境内にお稲荷さまを建てた人としては似つかわしくないのであります。また寛文三年に稲荷の堂を建てたという人が、四十五年後の宝永四年まで生きていたというのも、かなりあり得べからざることであります。どうも少し長命すぎる。おそらくは同じ人ではなかろうと思います。それから本法寺の石碑の方には、女房と二人名を並べ、さらに浅草観音にあったのは妹と三人連名になっているのでありますが、これらの点から考えますと、どうやらこの法華の行者が狐使いで、女房と妹を助手にしておったのではないかと思うのであります。もしそうでなくしてこれが熊谷安左衛門の墓であるとしたならば、女房はとにかく、妹まで出るわけがないのであります。つまり女房とか妹とかの口を借りて、五十年からさきの歴史を語ろうとしますれば、話はするたびに少しずつ、変わってくるのも決して不自然ではないのであります。外国ではしばしば試みられた社会心理の実験でありますが、人を二十人か三十人一列に並ばせておいて、簡単な百語か百五十語の話をこちらの一端で話して、それを順々に次の人に伝えさせ、後に他の一端において言わせてみると、もう非常に違ってくるのであります。かように隣同士が一列をなして、口から耳へ即時に伝えても、それが二十人からの人になると、もう元の形はなくなるのであります。ましてや数十年の久しきにわたって、何度も同じことをくり返して話すのであります。同じと思っているうちにいつの間にか違ってくるのは、これはむしろ当然といってよいのであります。

## 五

現在伝わっているところの、浅草の熊谷稲荷の縁起なるものは、近ごろ印刷になったいろいろの書物に出ておりますが、これは確かに一種の改良であり、また整頓であったかと思われます。それをかいつまんで申しますと、昔近江の国伊吹山の麓に山本図書《ずしょ》武了《たけのり》という武士が住んでいて、越前の太守朝倉義景に仕えておった。あるときの狩の前夜、白髪の老人入り来って、やつがれはこの一乗ケ谷の地に永年のあいだ住居する一城小三太宗林という狐でござる。一女おさんなる者ただ今懐胎《かいたい》して身重く、明日の狩倉の鏃《やじり》を免れんこと覚束ない。どうかお家に伝わるところの伝教大師秘伝の「一の守り」をお貸しあって、当座の危難を救わしめたまえとわりなく頼んだ。狩倉のご人数として何たる不心得なことであったか、快く承引して狐安全の護符を与えたとは、主人に対してはあいすまぬ話であります。ところがその後裔に山本武朝という者浪人をして、これもやはり江戸に出て大伝馬町に住し、その名を熊谷安左衛門と改めた。

その隣町の小伝馬町の薬師堂の前に住む建具屋半左衛門の一子長右衛門――長右衛門の親が半左衛門は少々おかしい――寛文五年七月二十三日と、これは日まではっきり出ております。その日にこの若い者に狐がついて、口走って言うのには、この者は町人の分際として、夏足袋《たび》に雪駄《せった》をはき、杖などをついたりして実に不埒《ふらち》な奴である。そうして観音堂の水屋において、わが手に水をかけておきながら、かえって喧嘩をしかけて、杖でこちらを打った。憎い奴だからこの男についたと言いました。注釈を加えるとまた理屈になりますが、寛文五年ごろに夏足袋に雪駄をはいた町の若者というのは非常に信じにくい。こういう乱暴なアナクロニズムは、よくよくお粗末な大衆文芸家でもやれない芸であります。

それからなおその狐がいうには、俺は越前一乗ヶ谷の小三太宗林の一類で越中安江の中の郷に住む宗庵という狐の子息、宗弥という狐である。山本家に対してはわが先祖にとって狩庭《かりば》の恩がある。そうして熊谷安左衛門こそは山本家の嫡流であるから、その下知《げち》には従わなければならぬと告白した。そこでまたさっそくその熊谷安左衛門を頼みに行きまして、きてもらうとたちまち退散したということで、そのときには白狐ではなく、黒白斑《まだら》の大狐が姿を現して逃げて行ったといっております。それからさっそくその翌日に浅草観世音の境内へ祠を建てたというのが、現在の熊谷稲荷だと新縁起には見えているのでありま す。

われわれがこの話の不思議さを了解するため、あるいはこの話の意味を知るために、まず問題にしなければならぬのは、昔朝倉義景の時代にあって、狐が夜分にやってきて護符を貸して下さいと言ったというような、そういう隠密の事件を全体誰がいつまでも記憶しておったかということであります。正面から見て最も主要な歴史家は、小伝馬町の建具屋の倅、夏足袋雪駄の長右衛門であります。その次にはこの浪人の山本氏、すなわち熊谷安左衛門君でありますが、これはきわめて楽な地位であって、黙ってやってきて、なるほどそんなこともあったようだという顔さえしていればよかったので、積極的には別にたいして働いておりません。つまり誰が一番この話を保存するに尽力したかというと、狐が人についていうことを真に受けることのできた周囲の人々ということになるのであります。そういう人々の社会が、三百年前の奇なる史実を、かくしてとにかくに不朽にしてくれたという断定に帰するので、少しぐらいの食い違いはそうやかましくいうこともできないわけであります。

## 六

全体江戸の狐狸は、よく昔から北国筋へ往復しているのであります。たとえば前の『三州奇談』の中に今一つ、有名な藤兵衛駕籠屋の話があります。これは上州茂林《もりん》寺の文福茶《ぶんぶくちゃ》釜《がま》の守鶴、小石川伝通院の宅蔵司《たくぞうし》、江州彦根の宗語狐、あるいは鎌倉建長寺の使僧が犬に食われて死んだのを見ると、その正体が狸であったという類の話と、日を同じくして談ぜらるべきものであります。

これも金沢城下の浅野というところに、山屋藤兵衛という駕籠舁《かき》が、通し駕籠で客を送って江戸まで出てきた。その帰りに浅草橋場の総泉寺から、年とった坊さんを京都の大徳寺まで送り届けることになって、武州深谷の九兵衛という男を相棒として、再び通し駕籠で北国筋を帰ってきた。そのときもやはり建長寺の狸のお使僧と同じように、所々の宿屋では書を書いて人に与える。その字が今日まで残っているのです。そうして泊りを重ねて加賀の宮の腰という宿場にかかって休んでいると、非常に強い犬が駕籠の中へ首を突っ込んで、その坊さんを引き出してかみ殺してしまった。びっくりして介抱すると、坊さんの正体は貉《むじな》であったというのであります。そうしてその貉が金をたくさん持っている。しかし引き取るものがないので、二人の駕籠屋がこれを持って、橋場の総泉寺へ来て話をしたところが、総泉寺でいうにはもう二百年も前から、あの老僧はわが寺に住んでいた。そうしてぜひ京都へ行きたいというので送り出したが、命数は免れがたくいよいよ道途において終わりを取るという夢の告げがすでにあった。その金はお前たちの方へ取っておけというので、たちまちこの二人が金持になった云々という奇談であります。

それからまた一つ、越中の滑川《なめりがわ》在の百姓八郎兵衛という者、家貧しくして営みを続けがたく、親子三人で北国街道をたどって江戸へ出ようとした途中、狐がお産をするのを見て、憐れんでその狐の子を介抱してやった。それから難儀をしいしい武州へ入ってきて、熊谷から少し南の鴻《こう》の巣《す》の宿へかかったが、食物がなくて路傍の茶店に休んでいると、そこへ一人の見なれぬ老僧がやってきて、お前はまことに善人だから餅をくれようといって、店先から餅を買って三人の者に食わせた。その老僧がたち去ってから、茶店の亭主がいうには、お前さんは何かよいことをしてきましたね。あの人は四、五年前からこの土地をあるいている不思議な坊さんだが、どうも狐らしいという評判である。あの人から物をもらったものは必ず立身する。私も一つお前さんに縁をつないでおこうかといって、江戸へ行ったらどこそこへ訪ねて行くようにと紹介状などを書いてくれた。こうしてさっそくの便宜を得て、江戸は駒込《こまごめ》の何とかいうところに住んで、だんだん栄え金持になったというのであります。これらは北国往還の旅人と、武州の狐との間に結ばれる因縁話の最も普通の一つの型なのであります。狐が旅行をすることは前にも申しました。大和の源九郎狐と同じ話は、ずいぶん諸国にありまして、その話なら自分の国にもあるという人によく出逢いますが、その中でも一番有名なのは、秋田の城址の公園にある与次郎稲荷《いなり》、これもやはり飛脚になって、始終江戸へ往来をしていた。佐竹家には大事な狐でありましたが、ある時新庄とか山形とかで、人のかけた鼠の油揚のわなにかかって殺されたのであります。獣類の悲しさには、殺されることを知りながらもそれを避けることができなかった。跡には状筥《じょうばこ》が残っていて、その状筥だけ江戸の藩邸へ届いたという話であります。また因幡《いなば》の鳥取にも、どの飛脚よりも達者に、短い期限で江戸に往復していた狐の話があります。同じ例は三つや四つではないのです。ところが武州の熊谷堤でも犬に食われて正体を現したという狐の飛脚の話があるのです。何に出ていたか、今はちょっと見当たりませぬが、その狐の化けた飛脚の名前が熊谷弥惣左衛門であって、後にそれを稲荷さまとして浅草に祀ることにしたということが出ていたのであります。

それからこれと関係があるかないか、まだ私には断言はできないのでありますが、右の熊谷堤の近くの熊谷の熊谷寺の境内に、やはり熊谷弥惣左衛門という稲荷さまがあります。一名を奴稲荷と申しております。近いころの言葉でヤッコというのは、子供の頭に剃り残した鬢《びん》の毛のことで、上方《かみがた》でいうビンツであります。だから今日では、ヤッコというのはすなわち子供を意味するとこじつけて、もっぱら小児の疱瘡《ほうそう》その他を守護する神となっております。信心する者は、その子供を十三までとか十五までとか年期をかぎりまして、稲荷様の奉公人にするといって奉公人請証文を書いて稲荷さまに納めます。そうするとその子供は、非常に身体が丈夫になると申します。おもしろいことには、子供をこの熊谷弥惣左衛門の奉公人にした以上は、決して親がしかってはいけない。これは非常に深い意味のありそうなことで、子供は親の折檻《せっかん》に伏すべき者ではあるが一たび熊谷稲荷の家来にした上は、親でもこれを支配するわけにはいかぬというわけであったのかも知れませぬ。とにかくしかってはいけないという奇異なるタブーに、一つの不思議が潜んでいるのでありま す。

さらに今一つの不思議は、熊谷弥惣左衛門という名は、この熊谷の町では正に狐の名ということに明瞭に認められているのであります。この点に関しても、早くからの口碑があります。熊谷家の中興の祖で、みなさま十分ご承知の熊谷次郎丹治直実が、戦場に臨んで敵手強しと見る場合には、必ずどこからともなく、一人の武士が現れて加勢をする。そしてわれこそは熊谷弥惣左衛門といって大いに動いて、戦がすむとたちまちいなくなってしまう。ある時、次郎直実があまりに不思議だと思って御身はそも誰ぞとききますと、ちょうど『徒然草』に記されたる土大根《つちおおね》の精霊《しょうりょう》の話のごとく、われは君の家を守護するところの稲荷である。これから後も火急の場合あらば、弥惣左衛門出合えとよばわりたまえ、必ず出でてご奉公申すべしと答えて消え失せたという話であります。これはいろいろの書物に出ておりますが、最も人のよく知っているのは『木曾路名所図会』であります。今から百三十年前の享和元年ころに出た書物でありますが、その内容はそれほど新しくはないので、私の知るかぎりにおいては、少なくもそれからなお百年近くさかのぼることができるのであります。信州天龍川右岸の三河境、坂部《さかんべ》の熊谷家というのは、あの辺で有名な旧家でありますが、その家に『熊谷伝記』という書が伝わっております。先代の熊谷次郎太夫直遐《なおはる》が、明和年間に書き改めたもので、ずっと前からの記録だと言っておりますが、これにもやはり右にいう弥惣左衛門狐のことが書いてあります。全体熊谷という名字は、三河にも信濃にもだいぶん広く分布しておって、いずれも元は武蔵の熊谷から転住した家です。あるいは何かの信仰と関係した家ではなかったかと思うのは、別に政治上の原因でこの一族を、かようにひろく移動せしめたものがないからであります。少なくともこの家の人たちはいずれも信心深く、かつ熊谷弥惣左衛門の実は稲荷であることを信じていました。他の地方の旧い熊谷家では現在も稲荷を信じおるかどうか。私はおいおいに尋ねてみたいと思っております。

とにかくにこれから考えてみると、熊谷弥惣左衛門の通称は、いかにも中世の勇士らしくいかめしいまた物々しい名前ではありますけれども、実はそれは狐自身の選定、狐の趣味、狐の理想でありました。ところが狐のことであればいたし方がないというものの、この弥惣左衛門という通称には差し合いがあったのであります。熊谷家の系図を調べてみると、直実の子が小次郎直家で、その子が平内次郎直道、直道の次男に熊谷弥三左衛門尉直朝というのがあって、それが本家を継いでおります。すなわち嫡流第五代の主人公が弥三左衛門であったことは知らずに、さしもの霊狐も畜類の悲しさには、系図などの吟味も行き届かずして、平気でいつまでも弥惣左衛門の昔話をしておりました。

私のただ今考えているのは、不思議は決して一朝にして出現するものでなく、そのよってくるところは、久しく深くかつ複雑なるものがあるということであります。この書をお読みになる方の中に、もし熊谷の一統に属する人があったならば、何と思われるか知りませんが、どうも熊谷家には、何かというとこの弥惣左衛門という通称を用いたいという傾向が、昔からあったように私は感ずるのであります。それはあたかも鈴木という家の人がよく三郎と名づけられ、あるいは亀井という苗字にはしばしば六郎と名のる人が多いのと同じように、家に専属した一種の趣味、または隠れたる性癖ではないかと思います。

私は以前親しくしていた先輩に、農学士で熊谷八十三《やそぞう》君という人があります。これは讃州高松の熊谷氏で、祖父八十三の長命にあやかった名といいますから、原因は独立しています。つぎには香川景樹《かがわかげき》の高弟で、『浦の汐貝《しおがい》』という有名な歌集の作者、熊谷直好という人も通称は熊谷八十八でありまして、これは周防《すおう》の熊谷氏でありました。

そこでたった一言だけ、私の結論を申し上げます。いわく、およそこの世の中に、「人」ほど不思議なものはないと。

（昭和四年七月、東京朝日講堂講演）

# 注釈

1 **南方熊楠**　慶応三年（一八六七）—昭和十六年（一九四一）。和歌山県生。生物学者・民俗学者。菌類の採集研究に力を注ぐ一方、民俗の調査研究をも行ない、『十二支考』等の論考がある。博覧強記の人であった。

2 **尸童**　祭礼の際に神霊が憑依する人間のこと。童児のばあいが多い。

3 **男山**　京都府南部の男山山頂にある石清水八幡宮をさす。

4 **『姓氏録』**　『新撰姓氏録』のこと。平安初期に成立した書で、神武天皇から嵯峨天皇までの間の一一八二氏の系譜を集成したもの。万多親王らの編になるという。現存するのは抄録本である。

5 **『古語拾遺』**　平安初期に成立した歴史書で、斎部広成の選述という。祭政にあずかってきた斎部氏の氏族の伝承を記したものであるが、記紀に載っていない古代の事実を伝える部分もあり、古代史研究の上で貴重である。

6 **『吾妻鏡』**　鎌倉時代の歴史書で、源頼政の挙兵以後八十七年間の幕府の事跡を記したもの。編年体で日記体裁をとっている。鎌倉幕府の家臣の編らしい。

7 **祇園の牛頭天王**　祇園は祇園社のことで八坂神社の旧称。除疫の神である牛頭天王らをまつり、その祭礼は祇園御霊会として有名。各地にこれを勧請した社は多く、疫病等をしずめる祭が行なわれている。

8　**後三年役**　奥州の豪族清原氏内の乱で、源義家が下向して平定した。一〇八三年から一〇八七年まで続いた。

9　**『山海経』**　中国の原始的な地理書。動植物や金石および怪談等を記したもの。成立年代・作者未詳。

10　**加藤博士の新説に……**　加藤玄智「天目一箇神に関する研究」（『民族』三巻一号、昭和二年十一月）をさす。その中で、天目一箇神には本来の意味として、ファリックゴッドの一面があったろうと推測している。

11　**『民族』**　著者を中心として、人類学・考古学・言語学などの学者が参加執筆した雑誌。大正十四年十一月創刊、昭和四年四月休刊。当時の民俗学研究の中心的な雑誌。

12　**『播磨風土記』の一つの神名**　託賀郡の条にみえる道主日女命をさす。

13　**……という『今昔』の物語**　『今昔物語』巻二十七の第十三話「近江国安義橋鬼噉人語」のこと。

14　**『舞の本』**　幸若舞の詞章を集めた本。『平家物語』や『義経記』、『曽我物語』などをもとにしたものが多い。幸若舞は室町時代に桃井幸若丸直詮が始めたといわれる舞曲。

15　**白井秀雄**　菅江真澄のこと。一七五四年―一八二九年。国学者・紀行家。愛知県豊橋市付近に生まれた。二十八才の時に家を出て各地を旅して歩き、四十八才からは秋田領内にとどまった。彼の多くの日記・紀行文は一般に『真澄遊覧記』と呼ばれている。

16　**巨勢金岡の馬が……**　『広文庫』第八冊の巨勢金岡の個所にその話が載っている。また『古今著聞集』巻十一にも類話がある。

17　**『遠野物語』にも……**　著者の『遠野物語』（明治43年、聚精堂）の一一〇番目の話参照。

18　**佐々木喜善**　明治十九年（一八八六）―昭和八年（一九三三）。岩手県上閉伊郡の生まれ。

文学に志すとともに柳田国男の影響で昔話の採集をすすめ、『江刺郡昔話』『聴耳草紙』等の昔話集を刊行した。

19　**田村将軍**　坂上田村麻呂のこと。平安初期の武将。蝦夷地平定に大きな功績を残し、征夷大将軍となった。

20　**『嬉遊笑覧』**　江戸時代の随筆。喜多村信節著。各種の書物から近世の風俗習慣や音楽等に関するものを集めてある。

21　**『和漢三才図会』**　図説百科辞典。正徳三年（一七一三）の刊。寺島良安編。和漢古今の事物を天文・地理等に分け、図を挙げて解説したもの。

22　**『新編武蔵風土記稿』**　江戸幕府の編纂になる武蔵国の地誌。文政年間に完成。江戸時代の武蔵の村々の状態を知る貴重な史料。

23　**深草少将**　小野小町のもとに九十九夜通ったが、恋が遂げられなかったという人物。多分に伝説的側面をもっている。

24　**『古今集』には……**　巻十四の「さむしろにころも片しきこよひもやわれをまつらむ宇治のはし姫」などを指す。

25　**ゴンム G.L.Gomme**　イギリスの民俗学者。彼が『歴史科学としてのフォークロア』の中で述べた、民俗事象をＡＢＣなどの諸要素に分け、その本質部分と変化部分を推論する方法は、「重出立証法」などと関連づけられて、日本の民俗学の方法論に少なからぬ影響を与えた。

26　**フレエザー**　一八五四年—一九四一年。イギリスの人類学者。未開人の信仰や習俗の比較研究を行ない、そこから人間精神の本性を明らかにしようと試みた。"The Golden Bough" 等の著書がある。

27　**鳥居龍蔵**　明治三年（一八七〇）―昭和二十八年（一九五三）。徳島県生。人類学者・考古学者。中国全土、千島、樺太、西南アジア、南アメリカ等広く足跡を印し、人類学・考古学の調査研究を行なった。

28　**坪井先生の……コロボックルの……**　コロボックルとは北海道アイヌの伝説に登場する小人のこと。竪穴を住居としていたという。人類学者の坪井正五郎（一八六三―一九一三）は、コロボックルがアイヌの先住民族として北海道のみならずかつては日本全土にいたとして、コロボックルが縄文式文化の担い手であるとする石器時代人コロボックル説を唱えた。

29　**コロボックルとも土蜘蛛とも……**　コロボックルは前出。土蜘蛛は、古代に大和朝廷に服従しなかった辺境の異俗民のことで、穴居生活をしていたという。多分に伝説的な側面をもつ人々。

30　**木地師**　轆轤《ろくろ》を用いて、椀・盆などの日用木工品を作る人々。滋賀県小椋村を本国とし、明治末までは良材を求めて全国の深山を転々としていた。

31　**六、七年前の『文章世界』に……**　「木地屋物語」（『文章世界』六―一、明44年）を指す。なお著者の木地屋に関する論考には、「史料としての伝説」（『史学』四―二、大14年）などがある。

32　**オシラ神**　養蚕の神。男女一対の桑の木で作った像である。おもに東北地方で信仰されている。

33　**諺文**　朝鮮固有の文字で、音標文字。現在はハングルと称している。李氏朝鮮第四代の王世宗が作り、一四四六年「訓民正音」の名で公布したもの。

34　**インディヤニストのように……**　ドイツの言語学者ベンファイは昔話の故郷をインドに求め、すべての昔話はインドで成立し各国に伝播したと主張し、十九世紀後半の昔話研究に大きな影響を与えたが、ここはそれらの人々を指すか。

35　**ニコライ・ネフスキイ**　一八九二年ロシア生。留学生として日本に来て柳田国男を知り、東北地方や沖縄列島で日本の古語古俗を調査した。一九二七年日本を去ったあとは不詳。

36 **曾我**　曾我とはいわゆる曾我物のことで、曾我兄弟に因んだ芝居をいう。享保期（一七一六～三六）ごろから、正月興行に吉例として曾我物を演じることが行なわれた。

37 **『民俗学』**　折口信夫・金田一京助らが組織した民俗学会の機関誌。昭和四年七月創刊。昭和八年十二月休刊。当時の民俗学研究の中心をなす雑誌である。

38 **『郷土研究』**　民俗学研究の最初の月刊雑誌といわれる。著者と高木敏雄との共同刊行であったが第二巻からは著者の単独編集となった。大正二年三月創刊、大正六年三月休刊。のちに昭和六年三月に復刊して昭和九年四月廃刊。

39 **早川孝太郎**　明治二十二年（一八八九）―昭和三十一年（一九五六）。愛知県生。若くして画家に志し、のち民俗学の研究をした。著書には、『猪・鹿・狸』、『花祭』等多数がある。

40 **佐喜真興英**　明治二十六年（一八九三）―大正十四年（一九二五）。沖縄生。司法官としての生活を送る一方、民俗学・民族学にも興味をもち、生地の沖縄新城を中心としての説話を採集収載した『南島説話』等の著書がある。

41 **前に『風位考資料』の……**　イナサ・エナサの条は、昭和五年十一月の『愛媛県周桑郡郷土研究彙報』第五号に掲載したものである。

42 **高砂族**　台湾の原住諸種族のこと。

43 **荒海の障子**　清涼殿の東の広廂の北にあったついたて障子。その表には荒海の中にいる手長、足長の怪物が描かれている。

（田中宣一）

※本注釈は改版（昭和46年）当時のものです。（編集部）

# 解説

**【柳田国男と伝説研究】**　柳田国男先生の書誌・年譜作成を手伝いながら、先生の学問史ともいうべきものをいつも頭の中に思いうかべていた。先生の学問史はすなわち日本民俗学史の主要な位置を占めることになるが、それはさておき、先生が直接的に民俗学にこころざされたのは、通例明治四十一年五月から八月にかけての九州の旅が直接動機とされている。事実、先生ご自身、明治四十年に入っても、しばしば農政学を究めようか、新しい学問に進むか、まよっておられることが断片的な記事に見えている。したがって九州旅行、つまり後に『後狩詞記《のちのかりことばのき》』の一書になった旅の見聞は、その先生の二者択一を決定づける要因の一つにはまちがいないことである。

さてここで私が取り上げたいことは、この先生の「まよい」、つまりいずれの方向に進むべきか考えられた資料はいったい何であったであろうかということである。明治三十八年発表された「幽冥談」は、もちろん民俗学の分野に入るべき問題である。したがって先生のまよいの原因はもっと以前にさかのぼらなければならない。

明治三十五年、三十六年、先生はその時の読書日記を「困蟻功程」「困蟻労程」と名付けて記録されているが、この読書日記を拝見すると、この頃すでに先生がある目的をもって読書されていることがうかがわれるのである。それは『視聴草』『老媼茶話』など、庶民史をつとめて読まれていることで、実は本書の解説にこれを説くのも、明治三十四年、すでに前記の書物の類から「日本伝説目録(一)」と名づけて、抜書き、整理されたものを見出したからである。明治三十四年七月十一日の日付で、『甲子夜話』『窓のすさび』『塵塚物語』『渡辺幸菴対話』『慶長見聞集』『史料通信』などから書きぬかれ、整理されたもので、そのはじめに次のような注意書きがある。

明に虚構と認めらるゝは如何におもしろくとも採らずただ迷信によりて伝はれるをのこし外国伝説のつくりかへ又とらず

正しくこころのまよひよりなりと思ふをも数へ入れたり

明治三十四年は先生の書誌目録では、さかんに短歌を作っておられる時期で、年譜では農商務省役人として各地を視察されはじめた年である。その時に一方において読書のかたわら、このような前書きをつけて伝説目録を作っておられることは、私は日本民俗学史の上からまことに興味深いことと思われる。後に昭和十七年、先生は伝説研究の書として『木思石語』を刊行されたが、その序文に、

はじめてこの方面の学問に入りこむのも茲からであれば、最後に残る未開地も亦ここにある。

と書いておられるが、先生の学問への入口もまた明治三十四年の「伝説目録」にあるのではなかろうか。特に前書きの「虚構と認めらるゝは如何におもしろくとも採らず」という点は、後に先生が『伝説』（岩波新書）の中で、「伝説はきいてもその通りを次の者に伝ようとはせず、長くも短かくもし、また改造をする者も多く、しかも要点になっている部分は、うそをつかうとせぬ限り元のまゝなのである」という説につながるものである。

**【伝説研究の意義】** 日本民俗学における伝説研究の意義について、先生は、

(一)上代の信仰を知る。祖先の思想、信仰の断片をみることができる。

(二)前者に及ぼした歴史的変化、社会事情を知る。

の二点をあげておられる。これは民俗学のもっとも重要な研究目的に通じるものであり、伝説研究が民俗学において入口でもあればまた究極の目的でもあることはこの点にあるのではなかろうか。

明治三十四年、日本伝説目録を記録された先生は、大正三年『山島民譚集』を刊行され、つづいて雑誌『郷土研究』を中心として伝説の資料を駆使されて数多くの論文を発表されている。特に郷土研究時代の先生の論文は、後の論文と異なり、近世文書からの資料が多いが、これらはいずれも明治三十四年頃からの内閣文庫の蔵書によるものであった。

伝説研究については、本書の他に、さきに上げた『山島民譚集』『伝説』『木思石語』などがあり、後に先生のカードを主として作成した『伝説名彙』（昭和二十五年、日本放送協

会刊）が出版されて、一応この学問の体系が立てられている。しかし、はじめに述べたごとく、民俗学に入るのもこの学問分野であれば最後もまたこの分野であろう、という柳田先生の説は今日なお残されており、伝説の分類は名彙が出版されているにもかかわらず未開拓の分野が多い。つまり研究の余地が残されているといってもよいのではなかろうか。

人々が伝説に注意をしはじめたのは、和銅年間の「風土記」編纂がすでにそうであるから、今日まで長い年月これに注意はしながら、ただ資料の羅列に終わるのは、この研究は究極において、学問の総合研究を示すものであるからにほかならない。

さて先生は、伝説の定義として次の四つを上げておられる。

㈠伝説は人がこれを信じていること。
㈡記念物（神社仏閣、塚、墓、霊地、奇巌老木、泉、橋、坂等）に結びついて語られる。
㈢表現が自由、語る言葉に定形がない。
㈣たえず歴史化、合理化される傾向があり、時代と共に変化するものである。

特に㈠の、人がこれを信じているということに最も重要性をおいておられる。

**【伝説の主題】**　さて本書に収録された論文は、大別すると次のように分類できるのではないかと思う。

一目小僧（大正六年八月、東京日日新聞）
目一つ五郎考（昭和二年十一月、民族三―一）

鹿の耳（昭和二年十一月、中央公論四二―一一）

の三つはかつて我が国にも生贄の慣習があったのではないか、人を生きながら神ともなしえたのではないか、その変化のあとが一つ目小僧であり、一本脚の神の伝承ではないかと論を展開されている。

橋姫（原題「橋姫の話」。大正七年一月、女学世界一八―一）

は神の嫉みを主題としたもので、山の丈競べ伝説、降雨の有無の伝説などを資料として、境を守る神の性質を説いたもの。

隠れ里（原題「隠里の話」。大正七年五月、東京日日新聞）

魚王行乞譚（昭和五年一月、改造一二―一）

物言う魚（昭和七年一月、方言と国文学二）

は話の内容はやや異なるが、本書で取り上げた主な目的は、この三篇はいずれも伝説の伝播の運搬者、すなわち誰がこのような話を伝えてきたのか、この語る者を研究目的としている点である。漂泊者としての木地屋、坊さま、あるいは母と子など、この三篇はいずれも語り伝えた者の姿が影絵のようにちらついている伝説である。

流され王（大正九年七月、史林五―三）

ダイダラ坊の足跡（昭和二年四月、中央公論四二―四）

前者は異国神渡来説であり、後者は巨人伝説で、二つはまったく別種のように思われやすいが、共に常人の持つ神観念とは異なる、新たなる神の出現、あるいは新たなる神からみた在来の神の行動、すなわち両者は相反する面からの二つの神観念のぶつかり合いを主題とした伝説である。

餅白鳥に化する話（大正十四年一月、東京朝日新聞）

熊谷弥惣左衛門の話（昭和四年七月、東京朝日講堂講演）

は非常に異なる伝説ではあるが、共に神霊の去来を主題としている。

**【一目小僧】**「一目小僧」は「一目小僧の話」と題して、大正六年八月十四日より九月六日まで、東京日日新聞に二十四回にわたり連載されたものである。この新聞発表に先だち、雑誌『郷土研究』四巻十二号に、久米長目というペンネームで同名の論文を発表されておる。この論文の資料、あるいは問題点は、『郷土研究』四巻九号の「片足神」（中川長昌のペンネーム）、「一眼一足の怪」（久米長目）、四巻十一号の「片目の魚」などがあり、いずれも「一目小僧」「目一つ五郎考」「鹿の耳」に通じるものである。

先生の伝説研究の大きな目的の一つに、伝説を生み出した基のもの、つまり伝説を支えている日本人の信仰や習俗を明らかにしようとすることがある。十二月八日、二月八日のコト八日に戸口に柊をさしたり、目籠を高くかかげて、その来訪をおそれている一目小僧様も、土佐の山中に伝承されている一眼一脚の山の神も、諸地方の神社に伝わる片目の魚の話も、その源は一つであり、先生はこれを遠い昔、祭の折に神のよりましとなる人は、常人と区別するため、一眼一脚にされる風があったのではなかろうか、尊い神の愛でられる者として人々からあがめられ、信じられていたのではなかろうか、もちろん自らも欣んで神の生牲《いけにえ》となったのではないか、というのである。つまり人は生きながら神ともなりえたのではないか、神に指定されて短かく生き、かつ永く祀られることを欣幸とした者があったのではないかというのである。文明が進むにつれ、人々の心は複雑になり、単純な素直さは失われてゆく、したがって信仰も零落し、ただ神霊に対する畏怖の念のみが残って、一目小僧のように、柊をさして屋内に入れまいとする妖怪になってしまったのではないか、この一目小僧すら今日ではおそろしいものではなく、おどけ物の一つとして扱われている。

**【目一つ五郎考・鹿の耳】**　伝説は人々の信じていることによって伝承されてゆく。信仰が複雑になるにつれてこの伝説も分化し、さらに新しい要素が加わって幾段階にも変化してしまう。この変化の諸相を明らかにして、伝説の初期の状態を考察することもまた伝説研究の大きな課題である。

「目一つ五郎考」「鹿の耳」は、「一目小僧」の説の傍証となるべきものである。私がこの本にひかれたのも、実は生牲にえらばれる者が、五郎と名付けられる者の多いということであった。一眼一脚にされた神主の御霊が、神と祀られる過程、いかなる人が、どのような形で神のよりましにえらばれたか、各地の例を比較、例証されて、生牲の風の存在を説いておられるのである。猫の尻尾の短い理由など、ただ短い方が格好がよいと思うくらいであったが、この「鹿の耳」によると、猫の尻尾を切ったり、放牧の牛馬の耳に烙印をつける「耳印」も、元来は個々の占有を証明するものであったが、後には神の祭にのみ、この方法は限られるようになったのではないかというのである。最近出版された『埼玉の絵馬』という写真集の、秩父の諏訪神社の絵馬に、鹿頭を二頭向かい合わせに画いたものがある。狩猟の神に棒げたものであるが、絵馬の本来的意味から考えて元は本当の鹿の頭を供物として奉納したものであろう。これなども本論文の一つの例証であり、生牲が絵馬に変化したものであるが、絵馬ではなく、各地の社寺の放生会のように、生牲が魚に変化したことも、またこれらの論文にくわしく究明されている。

さてこの二つの論文には、伝説から信仰が失われると、あるものはやがてそれが語り物、あるいは昔話の形式となって語りつがれてゆくという文芸発生の一過程を説かれて、ここにも伝説研究の大きな問題のあることを示されている。

**【橋姫】**　伝説研究には、あらゆる関連学問の理解力が必要である。特に「橋姫」については、文字の解釈がいかに重要なものであるか説かれている。この論文は大正七年一月、雑誌『女学世界』に発表されたもので、読者は女性ということを意識されて記述されたものである。

橋の神は必ず女性であること、しかも遠くの川、沼に住む神と姉妹であって、旅をする者に托して時々の音信をし、それを正直に持ち伝えた者には莫大な宝が与えられ、それを破る者は亡ぶというのである。この伝説の主題は、二人の女神の対立であるが、神の対立の伝説は、山の背比べ伝説、山から石をもってくると一夜のうちにまたその石が頂上にかえってしまうとか、はいて行った草鞋は山の麓にぬぎすてて帰らぬと、その草鞋についた土だけ山が低くなるので山の神の祟りがあるというような伝説は各地にある。あるいは二つの山が高低を争って片方が負けて噴火して低くなってしまったとか。このような伝説のもっとも主要なモチーフは神の嫉みであった。ネタミという語は、嫉、妬の字をあててからは男女の間柄のみを意味するが、最初は憤り、嫌いあるいは不承知を意味していた語で、このネタミの感情を持つ神が、何故「橋姫」として祀られているのか。手紙の往復などということは、この伝説を持ち歩いたものの文芸的作品であろうがとにかくネタミという感情をもつ神を橋のほとりに祀ったのは、橋というものを古代人がいかように考えていたか、古代の人の心持ちを知ることができる手がかりになるものである。坂とか橋はさけて通ることのできない要所である。つまり外界と接する地点であるから、ここに安置する神は、外界から入ってくる有害なものに対して、強力な威力を発揮してもらわなければならぬ。ネタミという感情をもつ神こそこれにふさわしいと信じられたのではなかろうか。しかし一方では橋の内側、境の内側に住む者が外に出てゆく時は、何らの障碍《しょうがい》のないように、土地の者はこの神を崇敬したので、橋姫という神は、おこれば人の命をとり、悦べば世に稀な財宝を与えてくれるという両面、両極端の性質を具えているように考えられたのではなかろうか。我が村、我が産土を何処よりすぐれて尊い土地、安楽の土地と思っていた昔の人々の心が、この橋姫の伝説を今に語り伝えたものであろう。

橋姫は、今日の伝承では女神のように伝える伝説が多いが、この類の伝説には夫婦神というものが多い。境を守る神が男女二柱という伝承は、先生の説によれば男と女、二人並んでいるところはもっとも他人を近よせたくないところであるゆえに、もし男女が神霊ならば、必ず偉い力をもって侵入者を防ぐと信じたからであるという。各地にある道祖神も村境にあることが多く、これも男女二体の石像が多いことは、この橋姫の論理につながるものである。さきに述べたように、伝説の解釈には周辺の学問の知識が必要であるが、実はこのことが反対に伝説研究を非常にむずかしくしていると思われる原因にもなっている。広範囲の知識が必要なため、伝説研究の展開をむずかしくさせ、たんに資料の集積にとどまりやすいという欠点を生じているのである。

**【隠れ里】**　これは普通、椀貸伝説とよばれているもので、この伝説は神事に広く分布していて、九州の果てから東北の隅まで、同じようないいつたえが数限りなく伝承されている。全部に共通していることは、村人の要り用に応じて椀を貸してくれたものが、借りて返さなかったり、その見事さに魅せられて数をごまかそうとしたために、それから後は貸さなくなったという話が多く、しかもその返さなかった者の子孫が、今も家宝として持ち伝えているといって、この話をよりいっそう事実化して伝えている。もともと木具を食器とした年代はほぼ明らかであり、まして漆器のできた年代はさらに新しく、この伝説の発生もおのずと明らかになってくる。つまり木をくりぬいて椀を作る木地師の関与なくしては語り伝えられぬ伝説である。しかもこの伝説を伝えている地域は小椋《おぐら》という姓が多く、小椋は木地師の姓である。木地師は全国各地、一樹木を求めて漂泊している人々であり、定住している農民よりは、旅をして知識があった。先生はこの伝説を広めた動機の一つは、漂泊の木地師が農民と交わる時の一つの手段だったのではないか、木地師の目的は彼らの製作した品物と、米を交換することであるが、彼らは自分の品物をよりいっそう高価なものとするために、色鮮やかな塗り椀を示して、これをもっていれば福徳自在などと講釈して、恩を施したのではなかろうかと一つの解釈をこころみておられる。

この伝説は、中部地方の山間部、関東地方の山間部など、山間部に分布しておりながら、ふしぎに川のほとり、泉のほとりなど、水辺に多く語り伝えられている。私どもの祖先が海の彼方から移り住んだとすれば、水のほとりに伝えられる伝説は、私どもの先祖の生活を明らかにする一つの手がかりであり、日本人の異郷観を研究する何よりの資料である。

しかし注意したいことは、この「隠れ里」の伝説といい、前記の「橋姫」といい、いずれも日本だけのものではなく諸外国にも同様の話が伝えられていることである。伝説研究の課題の一つに世界的な比較研究が必要であることをこれらの論文は示唆している。

**【流され王】** 大正九年七月、雑誌『史林』に発表された。当時の学界の現状から考えてこれは高く評価されるものである。史学研究の雑誌といえば、雑誌『歴史地理』は別として文献史学の雑誌に先生が論文を発表されたのはこれがはじめてである。文献史学にあきたらず、新しい史学の分野を開拓なさろうとした先生の、あるいはこれが従来の文献史学者への公開状であったのかもしれない。もちろんこれ以前、ご自分で編輯《へんしゅう》された『郷土研究』は別のものとしてである。

隠れ里が、諸国を漂泊してあるく木地やを通しての伝説とすれば、この「流され王」以下の数篇もまた伝説伝播ということを問題にしたものであるが、特にこの論文は、異国神渡来の説をとりあげて、新しい霊威のある神が突如としてあらわれる場合、これを遠い国から移り臨み給うものと考える傾向を、私どもの祖先はもっていたのではないか、と説かれている。

**【魚王行乞譚・物言う魚】**　話の順序を一つ入れかえた方がよいのではないかと思うことは、次にあげる「魚王行乞譚」「物言う魚」の二篇の主題が、「隠れ里」と同じく、いずれもこれらの話を持ち歩いた人々を問題としている点である。伝説にしても、昔話にしても、日ごろ頻々と語るものではない。語る時、場所があったであろうが、「魚王行乞譚」には、ふしぎに団子や小豆飯など、変わった食物を調理する日、すなわち盆とか節供などのハレの日の出来事として語り伝えていることである。あるいはこういう伝説が、節供の日の物語として語り伝えられてきたものか、殺生をいましめた話になっている。池、または沼の主が、多くは旅の坊に変身して、毒流しを中止することを頼むのは、あるいはこの話を坊さんが伝え歩いたものなのかもしれない。

「物言う魚」は、「やろか水」とか「おとぼう淵」の伝説などと同じく、神の声をきくことのできたものだけが助かって、この話を後世に伝えたことになっている。沖縄宮古島の離島、伊良部村の下地島には、今もヨナタマの話を伝え、もとあった部落のあとをモトズマとよんで今は民家はない。ヨナタマは人魚のような魚であり、ものをいう魚であった。ある漁師がこの魚を釣り、珍しい魚を釣ったので、明日は村中の人とこの魚をたべようと、炭火のそばで乾かしていた。その夜、隣りの子供が急に泣き出して、隣りの伊良部島へ行きたいという。母は外に出て子供をあやしていると、遠くの方から、「ヨナタマヨナタマ」とよびかける声がきこえてくる。するとそれに答えて隣家の漁師の家から「早く迎えにこい」というヨナタマの言葉がきこえてきた。母子は驚き、そのまま伊良部島に帰って来、そのあやしい話を村人にきかせた。翌朝、伊良部の人々が下地島に行ってみると、下地島の人家はシガリ浪（つなみ）に流されて村中一軒の家も残っていなかったという。その時できたのが今の通り池であると。

通り池の水の色は濃藍をし、その底は海に通じているとか、時によるとフカが入っているると島人はおそろし気に今も語っている。

ヨナタマのヨナは海のことであり、タマは霊すなわち海霊、海の神を意味する言葉であり、海の神を冒す者がその罰によって全村ことごとく亡んでしまったということは、この伝説が今は具体的な池について語られておりながら、もとは神聖な神話であったことをあらわすものであるかもしれない。

しかもこの話を伝えたのはただ二人生き残ったヨナタマの声をきいた母と子であった。神まつりにおける尸童の存在を合わせ考えると、この伝説はいよいよ信仰上の意味が含まれていたことがよく理解できる。

先生はこういう伝説を取り上げながら、日本人の思考方向というものを暗示されている。それは、魚王行乞譚でも、物言う魚でも、常に神の力を無視する者と、他方敬虔に祀りつつしむ者のあったことである。そして後者には巨大な福徳を与え給うたという明るい面を語り伝えていることで、実は日本中にこういう伝説が広く分布し、定着していったのは、この明るい面を日本人が常に求めていたからではないかといわれるのである。

**【ダイダラ坊の足跡】**　これは、大正十四年『山の人生』に発表された「巨人の足跡を崇敬せし事」につづく論文である。巨人伝説については、『遠野物語』の中にも幾話も語られており、先生が民俗学に興味を抱かれるそのはじめにすでに抱いておられた問題である。「山民の生活」とか「山人の研究」、あるいは『郷土研究』一巻に連載された「山人外伝資料」（久米長目）など、「ダイダラ坊の足跡」を発展させるための論をいくつか発表されている。先生は『山の人生』の中で、東日本に広く伝わるオオヒトの伝承は、山にいる異種人の別名であろうと説かれている。ダイダラ坊の足跡は、この例証を伝説に求めたもので、これはさらに昭和十三年『讃岐民俗』一号に「ぢんだら沼記事」という文章を発表されているが、ここにつづいているものである。

巨人伝説の中にはどの話にも巨人の思い通りにならない話がついているが、これはこの国土を支配した神々の重層性によって生じたもので、巨人伝説は国津神思想を伝えるもの、あるいは地祇信仰の名残りであるのかもしれない。

**【熊谷弥惣左衛門の話】**　昭和四年七月二十日、朝日新聞社主催の民衆講座夏期特別講演会「不思議な話の夕」において講演されたものをそのまま採録されたものである。「三州奇談」にある金沢の狐の話を全国的に比較して、この話がたんに金沢のみの伝承ではなく、同じような狐の話は全国に分布し、なぜ熊谷と名乗る家に弥惣左衛門という通話が多いのか、人の名となり、狐の名ともなっているこの名作から、人と狐の関係を説こうとしたものであった。この講演の最後に、

およそこの世の中に、「人」ほど不思議なものはないと

と一言つけ加えて結ばれているが、この一片を本書の最後にもってこられた先生の意図は、伝説研究も、究極のところは、これを語り伝えた人々の問題であり、その真意を知ることのむずかしさを私どもに教えられたのではないかと思うのである。

**【伝説をささえるもの】**　伝説という言葉は、古い言葉ではない。とすると、昔の人はこれ

を何とよんでいたのであろうか。「イイツタエ」あるいは「イワレ」などというもので、「いう」という動詞の受身の形を「忘れてはならぬ」ものの名としていたのかもしれない。したがってその忘れてはならぬものは何か。本書の各種の伝説の示すように、そのいずれも究極は日本人の信仰の古い形を見出すことで、語り伝える目的は、祖先たちの思想、信仰を次代の者に教えてゆくことであった。伝説は昔話に比し、定着しているものである。すなわちある特定の事物、人物について語り伝えるもので、植物的といわれている。これに比し昔話は、場所・時間を越えて伝承されるもので、伝説の植物的なのに対比させ、動物的といわれている。

さて、柳田先生は、伝説が語りつがれてゆく動機には、

(一)親々の固く信じたということに同情して何時までも覚えておこうという心持ち。

(二)昔という時によせる憧慕、現在生活の不如意と不安とをこういう思い出によって忘れようとした素朴な芸術心のあらわれ。

などがあって今に伝わったものであるといわれている。日本人の心の歴史を知るうえに、その信仰の支えによって伝えられた伝説を無視することはできない。日本民俗学の入口が伝説であるならば、その究極の未開拓の分野もまた伝説であるという先生の説は、日本民俗学が究極の目的を日本人の生き方や、何をもって私どもの祖《オヤ》たちは幸せと感じ生きてきたのか、これを知ることにあるとすれば伝説の研究もまたおのずと展開されてくるのでは

なかろうか。

終わりに私事でおはずかしいが、私が伝説研究の専門家でもないのに、本書を愛読する一つの理由は、私の家は代々村内で「五郎《ごろつ》つあま」とよばれ、父の代までは長男でも五郎とか五兵衛とか、五の字のつく名前をつけられたという。その上、当主かあるいはその妻が片目になるということを父からきかされたからである。父は晩年片目になり、その母、私には祖母であるが、彼女もまた晩年片目であったとか、氏神は「諏訪様」で、かつて私宅の庭前にあったものを村の西北隅に祀り直したということである。つまり私の家は諏訪様の真後《まうしろ》にあったというのである。私の家は神官ではなく百姓であるが、ただこれだけの伝承が、私をこの本のとりこにした理由であった。

鎌田久子

# 新版解説

小松和彦

本書所収の「熊谷弥惣左衛門の話」の冒頭で、柳田国男は自身の学問的な営みを、まことに魅惑的な言葉で語っている。

私の小さな野心は、これまでよほどの回り路をしなければ、遊びに行くことのできなかった不思議の園――この古く大きくまた美しいわれわれの公園に、新たに一つの入口をつけてみたいということであります。

私には、ここに述べられている「不思議の園」「古く大きくまた美しいわれわれの公園」がどのようなところなのかを明確に説明することはできない。だが、柳田が想像していた、前代（大昔）の日本の完全なる信仰生活が営まれているところ、と言ってほぼ間違いないだろう。柳田の学問的な営みは、その信仰生活の中身を復元するための手段であったのだ。

では、その方法とはいかなるものだったのだろうか。よく知られているように、柳田の論法は、民間伝承や書物等に語られた事実（伝承）を博捜し、その集積の上に立ち、その事実の類似と差異の吟味から、意外な結論へと導いていくというものであった。

私たちは柳田が次々に提示する事実に圧倒・魅了される。もっとも、その意外な結末に感心することもあるが、ときには狐につままれた気分になり、またときには拍子抜けすることもある。というのも、結論らしきものがないままに唐突に終わることが多いからである。

実際、柳田自身、本書の自序において「この『一つ目』の一篇にはかぎらず、私の書いたものにはことごとく結論が欠けている」と述べており、「熊谷弥惣左衛門の話」でも、熊谷弥惣左衛門という稲荷をめぐる諸伝説に関して「事実材料」ばかり並び挙げて、その結語は「そこでたった一言だけ、私の結論を申し上げます。いわく、およそこの世の中に、『人』ほど不思議なものはないと」という言葉で終わらせている。これでは、この論文によって、「不思議の園」への道が少しは示されるのではと期待した私たちは、拍子抜けせずにはいられないだろう。

しかしながら、柳田の個々の論文に納得がいくような結論がないことを非難するのは、早計であろう。というのは、柳田にとっては、その学問的営みの総体が「不思議の園」あるいは「前代の信仰生活」への道の開拓なのであって、個々の論文はそのための断片・部分にすぎないからである。その意味では、本書それ自体もまたそのための部分・断片ともいえるのである。

それはさておき、本書の内容について少し述べておこう。本書は、柳田国男の伝説研究の代表作の一つで、原本は昭和九年（一九三四）に小山書店から刊行されている。書名が語るように、本書は論文集であって、書名に採用された「一目小僧」と題する論文を筆頭に十一編の論文が収められている。いずれも柳田が伝説研究に精力を注いでいた、大正から昭和初期に書かれたものである。

本書の中核をなすのは、むろん冒頭に置かれた「一目小僧」と題された論考である。扱われている素材（柳田の言葉でいえば事実）は、民間伝承として流布している、一つ目の怪物・妖怪たちである。柳田は、これを出発点として不思議の園へと踏み込んで行こうとするのである。

柳田の論考には結論がはっきりしないものが多いなか、この論文は異例といえるほどはっきりとした結論をもっている。すなわち、この論文では「ずっと昔の大昔には、祭のたびごとに一人ずつの神主を殺す風習があって、その用にあてらるべき神主は前年度の祭の時から、籤《くじ》または神託によって定まっており、これを常の人と弁別せしむるために、片目だけ傷つけておいたのではないか」ということが明確に推測されているのである。その結論の部分を引用しよう。

……一目小僧は多くの「おばけ」と同じく、本拠を離れ系統を失った昔の小さい神である。見た人がしだいに少なくなつて、文字通りの一目にかくようにはなったが、実は一方の目をつぶされた神である。大昔いつの代にか、神様の眷属《けんぞく》にするつもりで、神様の祭の日に人を殺す風習があつた。おそらくは最初は逃げてもすぐつかまるように、その候補者の片目をつぶし足を一本折っておいた。そうして非常にその人を優遇しかつ尊敬した……

要するに、柳田は、祭ごとに殺される神主の片目を潰し片足を折っておくという、大昔の風習の零落もしくは記憶の風化によって、全国各地の片目片足や片目もしくは片足の神や怪物・妖怪、あるいは片目の魚・動物等々の諸伝承が生じたものと仮定し、これらの伝承の差異のなかに信仰の零落の過程、伝承の系統・新旧をも推測したのであった。つまり、子どもたちのあいだの一つ目小僧の妖怪は、この大昔の祭ごとに殺される神主のなれの果てというわけである。したがって、本書所収の「目一つ五郎考」(初出、『民族』第三巻第一号)や、『日本の伝説』所収の「片目の魚」(初出、『郷土研究』第四巻第一一号)などは、この零落途上の伝承に関する論考と位置づけられるべきものである。

柳田は、片目の怪物・妖怪の伝承を「大昔の祭ごとに殺される神主」の風習の痕跡とみなした。しかしながら、この仮説は現在まで検証されていない。柳田の弟子たちは師説を鵜呑みにして賞賛・追従するだけで、その検証を怠ってきた。このため柳田説は今もなお大胆な仮説に留まり続けているのである。

そのような民俗学の状況のなかにあって、この柳田の仮説に対して本格的な検証・批判を行なったのは、谷川健一であった。谷川は『青銅の神の足跡』（集英社、一九七九年）において、柳田が稲作文化中心の文化史を展開したためにないがしろにされていた、製銅や製鉄にかかわった人たちの文化に関心を注いだ。そして『一目小僧その他』のなかの実例を片端から検討し、そのほとんどが銅や鉄と結びつくらしいことに気づき、精銅・製鉄にかかわった「たたら師」こそが「片目の神」の祖型であり、「片目の神」とはたたら師の職業病とも称される目や足の疾患の異なる表現であったと推測したのである。

私はこうしたたたら師を神として見る時代があったのではないかと考える。その理由は金属精錬の仕事というには狩猟や農業や漁業とちがって、容易には真似のできない特別な技術を要するからである。そしてその製品も今日では想像もつかないほどに貴重なものとされていた。これらのことから金属製品を作り出すための苛酷な労働に従事して眼を傷つけた人びとにたいする畏敬の念が生まれ、彼らを神として遇するまでにいたったにちがいない。

この谷川の説は、実地調査をふくめきわめて綿密に考察がなされており、柳田説よりもはるかに説得的である。しかしながら、谷川説もまた全国各地の多様な伝承を「神格化されたたたら師の信仰」の零落としてすべて説明しようとしている点では、柳田の説と似通っているといえるだろう。

私が疑問に思うのは、はたして一つ目の神や怪物・妖怪をめぐる諸伝承を、こうした一つの起源から、すなわち一つの信仰・風習の零落として説明し尽くせるのだろうか、ということである。事例として挙げられた諸伝承の一つひとつについていま少し丹念な分析を加えることで、これとは異なった起源をあれこれと想定できるのではなかろうか。たとえば、昔話の「鬼の子小綱」の話では、鬼と人間の女とのあいだに生まれた子を「片」とか「片子」と呼び、その姿を半分は人間、半分は鬼と表現したり、体が半分だけ（片目片足）の子どもなどと述べている。こうした子どもについて、柳田説や谷川説でもって説明することはできそうにない。また、村の女が化け物・鬼の子を生んだので殺して埋めたとか辻や川に捨てたという伝承もあるが、この子どもたちのなかにも一つ目小僧のたぐいとみなされた子どもがいたにちがいない。一つ目小僧という妖怪が生まれている背景には、一筋縄ではいかないさまざまなかつ複雑な文化的・歴史的理由があったにちがいないのである。

柳田の民俗学の魅力は、彼が次々に繰り出してくる膨大な伝承事例である。それによって展開する豊富・多様な伝承世界こそが、現在の私たちにとっては「不思議の園」なのではなかろうか。

（文化人類学・民俗学者）

# わ行

## ま 行



## や 行



## ら 行

## な 行



## は 行

## た 行

## さ 行

## 索　引

### あ　行



### か　行

## 編集付記

・新版にあたり、本文の文字表記については、次のように方針を定めた。

一、漢字表記のうち、代名詞、副詞、接続詞、助詞、助動詞などの多くは、読みやすさを考慮し平仮名に改めた（例／而も→しかも、其の→その）。

二、難読と思われる語には、引用文も含め、改めて現代仮名遣いによる振り仮名を付した。また、送り仮名が過不足の字句については適宜正した。

三、書名、雑誌名等には、すべて『　』を付した。

四、尺、寸、貫目などの度量衡に関する表記は、（　）で現在の国際単位を補った。

・本文中には、今日の人権擁護の見地に照らして、不適切と思われる語句や表現があるが、作品発表当時の社会的背景を鑑み、底本のままとした。

# 一《ひとつ》目《め》小《こ》僧《ぞう》その他《た》

柳田《やなぎた》国男《くにお》


昭和46年 9月10日　改版初版発行
平成25年 1月25日　新版初版発行
令和7年 7月20日　新版7版発行

発行者●山下直久

発行●株式会社KADOKAWA
〒102-8177　東京都千代田区富士見2-13-3
電話　0570-002-301(ナビダイヤル)

角川文庫 17787

印刷所●株式会社KADOKAWA
製本所●株式会社KADOKAWA

表紙画●和田三造





Printed in Japan
ISBN978-4-04-408308-3　C0139

# 角川文庫発刊に際して

角川源義

第二次世界大戦の敗北は、軍事力の敗北であった以上に、私たちの若い文化力の敗退であった。私たちの文化が戦争に対して如何に無力であり、単なるあだ花に過ぎなかったかを、私たちは身を以て体験し痛感した。西洋近代文化の摂取にとって、明治以後八十年の歳月は決して短かすぎたとは言えない。にもかかわらず、近代文化の伝統を確立し、自由な批判と柔軟な良識に富む文化層として自らを形成することに私たちは失敗して来た。そしてこれは、各層への文化の普及滲透を任務とする出版人の責任でもあった。

一九四五年以来、私たちは再び振出しに戻り、第一歩から踏み出すことを余儀なくされた。これは大きな不幸ではあるが、反面、これまでの混沌・未熟・歪曲の中にあった我が国の文化に秩序と確たる基礎を齎らすためには絶好の機会でもある。角川書店は、このような祖国の文化的危機にあたり、微力をも顧みず再建の礎石たるべき抱負と決意とをもって出発したが、ここに創立以来の念願を果すべく角川文庫を発刊する。これまで刊行されたあらゆる全集叢書文庫類の長所と短所とを検討し、古今東西の不朽の典籍を、良心的編集のもとに、廉価に、そして書架にふさわしい美本として、多くのひとびとに提供しようとする。しかし私たちは徒らに百科全書的な知識のジレッタントを作ることを目的とせず、あくまで祖国の文化に秩序と再建への道を示し、この文庫を角川書店の栄ある事業として、今後永久に継続発展せしめ、学芸と教養との殿堂として大成せんことを期したい。多くの読書子の愛情ある忠言と支持とによって、この希望と抱負とを完遂せしめられんことを願う。

一九四九年五月三日